本书是河南省教育厅人文社会科学研究一般项目《新形势下公民质量教育体系研究》（项目编号为2018-ZZJH-339）、《丝绸之路上龙门石窟音乐图像文化研究》（项目编号为2018-ZZJH-336）和洛阳理工学院2017年度科研项目《供给侧商品质量的教育及管理》（项目编号2016YR06）的研究成果，并受到其基金资助

本书由人文在线出版基金资助出版

从商品学到地理标志产品

翟玉强◎著

经济日报 出版社

图书在版编目（CIP）数据

从商品学到地理标志产品 / 翟玉强著 . -- 北京：

经济日报出版社，2017. 8

ISBN 978-7-5196-0146-1

Ⅰ . ①从… Ⅱ . ①翟… Ⅲ . ①商品学 – 教学研究 – 高

等学校 Ⅳ . ① F76

中国版本图书馆 CIP 数据核字（2017）第 159852 号

从商品学到地理标志产品

作　者	翟玉强
责任编辑	温　海
出版发行	经济日报出版社
地　址	北京市西城区白纸坊东街 2 号 710（邮政编码：100054）
电　话	010-63567683（编辑部）
	010-63588446　63516959（发行部）
网　址	www.edpbook.com.cn
E - mail	edpbook@126.com
经　销	全国新华书店
印　刷	北京市金星印务有限公司
开　本	710×1000 毫米　1/16
印　张	17.75
字　数	309 千字
版　次	2018 年 1 月第一版
印　次	2018 年 1 月第一次印刷
书　号	ISBN 978-7-5196-0146-1
定　价	54.00 元

前　言

近期，微信圈中流行一个段子，说"在这个世界上，能把自己的思想装进别人脑袋的是教师，能把别人的钱装进自己口袋的是商人"；几乎相隔不久，又流传一个段子，说"世界上有三种人不能变坏，即教师、医生、法官。因为他们意味着社会的良知、道德的底线"。我认为这两个段子言之有理，道出了广大民众的心声，是大家的共识。

作为一名高校教师和人文社科学者，我一直认为（我也是一直这样告诉我的学生），文科生同理科生相比，没有技术优势，要想在竞争中胜出，就必须多读书、多做事、多思考，使自己见多识广，遇事有主见、办事有方法。所以，我传授给学生的，不仅仅是知识，还有思想，更多的是寓于教学中的为人处事。

有时候，我会偷偷想到，自己多少也是一个与笔墨结缘、舞文弄墨之人。所以，多年来，我有个心愿，就是出本专著。但是想出版专著谈何容易，我不是欺世盗名之人，也不是才华横溢之人，要出书就要出一本对得起读者的书，出一本自己可以心安理得地推荐他人"有空翻翻"的书，出一本开卷有益的书，出一本能较为系统、全面地概括自己的专业学术、教育思想和教学水平的书。我从教已经20多年，获得了硕士学位和教授职称，按照常理，应该是著作等身、有所建树，至少有能力出版一本专著、成一家之言。我在参评教授那年，也曾经有几个今后的愿望或者计划，其中之一就是出本书。然而，太难！我战战兢兢，数年来不敢动笔。难道我这个教授是浪得虚名？非也！我坚决不赞同、不承认！

一日，我闲暇无事，忽然想到：20多年来，我只做了一件事，那就是以愚顽之身心不停拼搏，全身心投入教学和科研，兢兢业业、为人师表、勤奋钻研。不能说自己才高八斗，但应该是硕果累累；不敢说自己高徒满天下，但海人不倦、苦口婆心教出来的学生已经是桃李遍布神州了；不敢说自己有所建树，但应该是已经尽己所能表达了管窥之见，为企业、政府、高校、高教的发展略尽了绵薄之力。这些，集中体现在我的论文、公开编辑出版的教材和教学所用的讲义里。我所从事的专业是商科教育，兼跨了经济学和管理学学科。从教以来（截止 2016 年 2 月），我编写了 2 本讲义、主编或参编了 8 本公开出版的教材，公开发表了 55 篇论文，其中在期刊杂志上发表了 37 篇，在国际国内会议上发表了 16 篇，在报纸上发表了 2 篇；还有一些未公开发表的论文、信手而写的随笔、竞聘稿、科研项目的研究报告、写给企业或高校领导的信等等，计 14 篇，岂不都是我未来的专著的组成部分吗？任教以来，我主要教授《商品学概论》《商品包装与检验》《企业管理》《市场营销》《管理学原理》等课程，每年还带领学生进行认识实习、生产实习、毕业实习，指导学生的毕业论文。20 多年来，我自觉不自觉地围绕教学开展科研，以科研促进教学。我主要围绕两条线索开展科研：一是围绕商品的质量、价格、品牌、市场、环境、购销运存等开展研究，围绕经济学、管理学开展研究，围绕区域经济乃至国民经济中的工业、三农、商业、环保等开展研究，发表论文、编写教材、研究课题；二是围绕课程教学、专业建设、学科发展、教育规律、教育管理以及所在学校的教学、教研、发展等进行教研。我以赤子之心、饱含深情地开展科研，为区域经济、企业管理、专业建设、学科发展、学校发展建言献策，贡献微薄力量。

我的教学和科研基本上都是围绕着"质量—品牌"这个中心话题展开的，都是有意无意地围绕商品质量、教学质量和高教质量进行探讨的，都是围绕我授课次数最多、浸淫时间最长、花费精力最大的《商品学》课程和相关学科有感而发的。我们不要小看了商品及商品学，马克思就是从最普通、最常见的商品着手研究，完成了鸿篇巨著《资本论》，揭示了资本主义社会的发展规律，提出了实现共产主义的美好理想。

由于所授课程一直集中在商品学、商品包装与检验、商品储运、企业管理、市场营销等课程，日久生情，我渐渐地喜欢并爱好上商品学。经过努力，形成了比较稳定的研究方向，凝聚了一支团结、有力且年轻的科研团队。我于 2007 年、2008 年先后加入了中国高教学会和中国商品学会，所做工作得到了学会领导和各地同仁的认可。2010 年我当选为中国商品学会理事，成为该学会最年轻的学术委员，2017 年当选为中国商品学会副秘书长；此外，我还参与了中国物流学会、中国软科学研究会的活动。

有人认为商品学属于经济学，有人认为商品学属于管理学，而我是逐渐认识到它是一门边缘性、综合性的应用学科，应属于管理学。它的研究对象是商品的使用价值及其实现规律，研究的中心内容是商品品质。其研究对象决定了我们无论是在商品学概论、商品学分论或者是商品学专题教学时，都要围绕商品的使用价值研究其成分、结构、性质、工艺、分类、标准、包装、市场等。我们要开展研究，研究商品的经营之道、商业的经营之道，研究如何科学、合理、诚信、成功地经营商品，研究如何讲授商品学、如何学习商品学，研究一个商品如何影响一个企业、行业、地区乃至国家的经济发展，研究商品经营如何影响到了环境保护、国家关系、社会发展，研究商品经营者如何对国家、消费者和社会发展承担应尽之责，研究商品学在我国现行的高等教育体制下如何发展，弱势学科、弱势高校如何发展，等等。所有这些研究、教学、学习、实践的出发点和归宿点，都是为了更好地生产和生活，提高综合国力，提高人民生活水平，实现商品—人—环境系统的良性循环，促进人类与自然长期和谐相处。这些研究都不可避免地或多或少地进行商品研发、商品生产、商品流通（包含商品的采购、运输、销售、储存、包装等）、商品消费、商品管理的研究和教育。

从事商品学研究和教学的人员，对商品学有较深、较多的了解，都希望商品学能够繁荣昌盛，都希望商品学能够为科学研究和社会发展作出重要贡献。这就要求我们经常深入地熟悉它、学习它，喜欢它、热爱它，宣传它、光大它。我们都应明白一个道理，"皮之不存，毛将焉附"。作为教师，立身之本是授课，一定要想方设法提高教学质量，但不能仅仅满足于当教书匠，还要进行科学研究和社会服务，要立志做专家，沿着"人师—良师—名师—大师"的方向不断努力。只要每个从业人员都有这样的志向和实际行动，商品学必然迎来全新的繁荣局面。

商品学的发展需要创新，需要理论和大家指导。但并非每个人都能成为大家，都能在理论上有大的创新。有时候，我会这样自我安慰：虽然我写不出不朽的、美妙的诗歌，但总是有能力欣赏它、理解它、传唱它。同理，商品学教师如果做不了开山鼻祖或者一代宗师，搞不出什么有创新价值的理论，那就应该心甘情愿地去做牧师，去虔诚地传道、布道。在这个阵地上，不需要高深的理论、不需要精密的设备、不需要先进的技术、不需要大量的金钱；最需要的是成千上万的布道者，需要大量默默无闻、身体力行、百折不挠、诲人不倦的传道者，需要的是数以亿计的信道者、追随者、践行者，需要宽松成熟的环境。

商品有成千上万种，进行教学和研究总需要个切入口。这些年来，我先是遵循我国20世纪50年代以来形成的商品学体系，按照以中国人民大学为代表的《商品学概论》《食品学》《日用工业品学》《纺织品学》体系进行授课和研究，然后融入了对外经贸大学苗述凤老师的《外贸商品学》体系，重点讲解小麦、水稻、钢材、化肥、玻璃、石油、服装等20—30种商品。以这些商品为具体对象，围绕商品质量这个中心，融入市场营销和企业管理的相关理论，解剖麻雀，举一反三，归纳推理，研究这些商品的商品分类、商品成分、商品性质、商品标准、商品包装、商品检验、商品消费、商品经营、商品与环境，等等，既涉及到自然学科，还涉及到社会学科，更融入了"忧患、市场、创新、信息"意识的思想教育，形成了自己的教学理念和教学方法。在教学理念的形成中，受中国人民大学万融、郑英良等前辈所编著的由中国财政经济出版社于1994年出版的《现代商品学概论》（第1版）影响较大。

在科研上，我先是围绕商品学的教学开展教研，然后以商品质量为核心，依次对平板玻璃、电视、钢材、原油、茶叶、白酒、银条等具体商品的研发、生产、销售、消费、市场、管理等进行研究，接着深入到品牌（名牌）、商标的研究，继而研究产权交易市场，然后集中到"三品一标"的研究，最后深入到地理标志产品的研究上。

本书集中反映了笔者20余年来在经济学和管理学尤其是商品学上的教学和科研成果，体现了笔者对我国高等教育的一些思考，间接反映了笔者在教学和科研上的探索过程。在我国供给侧结构性改革的大背景下，本书从高校基层教师的视角对我国商品学的教学进行了研究，从商品经营角度研究了商品质量和企业的经营管理，对工商管理人员、高校教师和相关专业的学生有一定参考价值，能增加包括学生在内的广大消费者的商品消费常识，具有一定的社会主义核心价值观教育意义。全书共分十章内容，分别是商品经营的基础、商品经营的技法、商品经营的环境分析、商品经营的环境保障、商品采购的供给侧保障、商品经营的方向、商品经营的极致、产权交易市场、地理标志产品、通过教改和创新造就名牌课程等。

需要说明的是，我虽然不狂妄自大，但也不能妄自菲薄。拙作肯定不是字字珠玑、金玉良言或者经世济民的好文，但都是在现实生活中发现问题，然后以所学理论分析问题，给出问题的解决之道或者进行因果分析。行文较为通俗易懂，没有太多深奥的理论和空洞的说教。所以笔者认为拙作并非学术垃圾，不是空中楼阁、无源之水，不是无病呻吟、无中生有。愿有心者、闲暇者读之、品之。

本书的价值有三：一是从经济学、管理学视角突出研究了质量和品牌在我国供给侧结构性改革中的价值、地位和作用，强调在社会经济发展中和企业管理中应把质量和品牌提高到战略高度；二是研究了商品学的教学和科研如何服务于国家建设和社会发展，如何在教学内容、教学方法等方面进行教学改革，研究商品的经营之道、商业的经营之道，研究如何讲授商品学、如何学习商品学；三是从高校基层教师的视角对我国商品学的发展进行了研究，呼吁重视以"质量"为研究中心的商品学。

本书的特点有四：一是从学术研究上积极响应我国供给侧结构性改革，突出了质量和品牌；二是在体裁安排上，每一章节都有导读、正文；三是体现出了作者明晰的艰难的研究踪迹，对商品学的研究逐步深入，由面及点，由表及里；四是突出了商品学的交叉性、应用性，经济学、管理学、教育学互相渗透。

笔者读书甚少，能力和修行有限，难免立意肤浅、善乏创新；久居基层、久处象牙塔，难免有井蛙之见，难免书生意气；很少受到高人指点，难免行文粗糙、贻笑大方。拙作肯定不能达到不朽，但希望它能传世，能让读者开卷有益，若干年后或者几十年后仍然能让读者有所思、有所悟。

为人师之初，入学界之初，学识浅薄，经验缺乏，书中难免存在错误和不当之处，恳请广大读者批评指正。

谨以此书，对自己 20 余年的高校教学和科研进行局部总结，对未来进行稍许展望，寄语学生，激励同仁，鞭策自己。

是为序。

翟玉强

二〇一六年四月十日初稿于南苑小区

二〇一七年九月十二日定稿于立雪园

目　录

第一章　商品经营的基础

导读：在商品经营过程中，商品营销（以及商品的研发、生产、采购、运输、储存、消费等）的客观对象是商品。要想成功经营，必须对自己所经营商品的工艺、标准、包装、成分、结构、性质、市场等比较熟悉，甚至是了如指掌，成为这方面的专家。本章以《商品包装，是美丽的糖衣吗？》《商品包装的妙用》和《看商品标准知企业管理》三节内容阐述了如何通过商品包装、商品标准等成功经营、有效管理。

1.1　商品包装的意义和作用

1999 年 6 月，欧盟成员国实施紧急措施，防止我国 1999 年 6 月 10 日后离境的货物木质包装中携带光肩星天牛传入欧盟。据初步估算，这一决定将影响中国 70 多亿美元的对欧出口贸易。为此，我国外经贸部、海关总署、经贸委和国家出入境检验检疫总局联合发出通知，要求有关企业改善输欧货物木质包装，以保证货物顺利出口，避免经济损失。此前，美国于 1998 年 9 月宣布对中国出口商使用的纯木包装材料采用新规定，并于 12 月 17 日实施。它影响到我国对美出口 170 亿—320 亿美元的货物，占我国出口美国总额的 28%—51%。中美"天牛星事件"引起的贸易风波之后，澳大利亚、加拿大、英国也相继宣布了类似规定。我国对上述国家的出口占我外贸出口的 65% 左右，由此带来的冲击可想而知。这一系列事件，再次为有关单位敲响了应重视商品包装的警钟。

目前，无论是生产者、经营者还是广大消费者，他们心目中的理想商品都是包装精美恰当的高质量的产品，大多数人已认同"商品 = 产品 + 包装"。商品包装在现代市场营销中所起的作用正日益受到人们的重视。除了保护商品这一最原始最主要的作用外，商品包装还起着便于储运、促进消费、方便和促进销售、提高商品身价、提高商品在国际市场的竞争力和国际信誉的作用，反映着一个国家和地区的经济发展水平及科技发展概况。在市场营销学界，有的学者把商品包装（PACKAGING）称为与市场营销组合平行的第五个"P"；在实践中，企业利用包装把商品装扮得五彩缤纷。

俗话说："货卖一张皮""佛要金装，人要衣装"；我则要说"商品要包装"。商品不进行包装，就如同人没有衣装、佛没有金装一样，是羞于见世人的，更不用说引人注目了。全球最大的化学公司——美国杜邦公司在进行大量市场调查后发明了著名的杜邦定律：63% 的消费者是根据商品的包装进行购买决策的；到超市购物的家庭主妇，受精美包装的影响，所购商品通常是她们出门时打算购买数量的 145%。这一发现使他们万分震惊，称之为"颠倒决策"，进而改变了长期坚持的"生产高质量的产品就能赢得顾客"的经营理念，把商品包装放到了战略地位。可以看出包装是作为商品的脸面和衣着、作为商品的第一印象进入消费者的眼帘，刺激着其消费心理，诱导着消费者的购买行为。

1.1.1 惨痛的教训，昂贵的学费

古今中外，由于不重视商品包装而给企业、国家或消费者造成巨大损失的事例，不计其数。以我国为例：据中国包装技术协会统计，我国因包装不善造成的损失每年在 150 亿元以上，其中 70% 是由于运输包装引起的。另据外贸部门统计，由于我国出口商品包装落后，每年使国家至少减少 10% 的外汇收入。长期以来，我国产品在国内外市场上存在着"一等质量，二等包装，三等价格"的现象。

【案例 1】20 世纪 80 年代初，美国海关在我国出口到美国得克萨斯州的仿古瓷器中，发现有两笔货物用稻草包装，当即责令将包装所用的稻草就地全部烧毁，重新包装，要求我方公司赔偿客户烧草费和重新包装费。这两笔费用约占该批货物进口价的 40%。这是因为美国等国为了保护本国的森林资源、农作物、建筑物，防止包装材料中夹带病虫害，以至传播蔓延而危害本国的资源，对稻草等某些包装物做出禁止入境或严格检验、处理的规定。当时我国外经部曾通报全国，今后向美国市场出口的商品，切勿用稻草捆扎或作填充料。

【案例2】福建出产的漳州银耳，是国内外驰名的滋补品。长期以来采用普通纸盒盛装，每盒装 2.5 公斤。由于包装粗糙，装量太大，显不出商品的名贵，降低了身价，销路不畅；但外商却从中大发其财。市场给我们上了一堂生动的"营销学"课，有关单位终于改变了包装策略，采用聚氯乙烯胶片开窗盒，上印彩色商标图案和简要使用说明，每盒装量 250 克，不仅包装美观，便于陈列展销，透明可见，装量适当，还充分显示出商品的名贵，售价提高 11%，受到欢迎，销路大开。

目前我国的大多数企业虽然有了"商品要精装"的观念，重视了商品包装的保护、促销、方便、增值等功能，但付出了太多的代价和学费。

1.1.2　流传甚广的故事，令人深思的经营

【故事1】第二次世界大战期间，美国一家生产火柴的公司，利用人们仇恨希特勒的心理，在火柴盒上画了希特勒的漫画像，将磷涂在人像的手臂上。这样，每划一次火柴就像燃烧了一次希特勒。对于热爱和平的人们来说，似乎也解了心头之恨。因此这种火柴一推出，就成了热门货，公司的生意也越做越红火了。商品包装神奇的促销效果在这里淋漓尽致地表现了出来，使得更多的人在商品包装上绞尽脑汁，也创造了许多营销佳绩。

【故事2】1915 年的巴拿马国际博览会上，我国的茅台酒因为包装粗糙，造型不雅，没能进入预选行列。我国参展人员焦急万分，急中生智，一人故意将酒瓶掉在地上，顿时芳香四溢，吸引了众人，征服了评审官，茅台酒才一"摔"金榜题名，闻名世界。这则故事告诉我们，好马要配好鞍，佛靠金装，商品靠包装。任何商品的高质量不仅仅是高的内在质量，还要有过硬的外在质量，好商品一定要有好包装，才能先"声"夺人；那种"只要商品质量高，就一定有销路"的经营观念，已经不适合社会主义市场经济的新情况了。近年，茅台人在营销实践中的经验和教训进一步说明了这个道理，商品包装的作用更加受到他们的重视。

以上正反案例启示我们：要重视商品包装在市场营销中的重要作用，并且对运输包装和销售包装同等重视。

1.1.3　不同的情况，适当的策略

在生产经营中，各工商企业可根据具体情况采用不同的包装策略，对商品进行精美的恰到好处的包装，达到美化宣传商品、提高身份、促进销售的目的。

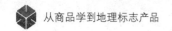

1.1.3.1　成套包装策略

企业把多种有关联的产品或不同规格和花色的同品种产品配套放置在同一容器中同时出售，如礼品、化妆品、茶具、饮具、玩具等。这样可方便消费者购买和使用，有利于带动多种产品销售，且提高了商品档次，为消费者提供了一种消费模式，培育了新的消费习惯。

1.1.3.2　系列包装策略

即企业生产的各种品质接近、用途相似的系列产品，在包装上都采用相同的图案、相近的颜色，以体现企业产品共同的特色。这种包装策略，可使消费者一看便知是哪个企业的产品，能把产品与企业形象紧密联系在一起，大大节约了设计和印刷成本，有利于树立企业形象和提高企业声誉，有利于各种产品尤其是新产品的推销，具有采用统一商标策略的好处。如 P&G 公司的飘柔系列产品和微软公司的软件系列包装。

1.1.3.3　廉价包装策略

即使用成本低廉、构造简单的包装，尤其是对于销售量大的日常生活用品，如服装、食盐、鞋袜等进行廉价包装，降低成本扩大销售。此外，还可以采用更新包装策略、创新包装策略、方便包装策略、绿色包装策略、安全包装策略、纪念包装策略、名贵包装策略、等级包装策略、适度包装策略、特定包装策略、专用包装策略等一系列包装策略。

但是要注意避免两种现象的发生。一是豪华包装，即"金玉其外，败絮其中"型。内装商品的质量数量同精美豪华的包装特别不相符，使人一见包装即误认为内装商品的质量优良，而其昂贵的价格又进一步诱导了消费者的购买行为，等到消费者打开包装后便连呼上当。另一现象是弱化包装，即"稻草包珍珠"型。是指内装商品的商品质量本来非常优秀、昂贵，包装却非常简单粗糙，与"大路货"的包装相差无几，使顾客一见包装即误认为内装商品质量较低，或怀疑商品的真实性，从而导致商品低价销售仍销路不畅。

近年，随着消费者素质的提高和消费意识的多样化，在部分消费者重视商品包装的同时，也出现了淡化商品包装的消费现象。一是近年随着商业的竞争和发展，出现了仓储式商店、会员制商店等新的经营业态，这些商店为了给顾客提供质优价廉的商品，就在商品包装上做文章，采用简单包装或裸装等方式降低成本以加强竞争力。而部分顾客的消费意识也发生了变化：以前他们赞同"商品 = 产品 + 包装"，现在他们认为自己购买的消费的是产品而不是包装，产品才是自己要消费的真正目标，没有必要花费钱财去购买商品的价值不菲的包装；在进行购物决策和消费时，不应该"本末倒置"。这种强烈的"本末"意识和节约意识影响着他们购物时消费时，看中商品内在质量的高低，不为商品包装所动。很显然，这是一种理智型消费。另外，在全球范围开展的环保活动使环保意识深入人心。无论是生产者、经营者还是广大消费者，都注重使用可降解、无污染少污染、可回收、可重复利用、耗能少省资源的材料及其包装；相反，那些使用污染环境的、不能重复利用的、不可降解的、不可回收的材料作为包装的商品，就得不到青睐，受到消费者有意无意的冷淡和抵制，从而销路不畅。有关政府部门组织的"抗白运动""菜篮子活动"等也在一定程度上弱化了商品包装的保护质量和数量、方便储运、方便携带等作用。

这些新的消费心理和消费现象应引起生产者、经营者的高度重视，顺应潮流，在商品包装上再谱新篇章。

2007年2月14日和2007年4月25日，中央电视台焦点访谈栏目先后以《过度包装之害》和《过度包装该"瘦身"了——节能降耗减排系列报道（四）》为主题，对我国消费品市场和生产领域存在的商品过度包装问题进行了报道。

在我国，部分消费者好面子、讲排场，喜欢购买精美的甚至是豪华的包装，特别是过于看重礼品的包装，工商企业诱导、利用和放大了消费者的这种心理来赚取更大的利润。过度包装不仅让消费者支出了过多的消费成本，消耗和浪费了过多的资源，产生了过多的垃圾，还增加了垃圾处理的成本，污染了环境。目前，我国发展中遇到的最大的两个难题，一个是资源日益短缺，一个是环境污染加剧，面临着可持续发展的瓶颈。过度包装问题必须引起社会上各个阶层的充分重视，不要让包装成为"美丽的垃圾"，远离甚至是抵制豪华包装、过度包装。国家有关部门已经出台了相应的措施，来抑制过度包装。教育部门和宣传部门，应提倡理性消费、适度消费，在全社会形成一种"以节约资源为荣，以破坏环境为耻"的风尚，最大限度地减少过度包装造成的危害。

1.2　商品包装策略

在我国发展社会主义市场经济的过程中，绝大多数的工商企业已经能自觉地运

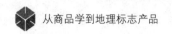

用不同的营销策略进行成功的经营和管理，但在某些方面还有待进一步巧妙合理地运用，从而更好地适应不断变化的市场形势和各种各样的消费需求。商品包装策略便是值得重视的一个方面。

工商企业可根据具体情况采用不同的包装策略，对商品进行精美的恰到好处的包装。

1.2.1　创新包装

即商品包装不仿制，不雷同，而是采用新材料、新工艺、新图案、新形状等。例如茅台酒厂推出的茅台新防伪包装，即是采用了国际最新科技来达到打击假冒伪劣、保证产品质量的目的。

1.2.2　廉价包装

即使用成本低廉，构造简单的包装，尤其是对于销售量大的日常生活用品，如服装、鞋袜、食盐等进行廉价包装，降低成本扩大销售。

1.2.3　方便包装

商品包装应充分考虑便于陈列、选购、携带、使用等，采取一定的技术性措施，如可堆叠式、可悬挂式、可展开式等便于陈列展销的包装，如透明式、开窗式、惯用式等方便选购的包装，如配套式、提袋式、拎包式、皮箱式、背包式等便于携带、使用等的包装，以及喷雾式、拉环式、按钮式、撕开式等易于开启的包装，以引起顾客重复购买，促进销售。

1.2.4　差别包装

由于经济收入、消费水平、文化程度以及年龄层次的差异，不同消费者对产品包装的需求不同。一般而言，高收入者特别是文化程度较高的中青年高收入者，对包装讲求精美，喜欢造型别致、画面生动、有品位的包装，而低收入者或文化程度较低者，则喜欢经济实惠、简易便利的包装。因此，企业应根据不同层次消费者的需求，对产品采用不同等级的差别包装策略。

1.2.5　重复使用包装

又称多用途包装策略，即包装内的核心产品经消费者使用后，其包装物可以再次使用或移作他用，这样就可给消费者以得到某种额外利益感而扩大商品销售。此种包装物上刻有企业的标志可增强消费者对商品的印象，刺激消费者重复购买，无形中起到一定的广告及促销作用。如白酒、罐头、酱菜、豆腐乳等的包装，可作水杯用；糖果、饼干的包装盒适合作为文具盒、针线盒等。

1.2.6　绿色包装

又叫生态包装策略，指包装材料可重复使用或可再生、再循环、包装废弃物容易处理或对环境影响无害化。20 世纪八九十年代，环保的必要性和急迫性已为大众所接受，出现了绿色技术、绿色产业，多数国家兴起了绿色消费，绿色营销成为企业营销的主流。与绿色营销相应的绿色包装有利于环境保护，易于被消费者认同，从而达到促销目的，已成为当今世界包装发展的潮流。

1.2.7　附赠品包装

这是目前国际市场上比较流行的包装策略，主要是通过添加赠品，给消费者以额外利益而引起消费者的购买欲望，且容易引起重复购买行为。如儿童商品市场上的玩具、糖果等，在包装内附有认字图、微机五笔输入字根；化妆品的包装中常附有赠券；销售食品或者食品炊具时附有一本菜谱等。

1.2.8　改进包装

商品包装上的改进，正如商品本身的改进一样，对销售具有重大的意义。当企业的某种产品在同类产品竞争中由于内在质量相似而销路打不开时，就应注意改进包装设计。一种产品的包装已采用很长时间，给消费者以过时感也应考虑变化包装，随商品市场寿命周期的不同而将包装推陈出新。此外，当产品的质量出现了问题、消费者产生了不良印象或评价时也应考虑此策略。但是采用这种策略是有条件的，即商品的内在质量必须达到使用要求，因而使用时必须慎之又慎。

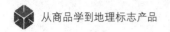

1.2.9　成套包装

也叫组合包装策略，企业把多种有关联的产品或不同规格和花色的同品种产品配套放置在同一容器中同时出售，如礼品、化妆品、茶具、文房四宝、玩具等。这样可方便消费者购买和使用，有利于带动多种产品销售，且提高了商品档次，为消费者提供了一种消费模式，培育了新的消费习惯。应该强调，该策略适用于不同商品，而系列包装策略适用于同类商品。

1.2.10　系列包装

也叫类似包装策略，即企业生产的各种品质接近、用途相似的系列产品，在包装上都采用相同的图案、相近的颜色，以体现企业产品共同的特色，使企业的 CI 形象反复出现，形成视觉定势。这种包装策略，可使消费者一看便知是哪个企业的产品，能把产品与企业形象紧密联系在一起，大大节约了设计和印刷成本，有利于树立企业形象和提高企业声誉，有利于各种产品尤其是新产品的推销，具有采用统一商标策略的好处。如 P&G 公司的飘柔系列产品和微软公司的软件系列包装。但它主要适用于名牌厂商和专业化制造商，有些质量差的商品则不宜使用系列包装策略，以免给优质商品造成不良影响。

1.2.11　等级性包装

就是企业把商品按照价值质量分成若干等级，施行不同的包装。"货卖一张皮"，注意分等包装，利于商品销售，财源茂盛；不注意商品分等包装，就可能影响商品身价。

1.2.12　仿古包装

对于部分食品、土特产品以及文化味较浓的商品，可以迎合人们的返朴归真心理，采用传统的包装材料，如木、竹、草、柳、藤等把商品打扮得古香古色，韵味十足。

1.2.13　安全包装

对商品进行包装时，根据商品的不同性能采取不同的材料和防护技术，使消费者在购买、携带、使用时产生安全放心的感觉，并切实起到保护消费者安全的作用。

1.2.14　分量包装

根据消费者的使用要求和购买能力，以及产品的性质、重量、体积等，将产品分别确定份量进行包装，如一次量、一天量、一人量等等。这样既减少麻烦，又减少浪费，合理使用，节约适用，且可以促销产品。

1.2.15　名贵包装

对于艺术珍品、珠宝首饰、贵重药材、文物古董等稀有名贵商品，可以使用富有艺术魅力、具有较高欣赏价值的包装以便烘托商品的贵重价值。此种包装有时甚至要达到寓言故事"买椟还珠"里的"椟"所起到的作用，使人一见包装即爱不释手。在设计和制作商品包装时要注意形状、结构、图案、色彩、装饰、衬垫、丝带等。

1.2.16　纪念包装

根据消费者的恋旧心理、庆祝特定事件或节日心理以及彼此表达感情的需要，在包装上力求独特别致、富有情调、美观大方或者富丽堂皇。人们购买此类商品，不是为了生活必需，而是为了收藏纪念。企业在设计、制作包装时一定要在各方面精益求精。

1.2.17　适度包装

商品包装要同内装商品的质量、价值相适应，既不能过度包装，增加消费者的负担，又不能忽视包装，使包装失去保护商品、方便储运、美化商品的基本功能。即注意避免两种极端现象的发生——"金玉其外，败絮其中"型和"稻草包珍珠"型。

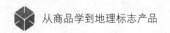

总之，包装不仅仅是为了保护商品，本身也可以成为商品，是企业营销过程中不可忽视的因素。

1.3　商品标准体现着企业管理的水平

目前市场上大多数的商品包装上都有关于内装商品的执行标准的文字说明。它向包括消费者在内的相关人员做出如下说明：本产品在生产经营过程中执行的是哪个部门于何时制定的哪个级别的商品标准。稍具专业知识的人就可以据此大致判断商品质量的高低和该企业的经营管理水平，从而有选择地购买消费商品或者有侧重地选择经营合作伙伴。

商品标准对于保证和提高商品质量，提高生产和使用的经济效益，具有重要意义。我们国家近年来日益重视该项工作，加强了这方面的工作力度。

1.3.1　商品标准的贯彻及修订

商品标准制定发布后都必须坚决贯彻执行，确有困难者要说明理由，提出暂缓执行的期限和贯彻执行的措施报告，经上级主管部门审查同意，报发布部门批准；应在一定时间内保持相对稳定，使商品标准发挥作用，获得经济效益。随着社会经济、技术的发展，还应及时对商品标准进行复审和修订，以防止因商品标准落后而阻碍生产的发展。《中华人民共和国标准化法》中规定："标准实施后，制定标准的部门应当根据科学技术的发展和经济建设的需要适时进行复审，以确认现行标准继续有效或者予以修订、废止，""标准复审周期一般不超过五年"。

1.3.2　消费者应掌握一些商品标准知识

熟悉了有关商品标准的基本常识后，好多读者可能会感叹："商品包装上这短短的一行字背后竟有这么多知识"。通过对商品标准的观察和学习，我们不仅可以提高自己辨别商品质量高低的能力，还可以从侧面大致判断生产企业经营管理水平的高低。

作为消费者，我们应认识到：市场上所销售的大部分商品都必须有自己相应的标准，作为生产经营的依据；大部分商品都必须在其包装或者说明书上注明其标准是什么；商品标准的表示必须规范，按照国家的规定；有些商品可能有多重标准，既有国家标准也有企业标准，既有行业标准又有企业标准，既有地方标准又有企业标准；如果某产品已经有国家标准或地方标准和行业标准，而执行的是企业标准，则我们可以大致推测该产品质量比较优秀；应注意商品标准的发布年份，在各类商务谈判或者签订商品买卖合同时，应以最新的有效的版本为依据；在进出口贸易中，应争取以我国商品标准为依据。

1.3.3 我国企业在贯彻执行商品标准中出现的问题

笔者通过数年连续研究发现，我国越来越多的企业增强了商品标准意识，在商品包装标识上的表现更为明显，相当多的企业已能在商品包装上标注出产品的执行标准。然而还存在诸多问题，甚至部分名牌产品、知名企业也不同程度存在，现列举如下。

1. 在产品包装或说明书上没有标注商品标准的发布年份（即标准的版本），这是目前存在最多的问题。例如下列商品在其包装上标注的执行标准分别是：上海白猫有限公司生产的"白猫"漂水剂：Q/YQXW22；"箭"牌口香糖：SB10023；西安开米股份有限公司生产的"开米"涤王丝毛专用洗涤液：QB1224；江苏爱特福药物保健品有限公司生产的"飞毛腿"杀虫气雾剂：Q/320831AYJ004；北京味全食品有限公司生产的"味全"幼儿成长奶粉的执行标准是：QB1224，并注明符合中华人民共和国国家标准（GB10767）；强生（中国）有限公司生产的"强生"婴儿洗发沐浴露：Q/ESEEW013；吉百利（中国）食品有限公司生产的"怡口莲"咖啡夹心糖：Q/N53002；内蒙古伊利食品有限公司生产的"伊利"奥力星干吃鲜奶片：Q/NYLN14；内蒙古蒙牛乳业股份有限公司生产的"蒙牛"奶茶：Q/NMRY04；联合利华股份有限公司生产的"中华"牙膏：GB8372；"雪碧"汽水：GB/T10792，等等。

2. 商品包装上所标注的商品标准明显已过期。例如下列商品在其包装上标注的执行标准分别是：深圳丽色化妆品有限公司生产的"丽纯"牌洁面乳：QB/T1645—1992；洛阳永生实业食品有限公司生产的"永生"龙须面：SB/T10069-92；河北康达有限公司生产的"枪手"电蚊香加热器：QB/T1741-93；漳州市双飞日用化学品有限公司生产的"青蛙王子"牌儿童润肤霜：QB/T1857-93；"白猫"

洗洁精：GB9985；纳爱斯集团有限公司生产的"雕"牌高级洗衣皂：QB/T1913-93，等等。

3. 我们国家已经颁布有相应的国家标准或行业标准，一些产品却在其包装上注明执行的是地方标准或专业标准。例如"恒安"心相印"纸巾，1999年之前在其包装上标注其执行标准是 ZBY32032-90；2001年后注明其执行标准是 QB3529-99，卫生标准是 GB15979-1995；洛阳百味集团有限公司1999年前生产的"建洛"酱油和米醋，分别注明其执行标准是：ZBX66013-87（一级），ZBX66015-87（一级）。

4. 所注明的商品标准的表示不规范。前文所提及的许多商品标准没有注明发布年份就属于此类情况。又如河北省武张县东宝食品营养公司生产的"迪宝"牌日本豆，包装上注明其标准是 DB13000 * 241.1-87，笔者认为应表示为：DB13/241.1-87；"维维"高钙低糖豆奶粉，包装上注明其执行标准是 Q/320323*D42；广州高露洁有限公司生产的"高露洁"牙刷，包装上注明其产品符合 QB1659-97；纳爱斯集团有限公司生产的"雕"牌天然皂粉，包装上注明其执行标准是：QB/T2387-98。

5. 部分企业没有在其商品包装或者说明书上标注其执行标准。例如河南莲花味精股份有限公司2004年3月生产的"莲花"味精；安徽省艳丽化工有限责任公司制药厂2004年生产的"晓春"牌风油精；郑州西森工贸有限公司生产的"鲜乐"牌纸杯和盒抽，等等。

6. 同种产品，不同生产企业所标注的标准却不尽相同。例如"威白"洗衣粉、"活力28"洗衣粉、"雕"牌洗衣粉在其商品包装上标注的执行标准分别是：HL-A GB/T13171-1997，GB13171 合成洗衣粉 I 型，HL-A GB/T13171-1997。

笔者在此列举的问题，并非说明上述企业的产品一定存在质量问题，也并非说明上述企业在经营管理中一定存在很大的问题。相反，一些假冒伪劣商品的包装上标注的商品标准却是正确而规范的；一些名不见经传的企业的产品，其包装上标注的商品标准也是正确而规范的。管理先进、科学、严格的企业，它的产品包装上肯定能也一定是正确规范地标注了商品标准，从细微处塑造企业的形象。从这个意义上而言，笔者在本文中列举的种种问题又需要引起相关企业和行政管理部门的高度重视。

第二章 商品经营的技法

导读： 在商品经营过程中，工商企业经常应用"4P"或者"4C"营销理论展开竞争，以谋求最佳业绩或最优效果。其中，最原始、最激烈、最初级、最能很快见效的手段就是进行价格战，然而价格战是把双刃剑，能伤人也能伤己，甚至造成各方俱败、毁灭一个行业，殃及其他行业。本章以《浅析企业压价倾销及防范对策》《浅析买断经销》和《致贵州茅台酒厂（集团）有限责任公司的一封信》等三节内容阐述了如何应用"4P"或者"4C"营销组合等成功经营、卓越管理。

2.1 企业的削价竞争、压价倾销及防范对策

在国际贸易中，倾销是指一国（或地区）的生产商或出口商以低于其国内市场价格或低于成本价格将其商品抛售到另一国（或地区）市场的行为。在国内，当一些工商企业以低于国内市场价格或低于成本价格销售其产品或服务时，我们也将其纳入倾销的范畴。

为了制止低价倾销行为，原国家计委于 1999 年 8 月 3 日发布了一个《关于制止低价倾销行为的规定》。根据规定的第 2 条，低价倾销是指经营者在依法降价处理商品之外，为排挤竞争对手或者独占市场，以低于成本的价格销售商品，扰乱正常生产经营秩序，损害国家利益或者其他经营者合法权益的行为。

在我国发展市场经济的初期阶段，许多企业在国内、国际市场屡屡采取低价倾销的不正当竞争行为，出现了一系列新问题，应引起我们的高度关注。它关系到

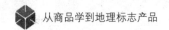

我国的经济增长能否稳中求进，能否保持社会稳定，关系到我国产品、企业和国家的形象。其他国家的工商企业，在买方市场条件下或者为了开拓新市场或者为了营销新产品，也常常采取低价倾销。

2.1.1 削价竞争的现状及成因

在国际市场，自 1979 年起，欧美国家针对我国出口商品的反倾销案件不断增多，并且愈演愈烈。20 世纪 80 年代年均发案率为 6.4 起，90 年代年均发案率上升至 30.7 起，从 1995 年 WTO 成立至 2006 年末年均发案率增至 44.6 起，占全球反倾销案件总数的比重高达 17.6%，年均直接涉案金额约达 18.33 亿美元；2007 年涉案金额增至 46 亿美元；2008 年继续增至 62 亿美元；2009 年共有 16 个国家（地区）对华启动 75 起反倾销调查，同比增加 10 起，涉案金额突破百亿美元。我国已连续 15 年成为国际贸易反倾销调查的最大受害国。1990 年代中后期，在全国各地兴起了降价风，漫步街头，随处可见生产厂家、商业企业在各个角落用各种方式打出的广告，"最低价、大降价、大甩卖、大出血"等等纷纷进入行人的耳目。在这些表象下隐含着更深层次的问题，值得我们深思。

据国家计委研究所对 613 种主要产品统计：1997 年供求基本一致的商品占66.6%，供过于求的占 31.8%，形成大量库存。为了化解供过于求的矛盾，以长虹集团 1996 年大幅降低彩电价格为标志，市场上在家电、建材、食品等领域掀起了一轮轮价格大战，产品售价甚至低于成本价且愈演愈烈。有资料显示，在其他行业如摩托车、制药业等也有可能爆发价格大战。

这次价格大战的基本特点是范围广。全国各地，大多数竞争领域都卷入了价格战，且持续时间长。从 1994 年至今，并有可能持续下去，显示出无序性和不公平性。各企业没有处在同一起跑线上，削价幅度大甚至低于成本价销售，这是最突出的特点。例如平板玻璃自 1995 年以来每重量箱由 120—150 元降到 1998 年 6 月的 50 元左右，单位价格低于单位成本 10 元左右，负面影响极大。形成价格大战的原因是多方面的，主要有：

买方市场已经到来。1994 年以后我国商品市场陆续出现了疲软现象，生产能力特别是制造业、建材业、纺织业的生产能力过剩问题日益突出，形成大量库存，市场上多数产品供过于求，过剩经济初露端倪。反映生产资料总体供求状况的生产资料价格总指数已连续多年为负。

生产结构不合理。前些年我国各地区、各行业之间一哄而起，上马了许多重复性建设项目；三资企业和民营企业也随波逐流，用各种合法的非法的手段生产同类产品。且大多质次价低，同本已处境困难的国有大中型企业进行无序竞争，拉动了带有行业性质的削价倾销。

次贷危机的影响。次贷危机引起世界上多个国家和地区的货币贬值，经济低迷，而我国人民币汇率相对稳定，国民经济持续快速增长。这势必引起他国成本较低的产品进入我国市场，在竞争中处于有利地位；提高其产品在我国的市场份额将更加成为某些国家的战略目标，这就加剧了我国市场竞争强度。

整体消费能力和水平较低。近年来，我国城市居民消费相对饱和，部分失业员工尚未得到安置，高校扩招之后形成大批的大学毕业生群体就业困难，住房制度改革后的压力和风险意识的增大，用于直接消费的比例趋紧，加之农村市场发展相对缓慢，总体市场容量相对萎缩等加大了销售难度。

国际市场竞争更加激烈。在国外，我国产品频繁遭受反倾销，究其原因有三：长期巨额贸易顺差、收支失衡是招致国外反倾销调查的主因；全球经济增长放缓使得欧美诸国不惜动用贸易保护主义这把"双刃剑"，这是反倾销调查泛滥的根源；经济危机是相关国家加大反倾销围剿的导火索，形形色色的贸易壁垒层出不穷且持续数年。在此背景下，深入剖析低价倾销及反倾销的内在原因，科学制定商品价格策略，对于促进我国经济可持续发展具有重要的理论和实践价值。

东亚金融危机的影响。东亚金融危机引起我国周边国家和地区的货币贬值，经济低迷，而我国人民币汇率相对稳定，国民经济持续快速增长。这势必引起东亚各国成本较低的产品进入我国市场，在竞争中处于有利地位；提高其产品在我国的市场份额将更加成为东亚各国的战略目标，加剧了我国市场竞争力度。同时，我国于1997年10月再次降低关税，使总水平由23%降到17%，恢复了外商投资高新科技企业的进口设备减免税等，这在一定程度上刺激了1997年到1998年进口的增长。

走私活动猖獗。1990年代，走私活动之广、品种之多、数额之大，前所未有。据有关方面估计，每年走私进来的商品价值高达千亿元，使国家经济和税收蒙受巨大损失，冲击挤占了国内市场，破坏了公平竞争，加剧了国企困难。

1990年代，我国城市居民消费相对饱和，失业人数和下岗员工持续增长，住房制度改革后的压力和风险意识的增大，用于直接消费的比例趋紧，加之农村市场发展相对缓慢，总体市场容量相对萎缩，加之连续数年的零售商业不景气加大了销售难度。

2.1.2 削价竞争的负面影响

众所周知，企业对产品定价要遵循价值规律，定价过高或过低都是不正常的。任何一种产品的价格都由 C+V+M 组成。其中 C+V 构成生产经营成本，包括料、工、费等。它是制定商品价格的主要依据，规定了产品价格的最低界限，在很大程度上决定着价格的变动幅度。税金和利润共同组成了企业的盈利 M。税金是国家财政收入的来源，具有强制性、无偿性、固定性。利润是考核企业经济效益高低的重要指标，用作企业的发展基金及为职工谋福利。任何企业生产经营的目的都是追求盈利最大化，为了达到这一目的，就必须制定适当的价格策略。社会主义市场经济初期，在激烈的不正当竞争中，因受传统经营观念束缚，大多企业会采取削价倾销策略。这样做将直接影响企业经济效益。为了盈利，多数企业可能会采取下列消极措施，如：降低原材料的质量，即使用较低规格或等级的原材料，以次充好，以劣充优；超负荷超年限使用工具设备；压缩商品加工工艺，降低加工程度；生产不合标准的产品；减岗裁员；压缩工人工资；通过回扣、贿赂等形式销售产品；企业留利减少或不留利润；以库存积压商品作价抵债（此类商品多质低）；偷税漏税；使政府采取地方保护主义不允许外地产品进入本地市场。而以上做法将直接影响国家、企业、消费者及职工的利益。

首先，危害国家利益。企业降价竞争只能是在拼老本，拼银行贷款，拼国有资产，使国有资产流失，造成税收减少，损伤经济增长动力；下岗、失业人数增加，社会不稳定，社会风气不正，贪污受贿、回扣现象增多，影响政府威信；民族工业不景气，本国商品在国际市场上失去竞争力，影响国家声誉。

再者，危害企业及职工利益。商品价格降低使企业销售收入锐减，利润降低，亏损增加，经营环境恶化，无力进行技改和新产品开发，职工收入减少；企业发展基金不足，抵御风险能力大大降低，难以扩大规模或者转向生产，国有资产无法增值；企业重价格不重质量，形成生产上的短视行为，失去消费者的信任。

同时，危害到消费者的利益。从长期来看于消费者绝对不利。单纯的压价竞争使企业盲目缩减必要成本，低价导致质劣；不顾消费者利益，满足需求的层次降低。有些中小企业生产的劣质产品同优质产品鱼目混珠，长此以往将造成对产品质量知之甚少的消费者重价不重质，形成消费短视；假冒伪劣产品充斥市场，又直接危害到消费者的健康和生命安全。

2.1.3 对压价倾销的防范措施

分析表明，现阶段我国各行业各企业之间发生的压价倾销是一种不正当竞争行为；市场物价不是越低越好，其下限不应低于生产经营的合理利润率。否则将对企业本身产生严重危害，进而影响国民经济的良性循环。我们必须马上采取措施，由政府、行业、企业及相关部门协同努力，把这场无序竞争引导到良性发展的道路上来。

2.1.3.1 加强宏观调控，进行综合治理

行政干预，限产保价。要痛下决心，限定全国某些行业、地区及企业的产量，控制生产总规模；避免各地区各部门一哄而上、盲目上马现象再次发生；关停并转一批散、小、土企业，抓大放小，鼓励兼并，规范破产，进行战略性改组。限产保价和脱困增效的关系密切，限不了产就保不了价，所以限产是基础和前提，是根本和关键。这件事必须由政府来做。例如国家发展计划委员会和国家建材局联合发布的《关于制止低价倾销平板玻璃的不正当竞争行为的暂行规定》，自1998年7月1日起执行后仅两个月，平玻行业中的"大哥大"洛阳玻璃厂就得到了实在好处，该年7、8月份都扭亏增盈；各地方各企业也都积极贯彻，7月份产销率达95.7%，销量同比增长4.4%，价格同比提高7.88%。

健全价格法规，加大执法力度。我国已经颁布实施了《反不正当竞争法》、《价格法》等法律，各行业各地区可以根据实际情况制定相应的法规，进一步贯彻和落实，对违反法律法规的单位及个人从严从重处理。

为限产保价护航保驾。工商、物价、技术监督、金融等部门要齐心协力，提供支持，各部门应相互配合打击假冒伪劣；协调银行对明令淘汰的落后工艺和拒不执行有关规定的单位停止贷款；税务部门规定销售产品不得按低于最低限价开列增值税发票，等等。

规范和净化市场。应使企业处于公平竞争的环境，同时，还须进一步完善社会保障体系，弱化消费风险，拉动现实需求；调整产业结构，引导企业资金的正确投向；限制进口，提高出口商品的质量、档次。通过行政、经济、法律手段扭转无序压价竞争的局面。

加大打击走私力度。1998年7月在北京召开了全国打击走私工作会议，从7月下旬到年底，以海关为主在全国开展了轰轰烈烈的大规模反走私联合行动和专项斗争。现在已取得成效，国内市场趋于活跃，市场价格大幅上扬，一些国有大

中型企业的生产形势好转，但必须警钟长鸣，常抓不懈。

加大资金投入，进行资金扶持。从 1996 年 5 月至今，人民银行已先后多次降息，定期存款的年利率从 10.98% 降到 3.78%，降幅超过 60%，有效减少了企业财务成本，刺激了国内需求；1998 年 9 月份又发行了 1000 亿国债，用于基础设施建设和改造，以刺激国内需求，拉动经济增长。

2.1.3.2 发挥行业协会的作用

在政府的指导下，尽快建立有中国特色的行业协会体系。行业协会作为"企业的依靠，政府的帮手"，以前发挥的作用不够，应转变半官半民的身份，转变上传下达的政府职能，使其成为真正的民间组织，对企业有足够的约束力，协调企业间的利益冲突，为行业发展提供服务，协调行业同政府的关系。

行业自律，实行行业自律价。我国企业进入市场经济环境的时间不长，市场意识不够成熟，客观上需要把自律和它律结合在一起的行业自律形式。自律价的制定、发布和监督要以行业组织为主进行，充分发挥企业平等协商，互相监督、自我约束作用；要兼顾不同企业的利益，体现优质优价原则；保护合法的市场竞争行为，符合国民经济进行总体宏观调控的总体要求。

指引工商企业联合抵制压价倾销，推动工商联手，建立利益共享、风险共担、共同发展的新型合作伙伴关系。定义低价倾销不正当竞争的界限，测定发布行业平均成本价或最低出厂价，作为企业订价的参考；组织企业进行自律性交叉检查；制定简报制度，明确制定标准，研究制定相应的制裁措施和处罚办法，并使之制度化。发布行业供应信息及科技情报，组织洽谈会，开展技术培训、对外合作等。

营造良性竞争环境。通过严格地颁发许可证，选择相互关系（攻击或者联盟）等其他手段试图使本行业竞争者的市场营销活动限于协调合理的范围之内；遵守行业规则，凭自己的努力扩大市场占有率，在市场营销组合上互相保持一定差异性甚至是截然两种风格，从而减少直接冲突。在钢铁、化工等资本密集且产品同质的行业，产品差异性很小而价格敏感度甚高，随时都有可能发生价格竞争，结果常常导致两败俱伤。因此，这些行业中的企业应自觉地不相互争夺客户，不以短期的市场占有率为目标，尽量保证市场占有率相对稳定。

2.1.3.3 企业应加强多元化竞争能力

各企业要树立全局观念、长远观念，严格自律产品，自觉抵制低价倾销；应彻底转变传统经营观念，树立超前、品牌、质量、服务意识，展开非价格竞争。

实施名牌战略。名牌是企业高质量的产品畅销于市场并具有极高知名度的象征，是一个国家一个民族的标志和经济发展的旗帜。企业以高质量为核心，开展品牌经营，实现从数量竞争到质量竞争的转化，从低价倾销到品牌竞争的转化，真正体现优质优价的原则，满足人民日益增长的物质文化需要，提高人民消费水平，从而利国利民利于企业，为企业带来巨大的经济效益、社会效益和长远效益。

制定并实施适宜的竞争战略。各企业应详细分析竞争者的目标、战略、市场反应、竞争力的强弱、与本企业的相似程度、竞争中表现的好坏等，结合本身的优势、劣势确定自己在市场上的竞争定位，决定自己实施下列竞争战略中的哪一类：主导者战略、挑战者战略、跟随者战略及补缺者战略。各类企业最好都能确定一个不致引起竞争性报复的战略，在各种的情形下都有自己的策略组合和实施方案。实施该战略要做到：懂得如何稳定自己的目标市场，保持现有顾客；努力争取新的消费者或客户；设法创造独特的优势，给自己的目标市场带来诸如地点、服务、融资等某些特有的利益；还必须尽量降低成本并提供高质量的产品和服务，提防恶意竞争者的攻击。

树立"质优价适"的出口商品定价理念。应对反倾销调查要从源头做起，必须改变我国出口企业长期以来的低价出口策略。我国商品在开拓激烈竞争的国际市场之初，常采用"薄利多销"的手段，致使中国商品在国际市场上总是给消费者以"低质低价"的印象，也容易成为反倾销攻击的目标。事实上，我国出口商品的竞争力一直是建立在廉价的劳动力和大量资源耗费的基础上的，是以牺牲国民福利和污染环境等为代价的非可持续发展竞争优势。当前，影响我国出口商品成本的主要生产要素，包括国内劳动力成本、国际国内的能源和原材料价格以及环保成本等都在上涨，这标志着我国工业生产已进入高生产成本期。随着我国资源价格管理的日趋完善，这些优势将不复存在。尤其在当前国际贸易救济措施围堵的新形势下，我国企业有能力也必须进行定价策略调整，通过加大科研投入和技术创新，拥有自主知识产权，培育企业自主品牌，提高产品附加值和竞争力，从"中国制造"向"中国创造"转型，塑造中国产品"质优价适"的新形象。这样不仅可以降低出口企业被控倾销的风险，而且也能够创造更多的收益，避免我国陷入"贫困型增长"的泥沼。

以价格承诺作为反倾销案件的结案方式，借助外力整顿出口秩序。在国际贸易中，当遭受反倾销处理时，我方可以价格承诺作为结案方式。承诺各方不但应当善意履行各自承诺，而且对执行价格承诺的所有其他出口企业的违反价格承诺的行为负连带责任。这种一荣俱荣、一损俱损的承诺履行方式，尽管增加了履行承诺的难度，但是，客观上也有助于提高出口企业的财务管理水平，杜绝中国企业竞相低价销售的现象，增强企业凝聚力。

共生营销。特定条件下的特定市场是有限的，应通过联合、兼并、联营、合作等形式，减少无益竞争，共谋生存和发展，共同营造宽松的合作经营环境，形成合力抵御低价倾销造成的市场冲击；走集约经营之路，采取水平合作或垂直合作或交叉合作，共享人财物信息资源，降低单位产品成本，增强抗风险能力。

苦练内功，开展非价格竞争。通过加大技改，增加科技含量，美化包装，提高产品质量，以质求胜；调节产品结构，多品种多规格经营，以多求胜；开发新产品以新求胜；加强产品售前售中售后服务，以好求胜；面向市场，精心营销，缩短交货期，提供及时服务，迅速出击，以快求胜，等等。

多角化经营，开拓新市场。目前市场疲软带有结构性，我国的大市场中仍存在众多未被满足的潜在需求有待开发。企业应有战略眼光和超前意识，不断分析经营环境，细分市场，加大促销力度影响需求乃至创造需求，跳出削价倾销的怪圈，开辟自我发展的新途径。

提高出口商品的质量和档次。针对不同地区销售不同档次的商品，除巩固西欧、北美、日本等市场外，向非洲、拉丁美洲、东欧等地区扩展。

优化分销策略。采取自动连锁、特许经营等方式，工商联手建立命运共同体，巩固销售渠道，降低流通成本。

此外，还应该形成生产要素市场化为基础的定价体系，达成价格承诺协议替代征收反倾销税裁定，完善出口商品市场价格信息预警机制，争取市场经济地位，规避"替代国"价格，等等。

2.2 买断经销的成败得失

自 20 世纪 90 年代初期，我国大多数商业流通企业经营效益大幅下滑，出现了微利亏损、濒临倒闭等情况，有的甚至资不抵债，最终导致破产。流通行业整体萧条，如何摆脱困境，走出谷底，成了社会各界普遍关注的话题。

为此，近年来我国各商家在营销方式上大做文章，可称得上花样百出，名目繁多。其中买断经销则是争议较大，褒贬不一，倍受人们关注的一种营销方式，对我国商品流通领域产生了较大影响，值得我们深入研究。

众所周知，商品交易方式多种多样，按商品所有权的转移与否可划分为经销和信托交易。其中，以经销商的经销权是否具有排他性，可将经销分为多头经销、独家经销和总经销。而买断经销，是指某一或某些商业企业以一定的价格买断生产厂家的某种或某类产品在特定时间内的全部经销权，是独家经销的特殊形式。

2.2.1　买断经销的特点

买断经销者对商品拥有绝对的所有权，通过自身的买进卖出赚取经销利润。因为买断经销者是先买进商品而后卖出商品，所以在买进之后卖出之前要承担相当大的市场风险，相应地，买断经销者就可能获得相当丰厚的利润，在市场竞争中处于有利的霸主地位。

买断经销者在既定的销售区域内，不仅可以销售所买断的商品，还可以经销对所买断商品具有竞争力的同种同类不同品牌的商品，而不受所买断商品生产厂家的约束。

买断经销商一般不受制造商的价格约束，可自由制定所买断商品的价格。其经济效益由自己的经销状况所决定。

买断经销容易导致不公平竞争。如果买断时间较长，其他企业少货或缺货，买断者就有可能控制该商品的价格高低，形成垄断价格。垄断一经形成，就会导致服务质量差，追求超额利润等弊端，形成不公平的市场竞争。

买断经销需要巨额的资金作保障，经销商需要得到银行的通力合作和支持。目前，商业企业经营过程中的一大问题是流动资金不足，而进行买断经销往往需要从银行获得巨额贷款，离开银行的支持，买断经销商难以获得足够的资金，很难开展买断经营。

买断经销给生产厂家带来了最大的利益。由于是付现款，生产厂家的产品可以迅速转化为资本，加速了再生产的进程，同时降低了储存费用和存货风险，减少了生产企业的销售费用，降低了经营成本。生产企业不消耗过多的人力物力和财力，就可以进行销售，减轻了市场竞争压力和因市场行情变化而造成的市场风险，对其生产经营非常有利。

买断经销能增强经销商的竞争能力，树立企业形象。买断经销商既然敢于冒险进行买断经销，势必进行了市场的可行性分析，对此有较大的取胜把握。此外，经销商向公众展示了企业的气魄，可极大地提高企业的知名度，还可以提高企业职工的自信心和凝聚力，培养一批营销人才。

2.2.2　买断经销个案分析

由于买断经销的以上种种特点，社会各界对其利弊争执激烈，褒贬不一。有关商业企业在采用时，一定要周密考虑，量力而行，谨慎从事。

买断经销在国外已经有了较长的历史，应用较广，而在国内却是近些年才出现的。1996 年 8 月美国沃尔玛集团在深圳开创的沃尔玛广场，在开业后的 142 个营业日中，实现销售收入 4.25 亿元，超过上年在深圳排名第一的某商店的全年销售收入。成功的原因之一就是其进货量大，降低了经营成本，对所进商品进行一次性买断，厂家不需要为零售企业承担市场风险。上海东方商厦也成功地采用了这种经营方式。而我国规模最大、出现较早、同时影响最大的买断经销实例是 1996 年郑州百文股份有限公司对长虹彩电的买断经销。

1996 年 9、10 两个月，郑州百文股份有限公司耗资 4 亿元对我国最大的电视机生产企业—长虹彩电的 21-25 型号两条生产线以价格不变为条件买断全国经销权。同时郑百文还买断了"康佳"的若干生产线，成为这两家彩电在国内的最大经销商。此举一出，各界哗然。对此反应最迅速的是两个方面：其一是 1996 年 10 月份，郑百文的股票溢值 1 倍；其二是其他商家的异议和反抗。郑百文之所以采取此买断经销之举，本人认为是基于以下原因。

买方市场初步形成，公众消费特点发生了变化。1994 年后，我国各商品市场陆续出现了疲软现象，长期以来的商品短缺现象基本消除，多数商品由卖方市场向买方市场转变。大多数消费者收入水平明显增加，消费观念逐步更新。消费多样化、选择性消费、个性化消费、理智性消费增多。多数消费者倾向于购买名牌及优质产品。长虹"以民族昌盛为己任，以产业报国为宗旨"，以优异的产品质量和产品服务在公众心目中树立了良好的品牌形象，成为彩电经营者角逐的目标。谁拥有了对长虹的支配权，谁就拥有了竞争优势。

商业竞争加剧。随着企业改制和社会主义市场经济的发展，寄售、赊销、代理制、包销、展卖、联营、特许经营、连锁经营、传销等成为常见的经销方式。竞争促使商业企业必须采取灵活多变的经营方式，开拓新的经营渠道。

不惜代价抢占市场。1995 年，长虹彩电降价 20%，销路已经打开，似乎已不再有降价的空间和主观意向，生产厂家在短期内似乎不会以降价来夺取市场份额。经过 1985 年改制以后 10 余年的艰苦创业，郑百文已拥有了雄厚的资本，良好的社会形象，以及强大的销售网络，既得到了生产厂家的信任，也得到了银行的支持，得以在河南省建设银行贷款近 10 亿元进行买断经销。

郑百文已有丰富的彩电销售经验，对产品经营有了较深的认识和把握。家电部是该公司最大的部门。1996 年，家电部销售收入达 6 亿元，占公司总销售收入（40.1 亿元）的 14.9%，人均创利 8 万元，其销售增长速度、人均创利、人均劳效、资金周转率、费用率等 8 项经济指标位居全国同行业第一。1997 年，营业额达 80 亿元，利润达 5000 万元。成为内贸行业的先进典型，辉煌一时。但是到了 1998 年，郑百文一下子就亏损了 5 亿元，1999 年亏损更多，经营极度困难。造成这种严重亏损局面的原因很多，但其中一个重要原因就是不进行技术创新。1995 年至今，彩电市场上至少进行了 6 次大范围的以降价为主要方式的价格战，令众商家和消费者始料未及。郑百文一直对长虹彩电采用买断的方式大量购进，而长虹彩电突然降低价格。仅这一项，郑百文库存损失就达 2.8 亿元。真是成也"买断"，败也"买断"。

2.2.3　买断经销的制胜要则

产销双方联手，建立利益共享、风险共担、长期合作、共同发展的新型伙伴关系。商业企业在选择名优产品的同时，还要注意生产厂家的信誉、经营思想和产销计划。生产企业要选择管理科学、实力雄厚、信誉卓著的商家。在合作中双方应本着诚实信用、利益共享、共同发展的原则精诚合作，不为暂时的局部的利益而损害对方的利益，从而破坏双方的合作。不管哪一方，在有大的市场动作之前都应尽可能事先通知对方。

慎重选择产品，周密调研市场行情。买断经销商首先要选择名优产品，选择质量过硬、名气大、口碑好的产品。同时要认真分析该产品在市场上的供求平衡情况、生产厂家竞争对手的情况，近期该产品的各生产厂家的产量、库存量、生产效率、新品种等等各种情况。同时还要注意各厂家的竞争是初级的还是高级的，是良性的还是恶性的。一般来说，初级竞争和恶性竞争都会进行降价搏杀。这样势必对买断经销商造成严重甚至是致命的危险。

买断产品要量力而行，合法经营。对买断经销商而言，不一定要买断某生产厂家所有的品种，可选择其中畅销的型号，从而降低经营风险。买断时间不宜过长，可以选择该产品的销售、消费旺季。如果买断时间过长，一方面投入资金相应多，一方面在销售、消费淡季极易库存严重，积压资金，面临竞争风险和降价风险。另外，对某种或某些畅销产品长时间的买断经销实则是一种垄断经营，对其他商家形成了不公平竞争，违反了我国有关法规，极可能导致政府的干预，对买断经销商造成不利。

经销商要取得银行的支持。由于买断经销是以现款支付给生产厂家的，所以它必须有巨额的资金。取得银行的支持需要经销商有良好的信誉、雄厚的资本、严格的管理、突出的业绩、合法的经营等。只有这样，才能取得银行的信任，得到巨额贷款。

经销商要有科学、合理、严密的经营管理。由于买断经销规模大、资金多、风险巨大，如果管理不善、预测不准或其他不确定因素引发意外事件，经销商会受到巨大损失。所以经销商一定要认真分析该产品的市场供求情况、各厂家的生产情况、该产品的成本压缩空间大小、各厂家的新品种开发情况，各厂家的营销动作，等等。

加强技术创新，采用灵活的经营方式。近几年全国大部分行业不同程度地出现了压价倾销的恶性竞争情况，对国民经济、众多工商企业和广大消费者极为不利。从某种程度来说，买断经销加剧了企业之间的恶性竞争。从长远和大局出发，各企业应停止低级的恶性的价格竞争，在提高产品质量，加强技术创新上多做文章。

1999年下半年，国家物资流通协会的权威人士曾经指出：现阶段国内商品流通企业必须认真研究和积极推进组织创新、制度创新、技术创新。这对于流通企业的改革和发展十分必要。实行制度创新和组织创新后，企业仍旧存在的问题，甚至是生死存亡的问题，必须通过技术创新来解决，研究和推行现代营销方式、管理方式。

技术创新不论对公有制还是私有制企业，都是一个永恒的话题。在知识经济的今天，这个问题就更加现实和迫切。工业企业需要技术进步，流通企业更需要技术创新。不然即便搞了组织创新、制度创新，也同样搞不好。而流通企业的技术创新必须要在推行现代营销方式、现代管理方式上下真功、下苦功、下巧功，才能卓有成效。在技术创新上稍不留心，就极有可能全军覆没，如果应用得当，就能事半功倍，铸就辉煌。因此，各商业企业要根据具体情况采用代理、直销、连锁等不同的经营方式，灵活经营，与同业进行共生营销，减少无益竞争，共谋生存，为发展民族商业，为加入 WTO 后我国商业企业走向世界、繁荣强大而共同奋斗。

2.3　致贵州茅台酒厂（集团）有限责任公司的一封信

注：此信是笔者于 2015 年 8 月 26 日—29 日撰写的。2015 年 8 月，因构思其他几篇有关地理标志产品的论文，我浏览了茅台酒厂（集团）有限责任公司的网页，无意中发现该公司于 2015 年 4 月 28 日发布的"寻访 100 名与茅台结缘人物"活动启事（详见附件，也详见 http://www.moutaichina.com/tabid/552/InfoID/7519/settingmoduleid/1003/Default.aspx），我认为自己与茅台酒颇有缘分，遂动手写了此信投到对方指定信箱，惜无下文。

尊敬的潘女士、陈先生：

您们好。

我是一名高校教师，与贵公司有着难解的缘分和深厚的感情，对茅台酒有浓厚的兴趣。我近日在写一篇关于地理标志产品的论文，到贵公司网站查找资料，发现了您们今年 4 月挂出的"寻访 100 名与茅台结缘人物"活动启事，非常感兴趣。现在将自己与茅台的缘分简介如下：

我本科学习的是工商行政管理专业，其中一门专业课程是《商品学》，课时是 110 个。该课程又分做 3 个分论，其中一个是《食品学》，《食品学》重点介绍了烟酒茶等 3 类商品。在这门课程里，我从工艺角度比较系统和详细地了解了关于茅台酒的基本知识。当时学校有商品学实验室，听说实验室里边有茅台酒等，但我们这届学生无缘走进实验室一品茅台的味道，至今遗憾。

毕业后我在高校从事专业课教学 20 年，授课最多的是《商品学》，每年至少讲授一次该课程。《商品学》课程以商品质量为研究中心，为了上好这门课，我必须找出众多的案例和实物，向学生阐明"重视和提高商品质量的意义、影响商品质量的因素、对商品质量的基本要求、商品的市场状况与营销、商品包装、商品检验、商品标准"等等，几乎每个话题都可以用茅台酒做案例。茅台酒是一个绝佳的教学案例，它兼具了影响工业品和农产品质量因素的所有特点，老百姓耳熟能详，妇孺皆知，又有众多故事和商界传奇。所以在上世纪 90 年代中期，我搜集了不少关于茅台的纸质材料，尤其是关于假冒伪劣茅台酒的资料。1998 年，我无意间看到中央电视台 2 套《商界名家》节目播放的《神秘茅台》，非常激动，我梦寐以求的生动、形象、全真的视频资料终于出现了。但我没有录像机。第二天，我到同事家里，把《神秘茅台》下集录制了下来。可惜的是上集没有录下来（数年后，我曾经给贵公司去过一次电子邮件，索求上集的视频，但没如愿。后来，我在 CNKI 网上，找到了上集的解说词，把它下载保存起来）。此后，每年每学期上《商品学》《商品包装与检验》课时，我都给学生播放这集视频；在《商品学》课程中，还布置作业，要求学生"利用商品学理论分析茅台酒质量高"的原因。2000年，我把这段录像刻制成 VCD，制作了教学课件。2009 年，在中国人民大学参加中国商品学会年会时，我把这段视频贡献出来，供全国各高校的同仁分享。我在讲授《企业管理》《市场营销》课程时，也经常给学生们播放这段视频，让季克良先生现身说法，给学生们讲解茅台酒如何在激烈的市场竞争中以质量为本进行经营管理。学生们都颇感兴趣，受益匪浅。至今，我还保存着那盘录像带和 VCD。

1999 年，我在《中国商人》第 10 期上发表了论文《商品包装，是美丽的糖衣吗》，以茅台酒在 1915 年巴拿马万国博览会"一摔成名"为例，说明茅台酒的高质量、弱包装、以及酒香也怕巷子深。

我一直梦想着能有自己的实验室，哪怕是有一瓶茅台酒，以便让学生能亲自闻闻、品尝一下国酒茅台的神韵和风采，缓解我纸上谈兵的尴尬。1999 年，我向学校提出申请，对《商品学》课程进行教学改革。改革措施之一就是申请购买一些样品（例如茅台酒），创建商品学实验室。以校长为首的学术委员会肯定了我的设想，但是认为建实验室代价太大，仅仅批了 500 元经费（这费用不够我出本讲义）。学校对这个专业投入太少，我在教学上只能到处借鸡下蛋、借船出海，弥补我上课时唱独角戏的窘迫。

只有亲自体验到货真价实的真品，才能识别假冒伪劣商品。2004 年前后，我的收入有所提高，我便在茅台做春节促销活动的时候买了一箱茅台王子酒，喝了2—3 年。2013 年，我评上了教授，便乘兴买了一箱"飞天"茅台。但至今不知道买来的茅台酒是真是假，茅台真味如何。

10 多年来，在科研上，我致力于名牌、质量、三品一标、企业管理、市场营销等方面的研究。近年来，对地理标志产品非常感兴趣，在河南省政府发展研究中心、省社科规划办、省教育厅等单位申请了相关课题；参加了洛阳市组织的2015 年度"社科专家县区行"大型调研活动，我作为组长，以"洛阳地理标志产品开发问题研究"为题目率队进行调研。我早就有到茅台取经的念头，一直未能成行。今年暑假，我已经做好了出行茅台的准备，却在 8 月初遭到一场车祸，髌骨骨折无法走路，调研计划遂再次搁浅。

只有等来年了，等我的腿彻底好了，再去寻找茅台酒。

不知您们的活动是否结束，不知我能否与茅台继续结缘？

盼您们的回音。

祝您们万事如意，祝本次活动圆满成功。

我的联系方法[①]。

洛阳理工学院　翟玉强

2015 年 8 月 29 日

附录 1　贵州茅台酒厂（集团）有限责任公司"寻访 100 名与茅台结缘人物"活动启事

（http：//www.moutaichina.com/tabid/552/InfoID/7519/settingmoduleid/

1003/Default.aspx，发布时间：2015-04-28）

茅台金奖百年的发展历程，折射了中国民族品牌繁荣进步的轨迹，映照了中国民族工业成长壮大的历程。今天的国酒茅台，在国人心中已不仅仅是一杯佳酿，更是一张飘香的中国名片，是厚重的中华文化符号，是家与国的情感记忆。百年走来，国酒茅台作为享誉全球的"中国之酿"，与每一个中国人以及世界各地华人，甚至一些外国友人，都有一份或浓或淡的情结蕴藏在脑海里。

在纪念茅台酒获巴拿马金奖百年之际，茅台集团特别推出"国内外广泛寻访报道百名结缘人物"大型采访报道活动，现将有关事项告之如下：

（一）采访对象

1. 家庭成员或本人与茅台酒有直接或间接交集、有关联，并有精彩故事的中国

---

① 　凡是涉及到笔者及他人详细联系方法的均删除或者做变更处理。

人（含海外华侨）；

2.家庭成员或本人与茅台酒有直接或间接交集、有关联，并有精彩故事的外国友人；

3.有在茅台集团公司工作、生活经历并有精彩故事的人（包括茅台集团公司领导、有突出贡献的员工）；

4.1915年以后出生的人（包括已故的人）。

（二）方式权益及奖励

1.采访主要以视频或文字方式进行，必要时也可仅进行口述录音或提供文本资料；

2.采访活动原则上在采访对象居住地进行，采访时间由采访对象确定；

3.采访后定稿的文本和音视频资料版权属茅台集团；

4.文本和音视频资料并不限于在茅台集团内部宣传媒体上刊播；

5.茅台集团将赠送珍贵礼品给采访对象以表谢意；

6.采访活动从2015年4月启动。

联 系 人：茅台集团党委宣传部　潘女士　陈先生

联系电话：0851-22386042、22388058

邮　　箱：xcb042@126.com

中国贵州茅台酒厂（集团）有限责任公司

2015年4月

附件2　贵州茅台酒厂（集团）有限责任公司关于"寻访一百名与茅台有缘的人物"的启事

（http：//www.moutaichina.com/tabid/552/InfoID/6903/

settingmoduleid/1003/Default.aspx）

亲爱的网民朋友、广大员工同志们：

为隆重纪念茅台酒荣获巴拿马金奖一百周年，茅台集团开展了"寻访一百名与茅台有缘的人物"活动。您、以及您身边的亲朋是与茅台结缘的人吗？有与茅台的精彩故事吗？如果有，请联系我们，我们将安排记者对您进行专访，把您的精彩故事秀出来，期待您的热情参与。

联 系 人：潘　鸥　陈明发　马　飞

联系电话：0852-2386042　2388058

茅台集团党委宣传部

2014 年 8 月 1 日

第三章　商品经营的环境分析

　　导读：在商品经营过程中，工商企业必须认真分析自己所处的外部环境和自身概况，运用 SWOT 分析法研究自己的优势、劣势、机会、威胁，然后制定相应的经营战略和竞争策略。本章以《加入 WTO 前的国有零售业经营环境》《洛阳市全面建设小康社会进程中经济层面的 SWOT 分析》《地方科研院所企业化运作的劣势及威胁》《地方科研院所企业化运作的 SWOT 分析之 SO》和《老工业基地全面建设小康社会的 SWOT 分析——以洛阳市"工业强市、旅游兴市"的战略发展为例》等五节内容阐述了如何应用 SWOT 分析法成功经营、有效管理。如今，SWOT 分析法已被广泛应用于各个地方、各个单位、各种机构的工作中。

3.1　国有零售业加入 WTO 前的经营环境和经营对策

　　1995 年 5 月 19 日，中国与欧盟就中国加入 WTO 问题达成协议。这是继与美国达成协议之后，中国在加入 WTO 进程中所迈出的又一关键步伐，成为 WTO 一员已指日可待。未雨绸缪，商业企业特别是国有零售业如何应对加入 WTO 之后激烈的市场竞争呢？我们认为，必须对其经营环境进行全面深入地分析，才能做出科学合理的对策。

3.1.1 现阶段零售业经营环境分析

1.买方市场初步形成。1994 年以后，我国商品市场陆续出现了疲软现象。据国家计委研究所对 613 种主要产品统计：1995 年供求基本一致的商品占 66.6%，供大于求的占 31.8%，形成大量库存。反映生产资料总体供求状况的生产资料价格总指数已连续两年为负，是改革开放以来经济发展中绝无仅有的。难以否认买方市场已经到来，过剩经济初露端倪。

商品供应的充足，使消费者具有更多的选择余地。"买小货求方便"，"买大件货比三家"，零售业"坐等顾客上门"的时代已不复存在。为能够大量地销售商品，争夺市场，零售商们纷纷采取降价促销、重新装修和开设分店等方法，但仍无法吸引更多的顾客上门，反而使竞争形势更加激烈。卖方市场环境下零售业存在诸多问题和危机，随着买方市场的到来日益显现。当价格竞争达到一定极限时，国有大中型商业企业由于其公有性质及部分附属于政府管理的因素，市场经济条件下的经济效益原则也不可能继续搞降价大战。再加上国有大中型商业企业资金周转问题、管理问题和离退休人员负担问题，使其商品经营成本居高不下，这样势必不能在价格上处于竞争优势，更好地吸引消费者。

2.消费水平得以提高，消费需求发生变化。随着消费领域的进一步扩大、消费者收入的不断增加和消费观念的逐步更新，人们除保持日常必需品的需求外，将向健康、娱乐、休闲消费品和工艺品、礼品、旅游用品、住房、交通通讯和教育等方面消费发展；随着收入差距的拉大，消费档次也逐渐拉开，高消费阶层追求物质消费多样化、精神消费享受化，低消费阶层的需求也开始向提高生活质量，消费多样化、现代化的方向发展；人们的消费心理和消费行为日趋成熟。选择性消费，个性化以及理智性消费增多。消费者的消费意识逐渐增强，消费者在购买商品时，除要求经销商质量的保证和售后服务方面承担一定的责任外，同时还要保证顾客在购物之际获得物质和精神方面的满足；消费支出多元化，购买力分流。随着国家一系列改革措施的出台，居民的各项非商品性支出逐渐增加，多数居民把一定数量的货币投向储蓄，作为未来的教育、医药、养老、就业等项支出的储备金。此外，旅游、股票、期货、债券等，吸引了居民的部分货币，进一步分流了购买力，导致即期需求有所减弱。

3.流通产业政策更加有利于非国有零售业的经营与发展。国家在进行流通体制改革初期，首先确立了多种所有制形式并存的商业结构框架，尤其是零售业。从1979 年起，中共中央颁布了一系列文件，要求发展集体经济，明确了集体商业企业的性质、地位和作用。1980 年以来，国家又颁布了一系列政策法规，确定发展个体私营商业。这些政策法规的出台和进一步完善，对促进非国有零售业的迅速发展起到了积极的推动作用。同时，国家还逐步缩小了计划流通商品的品种数量和范围，扩大了市场自由流通商品的比重，除了关系国计民生的少数重要商品和农产品实行国家统一收购经营外，其余全部放开，实行市场调节。

此外，国家为规范流通行为，建立商品流通新秩序颁布了一系列法律法规，如《广告法》、《商品法》、《反不正当竞争法》等，都大大有利于非国有零售商业的经营与发展。商品流通渠道日趋多元化、混合化，国有零售业的主导地位面临严峻的挑战。

4. 外资的抢滩占位。21 世纪的中国是一个最广阔，最具发展潜力的市场，这已为世人公认。具有灵敏的市场嗅觉的零售商纷纷看好这一市场。外资的进入，一方面会把先进的技术和管理技巧转移到国内，促进零售业服务质量和效率的提高；另一方面，开放的零售市场又将使国内零售企业面临巨大的竞争压力，夺走相当数量的市场份额，甚至带来整个零售市场的变革。

5. 城市的空心化。根据城市规划，城市中心居民区将由于危、旧房改造或其他原因迁移到城外。居民的迁移，城市空心化的加大，使固定的消费者群变成更多流动的消费者。消费者的不确定性使零售业尤其是中心商业区的商场更难以把握市场的特性。同时，城郊居民小区的出现，又从不同侧面为零售业拓展思路。

6. 原有零售业态被彻底打破。世界上百货零售业经历了三次革命，零售业态由传统的、单一的百货商店转变成今天的超级市场、大型百货商店、连锁店、专业店、专业市场、便利店等多种业态并存的格局。新商厦拔地而起，平价超市纷纷开张，专卖店如雨后春笋，连锁店崭露头角，各种业态都在拼命抢占市场份额，大型百货零售商店一统天下的日子一去不复返。

7. 市场竞争日趋激烈。市场竞争向多元化、多层次、多主体方向发展。工商竞争、批零竞争、同行竞争、业态竞争、中外竞争、竞争手段多样化等，使习惯于计划经济的国有商业难以招架。以商战发源地郑州为例，先后进行了价格战、环境战、服务战、质量战等几个层次的激烈竞争。

8. 数量极度膨胀，规模大型化。前几年，中国百货商店的发展处于鼎盛时期，机构数量和销售额增长迅速，商场越盖越大，越建越豪华，过去 1—2 万平方米的营业面积的商店被视为大哥大，现在只能作为小弟弟。另一方面，销售额持续攀升。据不完全统计，全国年销售额超亿元的百货零售企业，1992 年有 59 家，1993 年有 87 家，1994 年有 127 家，1995 年超 180 家，每年都以 40% 的速度在膨胀。

此外，国有零售商业企业经营管理中存在的人员负担过重；债务沉重，资金紧缺，经营状况恶化，销售额连年上升，经济效益大幅度滑坡；改革力度不够，政策配套滞后；经营观念落后，经营机制不灵活，领导班子不力；领导不重视职工的文化素质和业务能力，职工受教育程度偏低；市场营销观念相对落后；大中型商业企业进行营销策略调整的自立空间相对缩小；社会信息系统不健全，等等，使得国有零售业面临的生存压力日益增大。全国各零售店为吸引消费者，都使出了浑身解数，但仍有许多商店出现亏损，甚至倒闭，出现了几十年从未有过的国有大中型商场销售低迷，效益大幅度下滑的状况。在此形势下，我国零售业如何把握，如何出击，如何对策，如何运作，成为生死存亡的关键所在。

3.1.2　国有零售业的经营对策

1. 政府应进行管理体制的全面配套改革，为商业企业及时准确地调整经营策略提供宏观制度性条件。从经济运行的角度考虑，与商业企业经营策略调整相关性最大的宏观管理体制，主要是金融体制，财政、税收的征管，工商行政管理等，同时从两方面着手大中型商企经营策略的调整。第一：必须赋予商业企业以必要的市场营销自主权，包括商品购进与分销渠道的处置权，各种促销手段的选择与配制权以及企业营销组织机构的调整权；第二，必须加快流通体制改革的步伐，将改革的重点放在建立产权制度与确立现代企业制度在经济运行中的主体地位上。还可以在总体意义上使商企具备自行组织流通业务，自主运用市场机制，自我调整营销决策，自由选择经营方式的市场主体身份，进而使商业企业在面对现代市场经济时，具有更为宽广的营销活动空间；整顿和规范流通秩序；推进企业通过兼并途径形成规模经济。

2. 企业应转换经营观念，树立创新思想，努力振奋精神，树立全新观念。现在的商品极大地丰富，买方市场初步形成，商业多种形态竞相发展，国有大型零售企业的商品品种多的绝对优势变成了非竞争优势。因此，企业应以顾客为中心，采取服务化经营策略；从整体发展出发，采取战略化经营策略；树立总体协调观念，采取系统化经营策略；树立开发观念，采取创新化经营策略；树立长期发展观念，采取效益化经营策略；树立全息发展观念，采取信息化经营策略，等等。正确的经营理念，可以产生良好的经济效益。市场的发展，要求企业的经营管理向更高的层次深化，经营理念作为一种知识生产力是其中一个重要的方面。

导入新的经营方式，增强企业经营活力。在传统的经营体制下，很多百货店凭借自己的牌子和直接面对消费者的优势，采取招商、代销的经营方式，这虽然大大降低了百货店业主的资金投入和经营风险，但却削弱了百货店的自营能力，不利于百货店的长期稳定发展。所以，大型百货店应改变传统的招商方式和代销方式，采取买断和总经营的方式，提高自营动力。

进行业态改良和创新，走连锁化、规模化发展之路。百货店封闭的柜台式销售业态，不利于消费者方便、直接、自由地选购商品。因此，大型百货店的业态必须进行改良和转换。首先要改变传统的销售方式，采用消费者自选的经营方式，在我国大型的百货经营店中除少数商品如珠宝、钟表等外，大多数商品亦可采用自选方式。在此基础上，对有的百货店可改造成大型综合超市。它既融入了超市的灵活形式，保留了百货的经营特点，又改变了传统超市以食品杂货为主的状况，在当前国内中小型超市居多的情况下，向 GMS——大型综合超市发展，是国有大中型零售企业的有效发展途径之一。其次要改变传统的单一的购物功能，将购物、餐饮、娱乐、休闲等融为一体，形成聚集效应，更好地满足消费者"一站终了"购物的需要，完善各项服务。为此，除了对少数大型、特大型百货商店进行改造，增加有关项目、设施和功能外，对部分大型百货商店来说，应将其纳入购物中心。这可能是今后几年大型百货店业态改良的重要方向。

此外，实行技术创新，走流通现代化之路。加强企业管理，完善企业内部机制，提高企业职工素质，创造独特的企业文化，充分发挥广大职工的积极性和创造性，也是大型百货店走出困境，再造辉煌的有效举措。全面开拓市场领域，特别是开拓周边市场和农村市场，并逐步开展国际化经营。某些新建小区急需建立中型商场，以满足人民生活需要。

3.2　洛阳市全面建设小康社会进程中经济层面的 SWOT 分析

党的十六大提出了全面建设小康社会的宏伟目标。要实现这个目标，就必须坚持以经济建设为中心，需要各地区、各单位从各方面付出艰苦的努力。

全面小康社会，是经济更加发展、民主更加健全、科教更加进步、文化更加繁荣、社会更加和谐、人民生活更加殷实的社会。从经济学角度来看，"小康"其实就是现代化，是中国人民对现代化生活方式的独特文化理解。预计到 2020 年，全

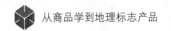

国国内生产总值将比 2000 年翻两番，即达到 36 万亿元人民币（按现行汇率计算，超过 4 万亿美元），人均 GDP 将由 2000 年的 800 多美元提高到 3000 美元，接近中等收入国家水平。

3.2.1 近年来洛阳市建设全面小康的进展情况

洛阳市 2001 年、2002 年 GDP 累计增长 20.6%，高出全国平均水平 4.2 个百分点。2002 年人均 GDP 达到 1025 美元，首次超过全国平均水平。据测算，洛阳市 2001 年全面小康实现程度达到 11.1%；2002 年实现程度达到 14.2%；2003 年同比增长 17.7%，增速在全省排名第一，创 1996 年以来新高。

但洛阳市目前所达到的小康还是低水平的、不全面的、发展不平衡的小康。从物质基础看，人均水平还比较低，目前达到的小康仅仅是刚刚跨过小康社会的门槛；目前的小康基本上还处于生存性消费的满足，而以教育、体育、文化、卫生为核心的发展性消费还没有得到有效满足；地区之间、工农之间、城乡之间发展水平不均衡。对洛阳人民来说，建设全面小康社会仍然是任重道远。需要对自身所存在的 SWOT（即优势 Strength、不足 Weakness、机会 Opportunitiy 和威胁 Threaten）进行科学系统而理性地分析，进而有计划、有重点地进行卓有成效的工作。确保如期甚至提前实现全面小康。

3.2.2 洛阳市全面建设小康社会进程中的优势和机会

洛阳市作为中原名城，河南省的第二大城市，在本省社会发展中有举足轻重的地位，在全面建设小康社会中具有其他地区所羡慕的诸多优势和机会。

"工业强市"战略已初见成效。洛阳作为新中国成立后国家重点投资建设起来的老工业基地，工业门类较为齐全，工业基础雄厚，发展潜力巨大。20 世纪末期，洛阳市实施工业强市战略后，出现了一大批名优产品和知名企业，产品适应市场需求，科技含量明显提高，一批有实力的品牌产品正在崛起，工业企业经营运行的效率提高明显。

优越的地理位置。洛阳地处中原，承东启西，具有优越的区位优势，不仅有较强的经济实力，在教育、科技等方面也有较强实力，对中西部地区发展有重要的辐射作用。按照梯度发展的经济理论，东部地区的很多企业和个人，已经具备了向外扩张发展实力，急需寻求发展空间，其资金、技术和人才在西进的过程中，首先要经过位于中部的洛阳，然后再向西部扩散。由于洛阳的基础设施和市场条件较西部优越，将会有不少外商和我国东部地区的企业看好洛阳。洛阳应果敢地东引西进，吸引东部沿海地区的技术、人才、资金和管理经验，积极发展洛阳与东部沿海地区的经济技术合作，加快洛阳传统产业技术改造和产业升级的步伐；充分利用洛阳与西部地区的地缘关系和较强的经济互补性，促使洛阳企业或个人进军西部，参与西部大开发，并以此为契机推动洛阳的经济发展；依托洛阳市科技与人才优势，积极发展第二、三产业，加强城市综合功能建设，改善城市交通、住宿、娱乐以及相关基础设施建设，密切与周边城市的经济联系。

西部大开发给洛阳带来的良好机遇。洛阳应充分利用惠及洛阳的中央对西部地区的财政投入，例如西电东送、西气东输工程、黄河中上游生态保护建设、陇海铁路提速工程等，夯实全面建设小康的基础和优势。

积极促销各类商品。随着西部基础设施建设的全面铺开，必将加大对以建材为主的生产资料类商品的需求。据统计，每新建一公里铁路就需耗用 400 吨钢材、1800 吨水泥、34 千瓦小时电和 10 万个劳动日，这必将给洛阳的玻璃、水泥和钢材等商品提供销售的机遇；西部地区的居民收入和消费水平必然逐步提高，也可为洛阳商品提供销售的机遇；大量的人流涌入西部，必将加大对日常生活必需品的需求，这就为轻工和粮食等商品的销售提供了机遇。

科研教育比较发达。在洛阳市有黎明化工研究院、轴承研究所、耐火材料研究所、拖拉机研究所、四院、十院、船舶材料研究所、六一二、六一三等多家科研院所，有洛阳解放军外国语学院、河南科技大学、洛阳师范学院、洛阳工业高等专科学校等多所高校，科研教育实力比较雄厚。

交通发达。我国铁路交通的东西干线陇海线和南北干线焦枝线经过洛阳，近几年又建设开通了洛阳到郑州、三门峡、济源（含黄河二桥）、安徽省界首市的高速公路，洛阳飞机场已经开通了多条国内外航线。另外，洛阳环城快速路也正在施工建设中。

高新技术开发区。高新技术产业发展不力是我国经济建设中的主要问题。十多年来，我国已建立起 53 个国家级开发区，61 个省级开发区及大学科技园、民营科技园等不同层次共 100 多个高新技术产业基地，构成了中国在 21 世纪中叶成为一个世界级经济大国的基本框架。但河南省只有郑州和洛阳 2 个国家级开发区，没有能够形成高新技术产业带。这对洛阳高新技术开发区来说，既是机遇又是挑战。

城市形象和影响力显著提高。从 20 世纪 90 年代中期开始，洛阳市委和市府有意识地对洛阳市进行了系统地重新定位和现代营销，扎扎实实地成功开展了创建全国优秀旅游城市、全国先进卫生城市工作，2000 年成功地将龙门石窟申报为世界文化遗产，从 2004 年起又开始创建全国环境保护模范城市。以一系列创建活动为契机，基础设施和城市形象发生了翻天覆地的变化。

此外，洛阳市拥有丰富的矿产资源和文化资源，可以充分利用国家保护和建设生态环境政策，实施旅游战略，利用河南省的中原城市群战略和中央振兴老工业基地的大好良机，等等。

3.2.3　洛阳市全面建设小康社会进程中的不足和弱势

"三农"问题是洛阳建设全面小康社会的关键。农村、农业、农民成为洛阳市国民经济继续向前发展的极大障碍。"水桶理论"认为，水桶的容量同构成水桶壁的最短一块木板的长度密切相关，也就是说，从全局或长远看，地区之间的发展水平处于相对平衡状态时，社会经济的总体发展效应才能进入最佳状态。否则，低发展水平的地区将会制约高发展水平地区社会经济的发展，从而最终制约全局的发展水平和发展状态，对国民经济的持久健康发展和社会的长治久安产生消极影响。

洛阳市是一个农业大市。全市总人口 628.4 万，其中农业人口 472.6 万，占全市总人口的 76.1%。洛阳是河南省三大重点贫困地市之一，全市有 7 个县是国家重点扶持的贫困县。洛阳市地处豫西山区，农村自然条件相对较差，至今仍有 8 万贫困人口，已经基本脱贫的农民生活标准也很低、很不稳定，抵御自然灾害的能力还相当薄弱，可能还会返贫。农民收入地区性差异日益扩大，区域性不平衡日益突出。抓好农业，抓好农村工作，带领农民脱贫致富是关系到我市社会稳定及我市国民经济增长的头等大事。可谓农业兴则百业兴，农村稳则全局稳。

土地资源非常紧缺。洛阳地处河南省的中西部，地形地貌特别，以山地、丘陵为主。洛阳市的土地面积 15208.6 平方公里，占全省的 9.10%，人口占全省的6.6%。洛阳市耕地面积为 42.89 万公顷，占全省的 5.4%，人均耕地仅有 1.01 亩，低于全国及全省水平，土地资源非常紧缺。"五山、四岭、一分川"，山地和丘陵共占洛阳市面积的 86.23%，部分山区全年干旱，人畜吃水困难，部分地区尚未改变靠天吃饭的局面。这意味着洛阳市的农业问题已经成为全市经济发展的重要制约因素，如果不引起高度重视，不采取切实措施，将成为洛阳经济腾飞的强大阻力，洛阳实现全面小康也将是空谈。

农民人均纯收入增长情况明显偏低。洛阳市农民人均纯收入 1998 年分别低于全国及河南省平均水平 329 元和 43 元；1999 年分别低于二者 308 元和 46 元；贫困县的收入更低，农业经济结构调整滞后，农民收入"倚农"性强。长期以来，洛阳市农业生产单一特征极为突出，具体表现在三个方面：农业以种植业为主，林牧渔业仅被定位在副业上；种植业以粮食作物为主，经济作物没有上升到产业高度；粮食生产以小麦、玉米为主，适应市场需求和农地特征的稀有产品（如小杂粮）的价值被严重低估。经营组织小而散，没有规模效益。以农户为单位的小规模分散经营是当前洛阳市农业生产的主要方式。

人才队伍年龄结构不合理，行业配置比例失衡。特别是工业企业人才的年龄结构不平衡，有些企业人才队伍相对老化，青年人才短缺，有些企业中年科技人才出现断层。据调查，洛阳轴承工业集团公司科技人才年龄在45—55岁之间的居多，人才队伍老化现象较严重；中国第一拖拉机工程机械集团有限公司和洛阳耐火材料集团公司、洛阳浮法玻璃集团公司等科技人才的年龄在35—45岁之间的居多；洛阳钢铁集团公司和洛阳邮电电话设备厂科技人才的年龄结构比较年轻，年龄在35岁以下的居多。

地区间发展严重不平衡，城乡差距悬殊。2000年仅市区、偃师市和新安县达到了小康水平，而孟津、栾川、嵩县、汝阳、宜阳、洛宁、伊川7县人均GDP只有3104元，不到全国平均水平的一半。2002年全市农民人均纯收入只相当于城镇居民人均可支配收入的31%，农村地区的生产、生活条件与城市相比有非常明显的差距。

居民收入偏低现象突出。2000年，洛阳市城镇居民人均可支配收入为5201元，居郑州、三门峡之后列全省第三位，只相当于全国平均水平的82.9%；农民人均纯收入为1976元，居全省第十位，比全国平均水平低255元。

城镇化水平偏低，从业人员中第一产业比重偏高。2000年，洛阳城镇化水平只有29.6%，比全国平均水平低6.6个百分点。从业人员中第一产业比重仍在50%以上。

与先进地区相比差距显著。从小康总体实现程度看，2000年全国平均水平达到96分，而洛阳只有94分。从人均GDP看，洛阳2000年达到6830元，比全国平均水平低30美元，远远低于上海、浙江、广东等先进地区，在省内低于郑州、济源、三门峡、焦作，居第五位。

产业、产品结构不合理。洛阳市的工业绝大多数是采掘工业、冶炼工业、能源工业、重型机械制造业等为主的重工业，是以国有企业为主体、由国家财政直接投资建设起来的，多年来，国家对老工业基地索取多、投入少。企业仍然受着计划经济体制的严重束缚，国企比重过大，改革进展迟缓，非国有经济发展很慢，经济活力远远赶不上东南沿海地区。

目前洛阳的工业产品大体可分为四类，即基础类工业产品、装备类工业产品、机电装备配套产品、消费类工业产品，产品结构调整有待向深度发展。

3.2.4　洛阳市的城市定位与全面建设小康社会

2001 年，洛阳市 GDP 为 465.7 亿元，第一、二、三产业创造的 GDP 分别为 400246 万元、2506450 万元和 1745197 万元。分析可知，洛阳第一产业的经济效益较差，因为占全市人口 76.1% 的农业人口仅创造了 8.59% 的 GDP。第二产业创造的 GDP 达 54.45%，说明洛阳市过分依靠工业，农业和第三产业发展滞后。第三产业创造的 GDP 占 36.5%，低于国家规定的小康生活水平的 40%，说明洛阳市第三产业发展滞后。2001 年发布的《河南省国民经济和社会发展第十个五年计划纲要》中指出，河南省经济结构调整的主要预期目标：积极推动经济结构的战略性调整，促进产业结构优化升级。"十五"末，一、二、三产业结构由 2000 年的 22.6%、47%、30.4% 演变为 20%、45%、35%。对照这一目标，洛阳必须调整现有不尽合理的产业结构。强化农业，主攻工业，大力发展第三产业。

总之，洛阳市以河南省 9.1% 的面积承载着 6.6% 的人口，每年的国内生产总值却占全省的 8% 以上，为河南省的社会经济发展作出了突出贡献。洛阳市要想在 2020 年达到全国全面小康的平均水平，必须发扬艰苦奋斗、只争朝夕的精神，确保综合实力在河南省第二的位置。结合河南省"中原城市群战略"中对洛阳市主要发展制造业的定位和分工，保持工业尤其是制造业在全省的主要地位和绝对优势，力争建设成为国家级的先进制造业基地，充分利用和开发好旅游资源，使洛阳旅游业成为全省的龙头，在河南省"三点一线"核心旅游景点中发挥核心作用。同时大力发展农业，通过发展小城镇、旅游业、调整种植业结构，退耕还林，发展高新科技农业等途径确保农民实现全面小康，解决制约洛阳市建设全面小康的瓶颈，从而在全省的全面小康建设中真正起到先进模范作用甚至是核心作用。

《河南省国民经济和社会发展第十个五年计划纲要》指出：洛阳市要发展成为以装备工业、石化工业、旅游业为支柱，高新技术产业相对集中的中心城市。1999 年，洛阳市委、市政府确定的城市发展的基本战略目标是：建立和完善社会主义市场经济体制，进一步加大改革开放力度，高起点大跨度营造市场环境，调整与优化产业结构，把洛阳建设成为科技、教育比较发达的工业城市和以历史文化名城为依托的优秀旅游城市。这一目标是与河南省的总体发展目标相一致的，符合河南省委、省政府的战略安排。

笔者认为，在本世纪初的一二十年内，随着河南省生产力布局的调整，九朝古都洛阳应该升级为全省中心城市，与郑州一起形成"双核牵引"的崭新格局。

3.3　地方科研院所企业化运作的劣势及威胁

　　地方科研机构体制改革的主导方向和根本目标是向企业化转制。影响科研院所企业化转制的外部环境因素主要有政治（Politics）、经济（Economics）、社会与文化（Social）、技术（Technology）四个方面，还有市场需求、地理位置、人口等，其主要的分析方法是 PEST 分析法。该分析法要求首先界定影响因素的分析要点和重要性程度，然后对每个分析要点逐一填充，最后按照其将对企业的利弊程度进行评分和重要性加权。根据各个影响因素的加权利弊程度识别科研院所企业化转制的机会（Opportunity）和威胁（Threaten）。影响科研院所企业化转制的内部条件包括自身性质、治理模式、组织结构、管理方式、财务状况、人力资源、设备状况、营销能力、研发水平和过去经营的影响等，其主要的分析方法是 RC（Rival Comparison）分析法。该分析法要求首先界定转制后企业的竞争对手构成、内部条件的分析要点和重要性程度，然后分别填充其与竞争对手的内部条件项目，最后进行要素比较和优越度评价。根据各个影响因素的加权优越度识别出科研院所的优势（Strength）和劣势（Weakness）。在内外环境分析的基础上，科研院所有必要把所有的内部因素都集中在一起，用外部的力量对这些内部因素进行评估，这就是 SWOT 分析法。根据评估结果，科研院所可以明确如何发挥内部优势以充分利用外部机会，如何消除内部劣势以规避外部威胁，从而确立企业化转制时战略变革的方向。结合战略地位评估矩阵，科研院所还可以初步选定可能采用的竞争战略类型。根据 SWOT 分析的结果，科研院所需要重定位组织目标和重新调整组织战略，这是制定企业化转制方案的基础。科研院所企业化转制是一个多目标决策的系统工程，因此，组织目标的确立要在上级主管、院所领导、职工代表和外部专家的群体参与下，根据 SWOT分析的结果完成。经营战略调整是科研院所企业化转制的本质要求。根据 CA 理论（Competition Advantage Theory），企业应把自己的战略定位在具有唯一性的有价值的不可模仿的资源——战略资源和能力上，构建出转制后企业的竞争优势。

　　但是，科研院所在建立现代企业制度进程中还有一些先天不足，存在较多劣势，遇到了很大困难。

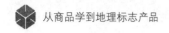

3.3.1　员工长期在事业单位工作可能对未来的现代化企业管理有负面影响

根据麦戈里格对于人性假设的Y理论，普通人的逃避责任、缺乏抱负以及强调安全感，通常是经验的结果而不是人的本性。一般心理学原理也告诉我们，人们的习惯性思维在很多情况下是很难被改变的。不幸的是，这些科技型企业的员工，由于长期习惯于科研事业单位的管理运行模式，经验的积累养成了他们强调身份的归属感、安全感，对待工作寻求安稳、缺乏冒险精神，也不适应过高的工作压力，潜意识里对于论资排辈的用人机制，与工作年限、学历、职称等"硬件"挂钩的分配机制，自由、散漫、随意的工作态度和氛围等均比较容易接受，小富即安的心理较为明显。

3.3.2　人才问题

3.3.2.1　人才结构不合理

从理论上讲，人才结构应是正三角形，高级人才占的比例少，中级人才比例次之，初级人才比重大。但现实中不少科研院所的人才结构呈倒三角形。另外，专业结构、年龄结构也非常不合理。

3.3.2.2　人才外流严重

有些科研院所由于条件较差，仪器设备严重老化，加之申报科研课题支持力度小，周期长，真正搞科研的只有少数年纪较长者，多数年轻人愿意去搞创收，有路子的则调离或考研究生。这些科研院所面临着严重的优秀人才流失和难以吸收优秀人才的状况。

3.3.2.3　某些科研院所改革的受益主体不明

改革是一次利益的再分配，处于不同地位的人，各有自身利益的考虑。科研院所的高层领导和管理人员不是转制后的受益主体，他们对转制积极性不高甚至会暗中抵制。一般的科技人员无法从转制中真正获得收益，加上"三铁"观念根深蒂固，使得他们也无法成为预期受益主体，无法成为转制动力。各研究室的部门领导对改革的态度，取决于本部门目前的经营实绩。只有那些经营业绩突出的部门领导，因为本身职位不高，收入也不太好，通过转制，有可能提升职位成为一个完全独立实体的领导人而从中受益，但他们希望的方式是以股份制方式将本部门经济实体完全独立出去。他们的愿望与院所高层领导的利益相矛盾。为了避免与上级领导的正面冲突，这些部门领导往往也会主动降低自己的改革要求，这使得转制动力受到抑制。因此，从整体上说，由于各种原因的制约，科研院所转制缺乏真正的受益主体，没有足够的转制动力。

3.3.2.4　传统的所有制观念使得科技企业无法真正实现按生产要素进行分配

长期以来，国企股份制改造中国家持股比例问题一直争论不休，科研院所转制过程中，这一问题显得尤为严重，原因之一是科研设备大多价格昂贵，且实际折旧、淘汰的速度远快于科研院所现行的设备折旧率，因此出现了大量的现值不菲而毫无用处的科研设备。科研院所的下属研究室或经济实体在进行股份制改造试点中，院所高层领导出于各种原因，或者说为了保证改制后的国有控股权，将大量现值昂贵的陈旧科研设备和难以估算的无形资产强行入股，使得广大科技人员入股的个人资金和技术股份比重偏低。因此科技人员大都不愿投入大量资金入股，股份制改造流于形式，无法把职工与企业结合成真正的利益共同体。要建立现代企业制度，必须按照生产要素进行收益分配。而科研院所在实际经营中，科技人员的技术能力、管理人员的管理才能作为关键的生产要素未能在利益分配中得到体现，这种改制只能是换汤不换药，企业员工的积极性无法提高，转制难以顺利进行。

3.3.2.5　难以与大中型企业"联姻"

比技术力量，包括技术人员和装备，许多大中型企业的专业实力并不低，甚至强于地方研究院所，有的已经或正在创建自己的研究中心，加强技术开发，而且今后将成为应用开发研究的大军或主力。而在体制上，厂院"两张皮"现象仍阻碍着科技力量的联合协同作战，因知识产权和技术保密，企业往往不太愿意外人介入甚至加以拒绝，"虽是一家人，难进一家门"，这就难出高水平的成果。

3.3.2.6　经营管理问题

首先是院所领导的观念转变问题。主要是"重管轻营"，重管内轻外营。有的因不熟悉合同法、经济法而"吃亏"，个别的风险意识不强，甚至上当受骗。在内部管理上，往往"以包代管"，缺乏经营管理创新能力。有的科研人员说，承包指标年初一订一分解，年终一算账；这个院长所长谁不能当？年初压指标，年终压收账；这就过年了。与企业缺乏优秀的企业家一样，院所也缺乏善于经营管理的优秀院所长。有的说，在"压指标"以后就"放羊"，科研人员"单枪匹马上战场"，成了"散兵游勇"和"个体户"，怎能出高水平成果？又由于定额定指标，"各自为战"，就不愿带新人，如何形成科研实力队？势必后继乏人。

3.3.2.7 科研院所缺乏自主权

在人事调配和人员流动的问题上，不少科研院所仍缺少应有的自主权，面向市场自我发展能力不强，内部活力不够，机构臃肿、人员结构失衡、人浮于事的现象较严重，人尽其才、优秀人才脱颖而出的环境尚未形成。尤其是农业科研院所，虽然多数面临人员老化、结构不合理和人才断层等情况，但需要的人进不去，不需要的却硬要挤进去。

法人地位问题。虽然科研院所名义上是独立的事业法人，但并没有完全的法人权利，没有财产处置权，不能办理抵押贷款，在参与市场竞争方面不能与企业同等待遇。

3.3.2.8 科研院所资金的来源渠道较单一

科研院所改革十多年来，仍没有摆脱由政府推动科技进步的状况。尽管党中央国务院多次强调要落实资金保障的各项措施，多渠道增加科技投入，但实施起来难度仍很大，整个大气候和环境还没有形成由技术开发的主体——企业来推动科技进步的局面。

此外，市场经验先天不足，计划经济观念远大于市场经济观念；企业化任务艰巨，既要完成由事业法人到企业法人的身份转变，同时还要完成由传统企业制度到现代企业制度的体制转变，两步要并成一步走；技术产品市场化程度低；中央出台的一系列企业化转制配套政策，如财税支持政策、社会保障政策等在某些地区、某些单位出现工商注册难、进入社保体系难、争取优惠政策难、科技管理部门与有关部门之间协调不够等等问题都制约着科研院所的企业化转制。

以上几方面的劣势使转制科研院所在建立现代企业制度进程中遇到很大困难，单靠院所本身克服这些困难，院所能力有限。为尽快发挥科技对经济增长的作用，作为社会管理阶层的各级政府，应对企业化转制的技术开发类科研院所予以必要的扶持，为转制科研院所建立现代企业制度创造必要的法律环境、宏观政策环境、社会保障环境，给转制科研院所一个良好的发展空间。

3.4 地方科研院所企业化运作的 SWOT 分析之 SO

地方科研机构体制改革的主导方向和根本目标是向企业化转制。在科研院所企业化转制之前首先要利用 SWOT（Strength、Weakness、Opportunity、Threaten）分析法对科研院所所处的外部环境和内部条件进行分析。外部环境和内部条件都有利于科研院所向企业化方向发展，是使科研院所转轨为企业，走"自收自支，自负盈亏，以自己所创效益来发展科研"的道路，实行自主经营，逐步实现人才、技术、资金、市场的统一的基本前提。笔者已经在其他文章中对 SWOT 分析法做过详细介绍，在此不再赘述。

3.4.1 科研院所拥有的先进技术是其建立现代企业制度的先天优势

现代企业制度是适合科技型企业发展的企业制度。科研院所企业化后成立的科技型企业，其市场经济的主战场是技术信息市场，这个市场有其特殊性，表现有以下几点：交易方式的多样性；市场价格特殊性；卖方垄断市场常态性。现代企业制度的创新机制，非常有利于企业技术创新，在激烈的技术市场竞争中赢得主动。因而可以说现代企业制度是符合技术市场规律的企业制度，非常适合科技型企业的发展。

所谓现代企业，必须具有两个支柱：一是现代技术；二是现代管理。在传统企业中，技术虽然也是生产要素之一，却居于次要地位。而在现代企业中，技术跃居为生产要素首位。它与其他生产要素的集合方式可表示为：现代企业生产要素 =（土地 + 自然资源 + 劳动力 + 资本）× 技术。现代企业总是在生产经营中积极应用现代最新科学技术。

转制科研院所原来以搞科研为主业，拥有大量技术专利等知识产权，比起传统企业来，具有成为现代企业的先天优势，因而也具备了建立现代企业制度的先天优势，这也是转制科研院所建立现代企业制度的必要性之一。

3.4.2 国家对科研院所的转制给予了较多优惠政策

3.4.2.1 财税扶持政策

各级财政部门加大了对科技投入的力度。投入的方式，由对科研机构、科技人员的一般支持，改变为以项目为重点的支持；国家科研计划实行课题制，大力推行项目招投标和中介评估制度；建立科技中小企业技术创新基金，为高新技术成果转化活动提供资金支持，对高新技术产品实行税收扶持政策；实行政府采购政策，通过预算控制、招投标等形式，引导鼓励政府部门、企事业单位择优购买国内高新技术及其设备和产品；国家对社会力量资助科研机构和高等学校的研究开发经费，可按一定比例在计税所得额中扣除。

允许和鼓励技术、管理等生产要素参与收益分配。在部分高新技术企业中进行试点，从近年国有净资产增值部分中拿出一定比例作为股份，奖励有贡献的职工特别是科技人员和经营管理人员。

3.4.2.2　专项扶持政策

科研机构转制时可以自主选择转化为企业或进入企业的具体方式。转制时其全部资产（包括土地所有权）转作为企业资产，全部资产减去负债转作国有资本金或股本金；原拨付的正常事业费，主要用于供养转制前离退休人员。转成企业可将其原名称作为企业名称；进入企业可继续以原名称从事科技开发等业务活动。

科研机构转制时，在职人员实行企业职工养老保障体系，建立基本养老保险个人账户，单位和职工从转制后开始按比例缴纳养老保险金，转制前视同已缴纳，其中，转制前参加工作的在职人员，按法定年龄退休后，领取的养老保险金低于原事业单位标准的，可由单位按原事业单位的标准给予补贴。

采取切实措施，以多种形式吸引优秀海外人才。除兑现国家已有的优惠政策外，要在户籍、住房、子女入学等方面为他们提供便利。各有关部门要为从事高新技术国际合作与交流的中外人员提供往来方便。在职务科技成果转化取得的收益中，对企业、科研机构或高等学校应提取一定比例，用以奖励项目完成人员和对产业化有贡献的人员。

3.4.3　各地方政府制定了一系列针对科研院所转制改革的优惠政策

3.4.3.1　包头市下文规定

（1）小型科研院所（小型科研院所是指年销售收入和资产总额在 5000 万元（不含）以下的科研院所）转制为股份合作制企业，经批准可以从国有资产中划出不超过本企业净资产的 30% 作为职工集体股，按工龄、职务、贡献量化成股份，以红股的形式分配给原单位正式职工。（2）应允许小型科研院所职工购买科研所国有资产，一次性买断可获得25%的折扣优惠。若整体数额较大，一次性难以付清的，可在购买后三年内付清。

3.4.3.2 山西省制定了大量优惠政策

笔者在此仅选载几点：（1）科研院所转制后，离退休人员费用按原基数拨付，继续用于转制前科研院所已离退休人员的费用；科研院所现有正常经费从2001年起连同原有削减经费一起全部转作技术开发研究专项资金，由省财政和省科委共同管理。主要用于省级科研院所（包括转制的科研院所）高新技术产品的开发研究和成果转化项目的支持。（2）转制后科研院所申请自营进出口权的予以优先报批，对高新技术产品的出口，实行增值税零税率政策。对国内没有的先进技术和设备的进口实行税收扶持政策。（3）从2000年起5年内，免征企业所得税；对技术转让、技术开发和与之相关的技术咨询、技术服务的收入，免征营业税；免征其科研开发自用土地的城镇土地使用税；按国家规定返还新产品增值税。科研机构进入企业仍然从事科技开发并实行独立经济核算的，享有上述同等免税政策。（4）科研院所转制为以开发生产软件产品为主的科技型企业，其软件产品可按百分之六的征收率计算缴纳增值税；工资支出可按实际发生额在企业所得税税前扣除。（5）允许和鼓励技术、管理等生产要素参与收益分配。对转制后的科研院所实行股份制改造的，从1990年以来国有净资产增值部分中，提取不超过30%的额度作为股份，经同级国有资产管理部门、科技行政管理部门批准，奖励给有贡献的职工特别是科技人员和经营管理人员。（6）要对实行转制的科研院所实行金融扶持政策，等等。

3.4.4 科研院所进行产权改革条件更优越

3.4.4.1 科研院所具有较多的无形资产

科研院所的无形资产主要是具有相当有效的科技成果，院所的信誉和土地使用权。科研院所在成立时，国家都划拨了大面积土地，特别是农业类科研院所，利用土地使用权获得了效益，分流了人员。对无形资产进行运营管理将是全球性的企业管理的重点和趋势。

3.4.4.2 科研院所拥有相当规模的有形资产

地方科研院所不论是开发型或是公益型，国家陆陆续续都注入了大量的资金，院所都积累了相当数量的固定资产。各科研院所不仅拥有比较齐备的科研仪器设备，而且拥有相当规模的生产车间、中试基地和办公用房。目前，科研院所的开发收入，出租房屋收入的比例相当大，特别是一些处在市内且地理位置优越的科研单位，出租房屋的收入数额也较大。

3.4.4.3　科研院所具有最好的人才优势

市场竞争实际上是人才竞争，谁拥有了人才，谁就掌握了主动，并赢得了市场。科研院所从某种意义上讲，是人才最密集的地方，具有任何单位都不能与之比拟的最大优势。

3.4.4.4　科研院所与企业相比包袱较轻

首先是人员包袱轻，其次是社会包袱轻，再次是负债包袱轻。

3.4.5　国家允许地方科研院所和高新技术企业拥有外贸经营权

外经贸部的《通知》规定，凡企业法人、营业执照上注明为"国有"或"集体"的科研院所和高新技术企业，以及由国有和集体控股的上述企业，注册资本在 200 万元人民币以上，有自产的产品和技术可供出口的，均可向所在省、自治区、直辖市及计划单列市的外经贸主管部门申请登记，获得《中华人民共和国进出口企业资格证书》后，即可开展进出口业务。据了解，目前我国外贸出口中高新技术产品的比例还比较低，1998 年高新技术产品出口额为 112.8 亿元，仅占全国外贸出口额的 6%。对上述企业实行自营进出口权登记制是鼓励高新技术产品出口的重要举措，势必对我国科研院所的企业化改革起到很大的推动作用。

3.5　老工业基地洛阳市全面建设小康社会的 SWOT 分析

中华人民共和国成立后，开创了我国工业基地建设的新纪元。第一个五年计划时期，国家把原苏联援建的 156 个重大项目中的 7 个项目安排在了洛阳，使洛阳和哈尔滨、长春、成都、西安等城市一起迅速成为新中国的工业基地。工业，尤其是国有工业为洛阳市、河南省乃至全国经济的发展做出了突出贡献。时至今日，这些地区已经成为我国的老工业基地。它们正如世界上老工业基地的发展规律那样，也有一个开发、鼎盛、衰退、振兴的过程。到 20 世纪 90 年代，洛阳的工业开始衰落，严重制约着洛阳甚至是河南省经济的进一步快速发展。

党的十六大提出了全面建设小康社会的宏伟目标。要实现这个目标，就要求我们必须坚持以经济建设为中心，需要各地区、各单位从各方面付出艰苦的努力。从经济学角度来看，"小康"其实就是现代化，是中国人民对现代化生活方式的独特文化理解。预计到 2020 年，全国 GDP 将比 2000 年翻两番，即达到 36 万亿人民币（按现行汇率计算，超过 4 万亿美元），人均 GDP 将由 2000 年的 800 多美元提高到 3000 美元，接近中等收入国家水平。

以全面建设小康社会为目标，洛阳市提出并实施了"工业强市、旅游兴市"的发展战略。2001 年、2002 年 GDP 累计增长 20.6%，高出全国平均水平 4.2 个百分点，2002 年人均 GDP 达到 1025 美元，首次超过全国平均水平。据测算，洛阳市 2001 年全面小康实现程度达到 11.1%；2002 年实现程度达到 14.2%；2003 年同比增长 17.7%，增速在全省排名第一，创 1996 年以来新高。即便如此，对洛阳人民来说，建设全面小康社会仍然是任重道远。需要我们对自身所存在的优势（Strength）和不足（Weakness）、所面临的机会（Opportunities）和威胁（Threaten）进行科学系统而理性地分析，进而有计划、有重点地进行卓有成效的工作，确保如期甚至提前实现全面小康。本文主要分析其中的优势和机会。

3.5.1　工业基础雄厚，发展潜力巨大

洛阳市作为中原名城，河南省的第二大城市，在本省社会发展中有着举足轻重的地位。它是新中国成立后国家重点投资建设起来的老工业基地，工业门类较为齐全，大企业集聚，按老标准计算的大型企业有 38 家之多，不少在国内同行业中还处于排头兵地位。

3.5.1.1　出现了一大批名优产品和知名企业

诸如机械电子行业，有以东方红牌拖拉机、推土机等工程机械产品为龙头的一拖集团，以矿山机械为龙头的中信重型机械集团；纺织行业，有 2003 年度入选中国信息企业 500 强的白马集团；轻工行业，有以春都牌火腿肠为龙头的春都集团；冶金建材行业，有以水泥为龙头的黄河水泥厂，以洛玻牌浮法玻璃为龙头的洛玻

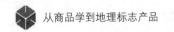

集团；以煤、电、铝为主打产品的新安电力集团和伊川电力集团等。

3.5.1.2 "工业强市"战略初见成效

进入 20 世纪 90 年代，洛阳工业一度陷入尴尬境地。洛阳市委、市政府经过长期多方论证，决定实施工业强市战略，把洛阳建设成为先进制造业基地、火电基地、铝工业基地和石化基地。在 2001 年提出并启动了"1648"传统产业改造升级工程，并取得了明显成效。2003 年，全市限额以上工业企业的销售收入和国内生产总值比去年分别净增 100 亿元的目标超额实现。2002 年工业创造的增加值占河南省工业增加值的比重升至 9.89%，2003 年增幅高居全省首位，在总量上不仅远远超过了 2002 年居第二位的南阳市，而且也缩小了和郑州市的差距。工业企业的整体实力有了一定程度的增强，企业的产品逐步适应了市场需求，销售摆脱了低迷不振的困境，收入提高幅度加大。2002 年销售收入在 500 万元以上的限额以上工业企业个数比 2000 年增加了 50 户，增幅 8.5%；其中仅民营企业就增加了 36 户，增幅达 38.3%；企业的亏损面及亏损额都有明显减少。

3.5.1.3 产品适应市场需求，科技含量明显提高

"1648"工程坚持以产品升级换代为龙头，收到了良好的效果，许多工业产品走俏国内外市场。2002 年基础工业产品产量比 2000 年有了相当程度的提高，一般加工工业产品的产量也有了不同程度的提高。经济结构调整的步伐并未放慢，随着一些项目的竣工投产，已初见成效。

一批有实力的品牌产品正在崛起。企业的科技进步意识普遍增强，不少大中型企业通过不懈努力，开发出一批技术水平高，经济效益好，市场前景广阔的优秀新产品。这些产品依托地方资源优势，具有传统特色，潜在市场较大，技术含量较高，具有争创名牌的基础和实力。

3.5.1.4 工业企业经营运行的效率明显提高

按增加值计算的劳动生产率有了较大幅度的提高，出现了产销两旺的局面，企业经营效益同步攀升，其中国有及控股企业提高的幅度更为明显。各项经济效益指标均呈增长的势头。增加值率、销售利税率、资金利税率都同步攀升，尤其是资金利税率上升幅度更大。这表明我市国有及大中型工业企业抓紧结构调整的同时也注重了对企业管理工作的加强，使资金的周转速度比 2000 年加快了近 15 个百分点。

3.5.2　西部大开发给洛阳带来的机遇

洛阳地处中原，承东启西，具有优越的区位优势。作为河南省第二大城市，不仅有较强的经济实力，在教育、科技等方面也有较强实力，对中西部地区发展有重要的辐射作用。因此应抓住东部沿海地区高速发展和西部大开发的历史机遇，充分利用惠及洛阳的中央对西部地区的财政投入，例如西电东送、西气东输工程、黄河中上游生态保护建设、陇海铁路提速工程等，夯实全面建设小康的基础和优势。

3.5.2.1　东引西进，招商引资

中央给西部地区制定了一系列对外开放、吸引外资的优惠政策，对外商具有很大的吸引力。按照梯度发展的经济理论，我国东部地区的很多企业和个人，已经具备了向外扩张发展实力，急需寻求发展空间，其资金、技术和人才在西进的过程中，首先要经过位于中部的洛阳，然后再向西部扩散。由于洛阳的基础设施和市场条件较西部优越，将会有不少外商和我国东部地区的企业看好洛阳，在此寻求发展，这必然增加洛阳招商引资的机遇。

3.5.2.2　积极促销各类商品

随着西部基础设施建设的全面铺开，必将加大对以建材为主的生产资料类商品的需求。据统计，每新建一公里铁路就需耗用 400 吨钢材、1800 吨水泥、34 千瓦小时电和 10 万个劳动日，这必将给洛阳的玻璃、水泥和钢材等商品提供销售的机遇；西部地区的居民收入和消费水平必然逐步提高，大量人流涌入西部，必将加大对日常生活必需品的需求，都为洛阳商品提供了销售机遇。

3.5.2.3　保护和建设生态环境

2000 年 9 月国务院做出决定，对于黄河中上游地区，每退耕还林还草一亩国家将补助 100 公斤粮食、50 元的苗木费和 20 元生活补助金。这将极大地促进黄河中上游的生态环境保护和建设，给洛阳加快生态环境建设提供难得的机遇。根据国家规划，新安、吉利等九个县区和龙峪湾等 14 个国有林场属于黄河中游退耕还林、退耕还草生态保护区域。

3.5.2.4　积极承揽工程，扩大劳务输出

西部大开发投资的重点之一是基础设施建设，新上项目工程数量多，规模大，

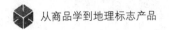

仅靠西部的工程企业是难以完成的，洛阳的工程企业以近水楼台之便，要积极争取承揽到大量工程。西部地区地广人少、劳动力严重不足，这也为洛阳组织劳务输出增加了机遇。

3.5.3　古文化、自然资源与旅游兴市

洛阳山美、水美，气候温和，四季分明，有不少风光绝佳之地，且是一座以历史悠久、文化淀积丰厚而著称的历史文化名城。自古就有闻名四海的洛阳八大景："龙门山色、马寺钟声、金谷春晴、洛浦秋风、天津晓月、铜驼暮雨、平泉朝游、邙山晚眺"。

3.5.3.1　古文化资源丰富

在我国"七大古都"中洛阳历史最悠久，立都时间最长，曾先后有十三个王朝建都于此，形成了大量的有形、无形的历史文化资源，如宗教文化、墓葬文化等。同时，洛阳又是华夏文明起源之一的河洛文化的发祥地。河图洛书发现于此，伏羲依此而演八卦，中国古典哲学之源易学由此产生。

3.5.3.2　牡丹是洛阳旅游永恒的亮点和新的经济增长点

牡丹文化是洛阳古文化的重要补充。洛阳牡丹始于隋，盛于唐、宋，有着悠久的历史和丰富的文化内涵。"洛阳牡丹甲天下"的美誉从古至今有口皆碑。历代歌咏牡丹的诗篇和碑刻，描绘牡丹的丹青佳作、刺绣工艺难以数计，使牡丹文化的内涵更为丰厚。"花会搭台，经贸唱戏"，牡丹花会正是牡丹文化的全面发展和弘扬，为洛阳国民经济与社会发展注入了活力。发展牡丹产业，扩大牡丹出口等，成为洛阳新的课题。

3.5.3.3　人文景观星罗棋布

洛阳有中国三大石窟艺术宝库之一的龙门石窟、以"天子驾六"为代表的东周王城博物馆、中国三大关帝庙之一的关林、佛教祖庭白马寺、玄奘故里、白园、东汉光武帝陵、有名列全国重点文物保护单位的四大古城遗址——二里头遗址、商城遗址、汉魏古城、隋唐古城，有可以和西安碑林相媲美的千唐志斋、有民俗博物馆和世界上第一座专题性古墓博物馆。在我国已有的 27 处各类世界遗产中，河南省仅有龙门石窟于 2000 年被正式列入世界文化遗产。

3.5.3.4 自然资源美不胜收

洛阳得天独厚的地理位置和适宜的气候，形成了丰富的自然旅游景观：有三个国家级森林公园——白云山森林公园、龙峪湾森林公园、花果山森林公园，有两个省级风景名胜区——青要山风景区、老君山风景区，有鸡冠洞、黛眉山、黄河湿地保护区，还有我国长江以北最大的人工湖——小浪底旅游景区，市内有著名的王城公园、洛浦公园、牡丹公园、西苑公园等。

3.5.3.5 实施了"旅游强市"战略

洛阳市委和市政府大力实施"旅游强市"战略，以河南省提出的"三点一线"的黄金旅游发展战略为契机，与外地合力打造"黄河旅游带"品牌，投入巨资整治了龙门石窟、白马寺、关林等景区，基础设施建设步伐加快，旅游环境得以改善，龙门石窟等一批精品旅游景区、景点建设初露端倪，使洛阳面貌一新。洛阳旅游开始有了品牌形象，游客人数增长迅速。旅游经济的发展步入了快车道，不仅餐饮、住宿、娱乐等服务行业直接受益，而且金融、保险、商贸也能相互促进，农副产品和工业品也能围绕旅游市场找到增长点，在拉动需求、刺激消费、带动社会经济发展的过程中发挥了显著作用。

3.5.4 中原城市群战略

20世纪末，河南省政府决定组建"中原城市群"，并将其摆在河南省跨入21世纪新纪元的"重要战略部署"的位置上。中原城市群包含洛阳和省会郑州等城市，是全省乃至我国中部地区大中小城市最为密集的区域。该城市群的直接影响范围为4.51万平方公里，占全省的27.01%，总人口2825.79万人，占全省的30.80%。中原城市群的建设和运作，在我国"东推西移"发展战略中能充分地发挥支点作用，具有强劲的内聚力、辐射力。

2001年，中原城市群国内生产总值2180.62亿元，相当于全省总量的38%，规模效应比较明显，且发展势头良好。洛阳市应抓住这一有利机会，充分利用各项政策，发挥自身优势。

3.5.5 国家开始着手振兴老工业基地

继珠三角、长三角和西部大开发之后，党中央、国务院于2003年正式将"振兴东北"等老工业基地列为国家发展战略，以带动中国经济整体高速发展，成为国民经济新的重要增长区域。改革开放以来，每一次重大国家发展战略的出台，都给企业界带来了巨大的发展机遇，都使区域经济格局发生了重大变化，经济结构不断完善。

"一五"建设时期，国家把原苏联援建的 156 个重大项目中的 7 个项目安排在了洛阳，使洛阳和哈尔滨、长春等城市一起迅速成为新中国的工业基地。到上世纪 90 年代，与其他老工业基地类似，洛阳的工业开始衰落，严重制约着洛阳甚至是河南省经济的进一步快速发展。我们应抓住国家振兴东北老工业基地的大好机遇，迎头赶上发达地区。

此外，洛阳拥有丰富的矿产资源；交通比较发达，铁路、高速公路、航空、管道运输四通八达；科研教育比较发达，有 5 所高等学校和将近 10 所科研院所，不少企业拥有国家级或者省级技术中心；近年先后荣膺全国优秀旅游城市、全国卫生城市，城市形象和影响力显著提高；在全国 53 个国家级开发区中，河南省仅有两处，分别位于郑州和洛阳，这必将成为洛阳建设全面小康的巨大动力和保障。

3.5.6 洛阳市全面建设小康社会进程中的不足和弱势

与先进地区相比差距显著，地区间发展严重不平衡，城乡差距悬殊，居民收入偏低现象突出，城镇化水平偏低，从业人员中第一产业比重偏高等都是洛阳的不足和发展瓶颈。

基于以上分析，洛阳市要想在 2020 年达到全国全面小康的平均水平，必须发扬艰苦奋斗、只争朝夕的精神，确保综合实力在河南省第二的位置。结合河南省"中原城市群战略"中对洛阳市主要发展制造业的定位和分工，保持工业尤其是制造业在全省的主要地位和绝对优势，力争建设成为国家级的先进制造业基地，充分利用和开发好旅游资源，使洛阳旅游业成为全省的龙头，在河南省"三点一线"核心旅游景点中发挥核心作用。同时大力发展农业，通过发展小城镇、旅游业、调整种植业结构，退耕还林，发展高新科技农业等途径确保农民实现全面小康，解决制约洛阳市建设全面小康的瓶颈，从而在全省真正起到先进模范甚至是核心作用。

第四章　商品经营的环境保障

导读：在商品经营过程中，外部环境有时决定着企业的生死存亡。不管企业管理者的才能有多高、威信有多强，也必须顺从、屈就或服务于大局。国际局势、国家政策、科研水平、学科发展等都属于企业经营的外部环境。本章以《中小城市环保管理刍议》《当前人民币该不该贬值？政府如何才能让人民币贬值？》《地方科研院所发展对策研究》和《新环境下当代管理的若干发展趋势》等四节内容阐述了外部环境对企业经营的影响，企业如何顺势经营或者用势成功经营，并且担当起自己的社会责任。

4.1　中小城市市民环保意识及相关环保政策

在我国建设社会主义的新时期，党中央、国务院作出了要"大力发展中小城镇"的重大决策。在发展中小城镇的过程中，我们应坚持可持续发展战略，使发展与环保相协调，实现良性循环，这就需要相关部门的精心组织与管理，尤其需要广大市民的理解与支持。

4.1.1　现阶段中小城市市民环保意识状况

1999—2000 年，我们对若干中小城市市民的环保意识、环保法律知识等进行了科学严谨的调查和分析，发现具有以下特点：

1. 市民的环保意识在增强。认为"环境治理优于经济发展"的比例远远高于认为"经济发展优于环境治理的"比例，有89.24%的人认为必须优先保护市区环境、净化空气质量。这不仅要求工商、卫生、环保、城建、施工、公安、税务等部门多位一体、严格执法，而且需要相关的个体工商户、企业事业单位、司机等予以理解支持并大力配合，还需要广大市民不光顾烧烤食品，不坐尾气超标车，积极加入统一供暖工程，积极监督、举报和制止环境污染事件。

2. 对不同群体采取不同方式进行环保常识、环保法律知识和环保工程科普知识的普及教育。对于大中小学生，建议教育行政主管部门和学校开设环保专业或课程，或在相关的课程里加大有关环保各方面知识的普及教育，开展丰富多彩的环保活动，把环保列入教学的重要内容。对于机关干部、教师、工人等，可以由单位进行环保宣传和教育，以学习、开会、考试、文艺活动等形式进行，也可以组织植树、种草、清洁街道广场等活动，并要求职工对子女进行环保宣传和教育。对于个体工商户，可以由工商、税务等部门在执行工作时分别发放环保宣传手册，或分批集中组织学习，指导监督其进行环保。个体工商户从业人员多，管理难度大，使其自觉进行环保的难度也较大。特别是对于在农贸市场上的个体工商户、各种小吃经营者、在马路两旁摆摊设点的商户，更需工商、税务、卫生、市政等部门密切配合，加大管理力度。

3. 制定地方性环保法规，使市民、企业、事业单位的环保意识、环保行为建立在法律、法规的约束监督之上。单靠道德制约的环保缺乏强制性，难以普及和持久。环保同时会影响到局部利益、眼前利益的充分实现，遇到一些阻力和障碍。当环保与局部利益、眼前利益、个人利益发生冲突时，有些单位和个人会更多地考虑自己的利益而牺牲环保。各地、市要结合本地实际情况，在认真贯彻国家法律、法规的基础上，制定本地的实施细则或具体操作办法，健全完善规章制度，使环保成为生产、生活中的硬约束，防止随意性。

4. 加大执法力度，严格依法管理。部分中小城市环境状况不佳甚至继续恶化的原因是多方面的，但管理制度不健全、执法力度不够是重要原因。政府环保职能部门应加强检查执法力度，严格贯彻《水污染防治法》《固体废物污染环境法》《环境噪声污染防治法》等环保法律，把环保的日常检查与对重点污染的重点监测结合起来，严格按法律规定办事，对于排污单位除依法收排污费外，必须限期治理，必要时通过行政手段或者经济手段使其停业、关闭。对新上项目要实行环保一票否决制，达不到环保要求的一律不准开工、生产。

5. 充分重视和发挥学生在环保中的生力军作用。环保工作要从娃娃抓起，用适当的方式经过耐心的教育，使广大中小学生不仅成为环保的积极参与者，更是环保的有力监督者。他们可以督促自己的父母、亲友、邻居甚至是陌路人在每件小事上都进行环保，而我们面对天真可爱、认真负责的孩子，怎能拒绝他们小小的环保要求呢？大学生是环境保护工作的积极、热情的宣传者、组织者和参与者，具有较强的超前、忧患意识。我们可以在各年龄段的学生中开展不同的活动，组织环保小组，进行以环保为题的演讲、作文、文艺活动等，充分发挥他们的作用。

6. 在居民中进行"人人要环保，时时要环保，事事要环保"的宣传教育，对环保工作持积极、支持的态度，环保深入人心，有可靠的群众基础。一些市民的环保知识和环保法律水平还比较低，环保常识问卷的回答正确率只有 50%，环保意识与环保行为存在明显反差：许多市民虽有较强的环保意愿，但不知道什么样的行为才符合环保要求，不知道对危害环境的行为应如何予以纠正，不知道怎样做才更符合环保要求。一些市民的环保意识和环保态度还停留在自发阶段，还没有成为其行为的指南。还有相当多市民认为环保是政府的事情；知行脱节问题严重；为了眼前物质利益或一时方便而把经常挂在嘴边的环保置之一边；对其行为的严重后果认识不足。还有一部分市民的环保意识水平与其文化程度的关联性较弱，高学历者的环保意识与环保行为并不一定最强，不同行业的从业人员也无明显差别，主要原因是环保宣传教育不够。

4.1.2 中小城市环保工作上台阶的政策性建设

结合以上调查分析，笔者认为既要重视环保意义的宣传，又要重视环保知识的普及，还要加强环保执法的力度。

1. 大力宣传、广泛发动、营造一种人人爱护环境、家家重视环保的社会氛围。环境保护在地方经济未来的发展中有着不可替代的地位和作用，尤其是对于那些正在或者将把旅游业作为主要经济产业的地、市而言，环保是关系到地方经济发展的百年大计，是关系每个市民的要务，环保工作功在当代、利在千秋。但是市民环保意识和环保知识水平的现状使得环保宣传教育仍显得非常必要和紧迫，各单位、各部门都有义务宣传环保，进行环保、支持环保，家家户户、男女老幼都有义务保护我们赖以生存和发展的环境。传媒对居民环保意识和常识的提高有密切的影响，应充分重视其巨大作用和影响。环保职能部门应设法利用广播、电视、报纸、杂志、户外广告等传媒多发布一些有关环保的知识、公益广告等；各传媒也应自觉地大力宣传，开辟环保专栏、专题等，以诗歌、漫画、散文等多种形式进行丰富多彩、生动形象、广受欢迎的宣传；重视对民间环保组织的支持和指导，重视在学生中广泛深入地进行宣传和教育，重视与高校、科研部门结合开发环保技术和设备等，为环保工作的开展和环保措施的执行营造良好的社会氛围，提供智力支持。

2. 对于本地市近期采取的环保政策措施、实施的重大环保工程、项目及其进展情况进行广泛的跟踪宣传报道，让市民认同政府的环保动机及目的，积极配合政府的环保行动。相当多的被调查者（37%）认为政府是环保的负责者、组织者和实施者。因此在环保还不能成为广大市民自觉行为之前，政府应责无旁贷地担负起宣传、组织、实施、管理和监督职能，有计划地兴建一大批环保项目和工程，并进行广泛宣传和报道，使广大市民知晓政府实施了哪些环保项目和工程，实施的原因、目的、功能是什么，负责单位是谁、进度如何，哪些地方需要给予支持配合等，使项目工程深入人心，自始至终都得到关注、支持和配合。要使每个市民认识到环保不仅仅是政府的责任与义务，更是自己的责任与义务。使其认识到环保是大事，但要从小事做起，从自身做起，认识到个人进行环保并不难，有些甚至不需花一分钱，不需走几步路。例如，买菜、购物时自带菜蓝，不向商家索要塑料袋，不用一次性筷子，不用有磷洗衣粉，使用无氟冰箱等。

总之，经过有关部门的辛勤工作和密切协作，经过长期不懈地宣传教育和活动，使市民从"要我环保"转变到"我要环保"，使环保意识深入人心并根深蒂固，使市民的环保意识上升到一个新高度且时时处处自觉进行环保，大家共同创造一个美好的生活工作环境，让美丽清洁的环境为广大市民造福，为当地经济的发展作出应有的巨大贡献。

4.2 地方科研院所发展对策研究——以洛阳林业科学研究所为例

林业是国民经济的重要基础产业，也是重要的社会公益事业，肩负着优化环境和促进经济发展的双重使命。发展林业，对于改善生态环境，提高农业综合效益，调整农村产业结构、加快山区群众脱贫致富步伐具有重要意义。随着经济、社会的迅猛发展，林业内涵不断扩大，地位日益上升，功能越来越多，并继续向深度和广度发展，林业已成为全球战略的重要组成部分，林业可持续发展引起国际社会的普遍关注。我国林业在国民经济和社会发展中以其不可替代的地位和作用被人们所认识，为人们所重视。植树造林，整治国土、改善环境正在成为全国人民的实际行动。

4.2.1　洛阳市所处地理位置和林业的关系

洛阳市位于河南西部，黄河中游，东与郑州、平顶山市相邻，西与三门峡市相接，南与南阳交界，北隔黄河与焦作相望。是我国历史文化名城，旅游胜地，也是一座新兴的工业城市。现辖偃师县级市及孟津、新安、伊川、洛宁、汝阳、嵩县、栾川八个县和6区。全市面积1.52万平方公里，其中市区面积544平方公里。山地面积占总面积的58.8%，丘陵占39%，平原占12.2%。

洛阳市地势西北高东南低，地貌复杂多样，山脉属于秦岭山系向东延伸的余脉。主要河流有洛河、伊河、北汝河、涧河等。洛阳市资源丰富，是豫西地区经济林的主要产地，占全省1/6。生物资源有暖温带和北亚热带生物种类，乔灌木树种繁多，有华山松、冷杉、栓皮栎白桦、油松等。

由于洛阳的地貌和水文、气候特征，加之黄河防护林体系、淮河防护林体系部分、小浪底水库、三门峡水库地处洛阳境内，又有灵宝县、新安县、洛宁县等三个林业生态县，这使林业在促进洛阳社会经济发展、人类文明进步，防洪治沙、减少水土流失等方面具有不可替代的作用，林业与洛阳息息相关。为此，发展林业，恢复森林生态系统，实施可持续发展战略十分重要。

4.2.2　洛阳林业科学研究所在林业中的作用

我国地域辽阔，南北、东西气候差异较大，区域性的地貌和气候特征比较明显，地（市）级林业科研单位起着举足轻重的作用。首先，地市级林业科学研究所服务于一定的空间和地域，带有区域性。如洛阳市林科所，它的研究和服务的范围为豫西地区的洛阳市和三门峡市，这一地区的地形地貌不同于豫东地区，在气候上又不同于豫南地区和豫北，因而该地区的植被组成，树种及对林业的要求显然不同于豫东、豫南和豫北地区。这一区域林业科研单位对林业的研究是其他地区甚至高一级的林业科研单位所无法代替的。其次，地（市）级林业科研单位具有承上启下并一搞到底的作用，它可以承担省级所以及国家林科院大区域项目中放在该区域中的科研任务，承担上一级科研单位科研成果的中试、推广、应用等任务，把国家的科研成果通过它直接传递到基层林业单位，并对其成果加以应用、开发和亲临指导，以其独特的位置直接解决该地区林业生产中的实际问题。

洛阳林业科学研究所作为豫西地区唯一的林科所，始终坚持科研为生产建设服务，为公众产生效益的宗旨，面向洛阳、三门峡两市所属县区，以应用研究为主，应用与基础研究相结合，承担完成了国家、省、市下达的重点和攻关课题，主要任务，一是用材林和经济林树种为主，开展资源开发利用，林果良种选育的研究，进行丰产栽培技术、病虫害综合防治技术、良种苗木快速繁育技术及经济林果品贮藏加工技术的研究等；二是开展水土保持林、水源涵养林、生态经济型防护林体系的研究；三是承担各类科技普及、科技成果推广及市政府下达的其他任务；四是在围绕洛阳市创建旅游城市工作中承担着繁重的环境保护、绿化、美化城市的重任。

建所三十多年来，在所研究的领域取得重大成果，创造了巨大的社会效益、经济效益和生态效益。共承担完成科研项目近百个，其中国家重点攻关项目专题和子专题 20 多个，省部级项目 40 多个，地市级项目 30 多个。截至 1997 年年底，共取得市级以上科技进步奖 79 项，其中国家级 3 项，省部级 36 项，市（厅）级 37 项，另有 5 项成果登记为国家成果。洛阳林科所可谓功不可没，具有不可替代的作用。从众多科技成果中略举一二为例，我们不难发现洛阳林业科学研究所对社会所做的贡献。

——洛阳杜仲华仲 4 号是洛阳林业科学研究所培育出来的一个优良杜仲新品种。是我国特用经济树种杜仲的首批良种，是山地、丘陵区栽植的一个高产优质杜仲新品种。该品种栽后 3 年结果，每亩总收入可达 1.5 万元，比普通杜仲的经济效益高两倍以上。华仲 4 号杜仲内有多种药用成分，如该品种树叶中所含绿原酸，具有抗菌和利胆作用，是一种贵重药品。我国一般都从国外进口，绿原酸价格昂贵，为 415 元 / 克，比黄金贵 4 倍。所以，大力发展华仲 4 号杜仲新品种，是贫困地区农民脱贫致富奔小康的一个主要途径。目前已推广到湖南、湖北、江西、山东、陕西、河北、吉林、北京、安徽等 10 个省（市），仅洛阳地区已推广种值 100 多万株，产生了良好的经济和社会效益。

——高效抽枝宝是洛阳林业科学研究所于 1992 年研制出的植物芽眼生枝成花促进剂。它对人畜安全，不污染环境，操作方便，投资小，见效快，具有促进植物休眠芽细胞分裂分化，打破休眠和提高光合产物调运能力，使植物芽按人们意愿定向定位生枝、调整营养生长和生殖生长的关系，达到早成形、早开花、早结果和早丰产的目的。可使经济林良种嫁接苗当年合格率提高到 90% 以上，亩产增效 1500—2000 元；用于果树幼树整形，使成形期缩短 2—3 年；促使幼树早花早果，使开花期结果期提前 1—3 年；用于成年树更新改造，一年可恢复树冠。该科技成果在 1996 年被林业部列为 100 项重点科技成果之一进行推广。几年来，在国内建立试验示范基点 300 余个，培训不同层次科技人员和农民 15 万人次，应用面积 60 万亩，取得社会经济效益 2.5 亿元。目前该成果应用范围遍及全国 28 个省、市（区），而且也引起美国、泰国、新加坡、日本、台湾等国家和地区的重视。

——楸树是我国特有的优质用材树种，自古有"木王"之称。洛阳金丝楸是洛阳林业科学研究所的研究人员从 1978 年开始经过"六五"，特别是"七五"承担国家攻关项目十几年的努力选育出的一个优良类型。洛阳金丝楸除干性好，生长快外，它具有一般楸树所具有的优良特性和用途。它既可作为生态保护、水土保持、园林观赏、绿化树种，广植路旁、林旁和庭院之中，又可用于军工用的枪托、模型、船舶用材、纺织配件与电子器械专用材，胶合板，家具及贴面、乐器、雕刻、文化体育用品以及农村建筑等，"七五"期间，林业部下达推广洛阳金丝楸、长果楸两个优良类型项目，在河南省、山东省、安徽省进行了大量推广，仅洛阳市的洛宁县和宜阳县就推广金丝楸 80 多万株，树高、胸径和材积年生长量均比当地一般楸树高 30%—70%，生态、经济和社会效益十分显著。

——黄河中游水土保护林研究，黄河中游地区属黄土高原的组成部分，植物稀少，沟壑纵横，干旱贫瘠，水土流失严重。多年来，洛阳林业科学研究所对水土保持林进行了深入的研究，并与北京大学、水利部黄河水利委员会、青海、甘肃、山西、内蒙古、宁夏等省（区）以及洛阳、三门峡等市科研人员协作，对黄河中游地区水土保持林体系进行了系统研究，其中包括黄土高原立地类型划分和适地适树的研究；防护林的营造及结耕模式研究；对乔灌木和草木资源的调查及其水保效能研究；提高黄土高原造林成活率的研究等。这些研究成果的推广应用，为该地区水土保持森林的营造提供了科学的依据和方法，对发挥水土保持林的生态效益，经济效益和社会效益具有重要意义，这些研究成果先后获林业部科技进步二等奖，国家科技进步二等奖。

——豫西黄土台塬区防护林营造及综合治理开发研究。豫西黄土台塬区生态条件极为恶化，限制了该地区农林牧业的发展。为给该地区防护林营造及综合治理开发提供科学依据，1986—1990 年洛阳林业科学研究所进行了该项目的研究。采用调查研究、整体规划、定位观察和引进应用相结合的方法，对黄土台塬区地貌特点、不同土壤类型理化性状及土地利用情况、水分分布规律、适宜造林树种、防护林的结构配置及其综合开发进行了系统研究。试验数据经数理统计分析，综合比较，确定了不同类型区 4 种最佳防护林结构模式，选择了适宜的造林树种，提出了综合配套技术，制定了《豫西黄土台塬区防护林营造技术规范》，并在全省首次提出黄土台塬区以枣树、李子、苹果、杏为主的团状果园或生态经济型防护林模式。该项研究成果探索了一条在黄土台塬区以林为主，农林牧综合发展的开发模式，加快了水土保持林的建设速度，对农民脱贫致富具有重要意义。该成果获市科技进步二等奖，省科技进步三等奖。

4.2.3　发展洛阳林业科学研究所的建议

洛阳林业科学研究所属于社会公益性科研机构。该所已成为具有特色的市级林业科研单位，为科学事业和豫西地区经济社会发展作出了重要贡献。但是，近些年来，它们面临诸多困难和问题，基本上处于维持生存的状态，难以发展和发挥更大的作用。此种状况需引起政府和社会各方面的重视。

4.2.3.1　深化改革，增强林业科研机构的活力

1. 要进一步解放思想，转变观念，明确改革目标。认真贯彻国家提出科技方针，坚持面向林业建设主战场，发展高技术及其产业，加强在基础性研究 3 个层次上进行科技体制改革的战略部署，解决林业生产中重大、综合、关键、迫切的科技问题，加速成果转化，大幅度提高林业生产力和经济效益；要初步建立起适应社会主义市场经济体制和科技自身发展规律的科技体制，形成科研、开发、生产、市场紧密结合的机制，提高科技在林业增长中的贡献率。通过改革，促进科技资源的优化配置，充分调动科研人员的积极性，促进林科所上新台阶。

2. 要在"稳住一头"的同时，大力组织科技人员参加科技示范区、农业综合开发、支柱产业基地建设、科技扶贫和各种科技服务工作，要增强市场意识与企业高等院校搞好联合，促进成果的推广和转化，提高效益。要根据林业特点，搞好以下 3 类科技活动。

以基础性研究，国家、地方科技攻关。这一类活动主要依靠政府财政投入，确保国民经济和林业建设的长远性、全局性、关键性和基础性重大问题的解决。

以科技推广和成果转化为主的技术推广服务活动。根据林业的特点，这一类活动要适应市场要求。要建立健全推广体系，科技人员要深入第一线，传播技术、搞好示范，促进成果在大面积大范围内推广应用，形成规模效益。

以办产业和搞开发为主的科技活动。这类活动以市场机制为导向，加大与企业

结合的力度，搞好创收，提高经济效益。

3.调整结构，发展科技林业。要着重调整人员结构，使之有一个比较合理的比例。发展科技产业是科研单位生存和发展之根本，必须大力抓好。根据自身的经济实力，发展科技产业要着力抓好 3 个方面的工作：一是进行市场调研，摸清市场需求和趋势，为确立支柱业做好准备；二是要搞好 1—2 个拳头产品，条件成熟时集中力量办成产业；三是抓好一批有前景、效益好的经济实体，包括技术服务、技术咨询、技术开发等内容，建一个成一个，并不断提高经济效益。

4.建设一支高水平的科技队伍，加速培养跨世纪人才。事实证明，经济的竞争是科技的竞争，科技的竞争主要是人才的竞争，没有一支高水平的人才队伍，一切都是空的。要迎接 21 世纪的挑战，必须培养一支跨世纪的科技队伍，让年轻人成为科技发展的主角。实施跨世纪工程，加快人才培养，包括在职科技人员的知识更新。改革单一的人才培养模式，根据林业未来发展的需要培养包括科研、科技成果推广、管理与经营等各方面的专门人才，特别是科技经济复合型人才。在全面提高林业科技人才培养质量的同时，要着力培养一批跨世纪的市级、省级、国家级的优秀的林业学术、技术带头人。完善激励机制，在职职工实行竞争上岗，按需设岗，充分调动各类科技人员的积极性。

4.2.3.2 呼吁政府和社会高度重视林业科研工作

社会公益性科研关系经济社会发展，在任何国家都是不可缺的，无论是从国民经济与社会发展当前和长远的需要，还是启动重大区域开发、推动地区战略产业的发展，以及从科学事业发展的需要都应当对公益性研究所予以支持。如林业科研是一种特殊的劳动，它受到自然气候、季节、地域和生长周期等多种因素的严重制约，因而表现为周期长、投资大、社会效益高而自身效益低，所以林业科研在物质条件、经费、立项等诸多面更多地要靠政府、社会的大力支持。所以，我们在考虑林业科技体制改革时，一方面要积极引进市场机制，另一方面又要对林业科研作必要的政策性保护，这样才能促进林业科研健康稳定地发展。具体来说有以下几个方面：

1.在争取科研项目安排上应向林业科研单位倾斜，尤其与林业相关的科研项目。在林果良种选良、开展资源开发利用、丰产栽培技术、病虫害综合防治技术、良种苗木快速繁育技术、水土保持林、水源涵养林、生态经济型防护林体系的研究等方面，洛阳林业科学研究所有着明显的优势，但由于部门、行业、地方的行政垄断，洛阳林科所争取科研项目非常困难，更谈不上能拿到经费较高的科研项目。拿不到课题，科研项目萎缩，就意味着得不到科研经费，同时也造成林科所科研人员隐性失业。对社会公益性研究所来说，争取项目就是竞争生存，而由于竞争的不公平，为争取项目带来很大困难，既耗费科研人员大量精力，又造成经费大量开支。研究所和研究室的负责人都是研究能力很强的专家，本可以在科研上大有作为，但他们的主要工作精力不得不耗费在申请和争取项目上，有时为落实一个项目，前期就需要支出许多费用，还常常落空，为此他们感到十分苦恼。鉴于上述状况，为了发挥林科所的专业优势及科研人员的作用，建议洛阳市政府在林业科研项目上应优先保证洛阳林业科学研究所。

2. 增加经费投入，使林业科研更好开展工作

社会公益性科研服务于社会，而不是服务于具体、特定单位，产生的公益，常常以社会、生态效益为主，因此，很难取得社会的赞助。

经费不足，严重阻碍了洛阳林科所工作的开展。当代自然科学研究，早已不是少数个人自发性活动而成为了现代社会的一种基本活动和需要，一种相当规模的国家事业。科学与社会经济既有密切关系，又相对独立，有自身的价值和发展规律。当今世界上，许多国家都已认识到，根据国家确定的对科学事业合理的投资比例并保持适度发展的规模和速度，才能调动科研人员的积极性。社会公益性研究项目一般难度都比较大，项目实施环境预期差，投入成本大，立项也困难。科学活动的创造性、积累性、群体性、周期性和社会公益性科研的特殊性，都要求国家的科学政策应该相对比较稳定，使科研人员能在相对宽松的条件下努力工作，针对洛阳林业科学研究所经费严重不足的情况，建议政府在将工资、医疗费、行政开支三大块包下来的前提下，在科研基础设施上给予一定的支持。

3. 加强立法，保护林业科研成果的知识产权

林科所开发经营受限，经济效益差的另一重要原因是林业科研成果的知识产权没有得到应有的保护，科研人员得不到与自己劳动成果相符合的报酬。在国际上，多数发达国家已就新品种的权利和保护问题进行了立法，中国的其他产业科研部门的科研成果产业化程度提高，科研成果一般可以通过专利的形式加以保护，科研成果取得的经济收入一般与科研人员所付出的劳动相结合，科研人员的积极性较高，多可埋头于自己的科研事业。而中国的林业科技体制自从改革开放以来，基本上没有质的改变，加之林业科研成果多数研究周期长，受市场、政府行为影响大，产品更新换代周期也长，且多数成果为公益性的，政府如不能采取得力措施给予有效的保护，林科所也很难走出自己养活自己的路子。虽然现行的林业科研与技术推广体制以及目前林业生产规模过小的现实，为新品种的权利保护增加

了难度，即便如此，并不等于不能就此问题进行立法。事实上，我国的许多林业科研成果可以有效地得到保护，例如杂交作物新品种的权利保护等。即使常规作物的新品种，如果措施得力，方法有效，法律有力，也可得到有效的保护。

4.2.3.3　警惕和重视市场调节对科学事业冲击的负面效应

随着经济体制、科技体制改革的深入，我国科学发展已在很大程度上领先，用市场调节来进行资源配置，这对于促进科技与经济的结合是有利的。对于以特殊的自然环境为对象的公益性研究机构来说，简单地套用市场机制和把他们完全推向市场则会产生一些弊端。由于拜金主义泛滥，社会意识中受尊敬的令人羡慕的科学活动已有失去吸引力的危险，许多青年不愿意从事社会公益性研究，而去"三资企业"挣钱，或者千方百计出国不回。由于对科研课题以金额成本核算，把科研当生产活动来管理，造成科研短期行为严重，课题重复分散问题积重难返，课题之间协作困难而相互封锁资料，科学家队伍的集团创造力削弱。建议大力加强社会公益性科研机构队伍的精神文明建设，在科研人员中提倡"艰苦创业、团结协作、勇于探索、献身科学"的精神，同时建立相关的激励机制，提高优秀科研人员的待遇水平，控制人才的盲目流向，对社会公益性科研院所的管理要考虑其特殊性，改变目前将科研当生产来管理的做法。

4.3　新环境下当代管理的若干发展趋势

4.3.1　引言

20世纪80年代末以来，管理环境发生了巨大变化，突出表现在：知识经济时代的到来，科技发展突飞猛进，全球经济一体化，新的学科和理论日新月异，全新的组织和全新的工作，全球政治格局的多元化和复杂化，消费的多元化和个性化，全球激烈竞争的无界化等等。这些变化触及到管理学的一些根本问题（例如管理理论、管理思想、管理方法、管理实践等），对当代管理尤其是企业管理形成了巨大的挑战，预示有关管理理论体系也要来一场革命。各类各级的组织管理者如何结合实际进行高效管理、如何针对管理发展的新趋势未雨绸缪地做出相应调

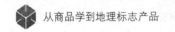

整和准备，成为一个迫切需要思考和解决的课题。

21世纪必将是一个崭新的世纪，既有无限机遇，也充满着竞争和挑战，面临可能产生的种种变化，新的管理理论、方法也会在社会发展过程中出现。21世纪的管理和管理科学，其发展趋势是多方位、多层次的，具体表现在：柔性化、创新化、分权化、管理交叉融合化、人性化、战略化、信息管理普及化、管理教育普及化、知识化、风险化、国际化、科学化、制度化和可持续发展管理的出现，更重视以哲学特别是以马克思主义哲学为指导。笔者在此仅重点谈谈其中的管理交叉融合化趋势、日益重视以哲学特别是以马克思主义哲学为指导、管理教育普及化趋势、管理科学化趋势、管理制度化趋势、可持续发展趋势等六个问题。

4.3.2 管理交叉融合化趋势

4.3.2.1 交叉化趋势

21世纪管理科学发展的主要趋势，是进一步交叉和融合。所谓交叉是指多学科渗透交叉。管理科学发展的初期以数学、经济学、心理学为基础，三者在管理科学中相互渗透交叉。因为管理这一复杂问题需要运用诸多学科的理论和方法进行共同研究才能解决好，所以在管理科学从古典学派到现代学派发展过程中，与其渗透和交叉的学科越来越多，例如人类学、哲学、政治学、统计学、社会学、工程技术学、决策科学、系统科学、控制论科学、信息科学等。我们不能忽略管理与这些学科以及其他学科的联系，不能因为我们没有认识到这些学科在管理发展过程中所起的作用就忽略它们。我们还应看到，古今中外许多为管理学发展作出重要贡献的著名人物的学历背景都不是管理学，有的人的学历背景甚至都不是人文社科领域，例如泰罗、法约尔、韦伯、成思危等。

4.3.2.2 融合化趋势

所谓融合是指理性管理理论与人性管理理论、西方管理思想与东方管理思想的融合。不同管理理论和管理思想的融合统一，意味着它们之间的相互借鉴、吸收和扬弃，从而不断完善和发展了管理学。

在管理哲学上，西方崇尚科学、理性，其哲学基础是还原论。它强调分析，在整体分解的基础上，对具体问题有具体的解决方法。然而，面对复杂的管理问题和现象，这种解析性的分析方法已显得捉襟见肘。由于当代西方管理日益重视人的非理性因素而进入西方管理的非理性阶段，这与西方重规范、重逻辑推理的科学主义精神以及重个人人格独立的西方人文主义发生矛盾，需要寻找新的文化基因。因此，东西方文化的互补效应作为一种必然趋势呈现在世人面前，使西方管理呈现出东方化趋势。20 世纪 80 年代以来在西方经济管理界出现的"企业文化"热潮就是明显的例证。

东方重整体、感情，根基于天人合一的哲学思想。中国文化及其管理思想博大精深，对我国的企业文化产生着重要的影响，但主要体现在宏观层面，军事斗争和农业生产规律总结而得出的思想、理论、经验和方法却不能完全包容微观层面的企业管理思想、理论、经验和方法。如同中医治病，好处是有时虽能把握一些整体特性，但往往难以深入具体问题进行具体处理。中国文化是中国企业文化的根之所在，但中国企业文化的建设必须注意结合现代大生产的规律、工业生产的文明进行研究、探索和总结，进行科学的提炼。世界经济的全球化要求企业尤其是企业的领导人必须加强企业文化层面的沟通与交流，以企业共同价值来凝聚广大员工，只有这样的企业才真正是全球化的企业。因此未来的管理哲学应取长补短，相互融合。

1994 年在美国召开的第二届世界管理大会强调"世界管理学者要联合起来进行交流"，管理学有一个国际化的过程，包括东西方融合的过程。1998 年在西班牙召开的第四届世界管理大会的主题是：全球化对管理学教育、研究、实践的冲击。与会者都认为东西方管理文化是可以融合的。多年来国外对中国的管理学、特别是东方管理文化与它在管理学中的影响，都不够了解。东方管理文化的复兴应引起大家的重视。我们在对待管理的中西方融合问题上，要在借鉴的同时保持民族自尊心和自信心，汲取我国传统的、古代的、近代的管理经验和思想。

4.3.3 日益重视以哲学特别是以马克思主义哲学为指导的发展趋势

哲学是一切科学的科学，它考察事物的本质，特别是价值观和伦理道德。管理学作为一门历史较短的学科，虽然在其发展过程中吸收借鉴了许多学科的理论和方法，但是以哲学为指导特别是以马克思主义哲学为指导的发展趋势将日益明显。关系到管理学基本体系和价值判断的问题如管理学的未来发展方向、突破点、主要难点等都必须以马克思主义哲学为指导来加以解决。这些问题主要有：组织与管理的关系，是在人类组织生活的基础上产生管理还是为了管理的目的组织仅仅作为一种手段起作用，该问题关系到管理的出发点问题；如何认识、看待和评价人本身，该问题关系到有效的管理手段、管理目标、组织的生存与发展；个体与整体的关系，究竟应该以谁为中心；管理的实质，管理中能动的成分大还是被动的局面多，协调性强还是主观能动性强；人的理性能力是有限的还是无限的，是否永远有局限性，理性空间到底是有无限发展前景还是永远有限？马克思主义哲学对管理学的指导作用具体表现在唯物辩证观、发展观、历史观、实践观、管理的二重性等五个方面。

4.3.3.1 唯物辩证法

马克思主义的辩证唯物论和历史唯物论是研究管理学的根本指导思想。在研究管理理论和管理方法时，必须用马克思主义的理论和方法，根据不同的时间、地点和条件去研究、观察、概括和总结。不能脱离具体的历史条件，机械地、孤立地、静止地去研究管理理论和方法。

4.3.3.2 理论联系实际

管理学产生于管理实践，是管理实践经验的科学总结和理论概括。所以应把有关的管理理论与方法运用到实践中，指导自己的学习和工作，并通过实践来检验这些理论和方法的正确性与可行性。同时，通过管理实践和试验，把实践经验加以概括和总结，使之上升为理论，从而发展原有的管理理论。

4.3.3.3 历史研究法

任何一种管理理论、管理思想和管理方法的产生和发展都有其时代背景，通过历史研究法可以了解管理理论、管理思想和管理方法的渊源及历史局限性，更有利于对这些管理理论、管理思想和管理方法的理解和运用。

我们可以用马克思主义历史观来研究在什么阶段、什么地方、会出现哪些管理实践和管理思想？其中是否有必然的东西在起作用？应该用什么样的历史观把握和解释管理思想的历史发展？马克思主义关于历史发展的思想可以令人信服地解释管理思想和实践演进的规律和线索：技术变化引起劳动生产方式改变，然后是人与人之间的社会关系发生变化，再后是结构制度层面的变化，最后是意识形态、文化层面的变化。

4.3.3.4 管理的二重性

管理的二重性是指管理的自然属性和社会属性。管理的自然属性也叫生产力属性，是指管理要处理好人与自然的关系，要合理组织生产力。管理的许多理论、方法和手段是人类社会生产实践经验的总结，是人类社会的共同财富，不以人的意志为转移，也不以社会制度、意识形态的不同而有所改变。管理的社会属性也可称为生产关系属性，是指管理要处理人与人之间的关系，要受一定生产关系、政治制度和意识形态的影响和制约。管理的社会属性要回答：管理权属于谁，管理的目的是什么，管理的基本方式是什么等。

管理的二重性是马克思主义关于管理问题的基本观点，它反映出管理的必要性和目的性。所谓必要性，就是说管理是生产过程固有的属性，是有效地组织劳动所必需的；所谓目的性是说管理直接或间接同生产资料所有制有关，反映生产资料占有者组织劳动的基本目的。

管理也是上层建筑的一部分，历来受到社会意识形态的影响，特别是社会制度与社会伦理道德以及各种人际关系的影响，要研究如何使组织内部环境和外部环境相适应，如何贯彻执行党和政府的方针、政策、法令、法规，维护正常的生产关系，促进生产力的发展。

4.3.4　管理教育普及化趋势

管理科学是兴国之道，是自然科学与社会科学的结合部，也是自然科学与社会科学交叉融合的突破口。管理科学的重要性既与科学的重要性紧紧相依，又与管理的重要性密切关联。管理与技术是经济发展、社会进步的两个重要轮子。我国已经明确提出了科教兴国战略。在我国技术落后、管理更落后的情况下，改进管理就比发展技术更为紧迫，管理学教育迫切需要得到重视和普及，教育质量迫切需要得到提高。朱镕基指出："今天到了要大力提倡改善中国的管理和发展中国的管理科学的时候了。党中央提出了科教兴国的方针，这个科学包括自然科学和社会科学两个方面，当然也包括了管理科学。现在，确实需要强调管理科学和管理教育也是兴国之道。"

在管理过程中，人的素质、人的智能、人的知识、环境的影响，是决定一个社会发展的主要因素。由于 21 世纪管理环境更加错综复杂和瞬息万变，培养和训练一个新型的管理阶层，并通过这一阶层为改进和完善管理实践服务将成为新时代的必然要求。管理教育的普及化是伴随着激烈竞争而日益受到重视的。同时在教育过程中组织的宗旨、价值观、政策能够形成共识，这保证了分权能够得以很好地进行。教育还是对于员工的一种重要激励。未来的竞争将是人才的竞争、技术的竞争、知识的竞争，在这里人才是关键；而中国目前的人力资源状况并不乐观，因此教育就显得更加重要。

近十多年来，管理学在我国有很大的发展，目前我国设立管理学院的高等院校就已达 200 多个。从管理的理论与方法看，近几年来融会古今中外的管理思想和管理研究成果也有突出的进展。但是由于种种原因，近年来我国各高校的管理学专业毕业生出现了就业困难问题，为此有些人提出要撤消本科院校的管理学专业。这应引起我们的高度重视（详情参见拙文《论谨慎对待本科院校管理学专业的撤消》，发表于洛阳工业高等专科学校学报，2007 年第 4 期）。

联系我国管理学教育的实际情况，目前有三个主要问题需要受到重视和解决：第一，如何确立管理学在我国高等教育或高校中的地位，如何得到社会的普遍认可和重视？第二，管理学如何从我们长期仿效的西方管理转变为中西融合化？第三，如何提高我国管理学教育的质量？我们目前的管理水平和管理学教育与西方相比，还存在着较大的差距。我们的管理和管理教育如何在新时代提高到先进的水平，成为一个重大的课题。

4.3.5　管理科学化趋势

管理科学化是体现在管理学发展历史过程中的一条非常明显的主线，是贯彻在所有组织管理尤其是企业管理中的一条主线，而且是在发达国家已经完成得比较好的一项工作，美国和日本就是重视科学管理成为经济大国的范例。在这项工作过程中我们有以下几项任务需要完成：所有者和经营者的分离；程序化与标准化工作；科学管理思想的贯彻。

科学管理思想的精髓是严格、精确、自律和试验。这些思想要贯彻到管理职能的所有方面，包括计划过程和由此产生的制度、程序、政策、战略和目标、组织过程和组织结构以及激励和领导。跨国管理、复杂性管理、创新管理等新的课题离不开科学管理思想的贯彻。尤其是自律，因为它是一种很高的自觉境界，是一种能够持久地激发人的自我意识的制度环境。我们不反对"人道主义"或"人本化管理"，但是我们应该认识到"人本化管理"是在科学管理基础上实施的，是在员工和管理者能自觉地贯彻了科学思想之后才能行之有效的。没有科学管理作基础，"人本化管理"必将是无本之木。

科学管理实际上是一种规范化、标准化的管理，用培训来教给工人完成任务的技能，用科学研究制定标准和规章制度规定下达的任务，用奖惩等激励机制保证任务的完成。规范化、制度化是企业大规模生产的基本要求，是任何先进管理思想得以实施的基础。可以说，没有管理的标准化、规范化，就没有管理的现代化。

4.3.6　管理制度化趋势

管理制度化是与管理科学化紧密相联的，它是伴随着企业规模的扩大和企业所有权与经营权的分开，以及面临着越来越多的经营风险而逐步被认识和强化的。要适应复杂的市场和残酷的竞争，我们必须通过科学的制度和程序，确立互相协调的目标的优先顺序，而不是通过管理者的随意性或某种妥协来达到。由于各种原因，我们的管理缺少制度、缺少制度管理，人治的成分多一些，法治的道路依然漫长而崎岖。首先是制定完善各种制度，在充分讨论、沟通、调研的基础上；再者是要明文公布，传达到各相关部门和人员，使每个人都知道和明确，然后是严格执行；再次是适当的修订、完善或废除。必须明确，制度是被人制定出来的，制度要用于人且为人用，制度不能成为社会进步的绊脚石，要实行无情的制度、有情的管理。

必须强调，科学化管理和制度化管理在我国历史较短、应用较少，我国的科学化管理和制度化管理不是需要削弱而是亟须加强和完善。我们必须借鉴各个国家在各时期的先进的管理理论和经验，在实践中修好科学化管理和制度化管理课程，为我国管理的大发展和大前进奠定坚实的基础。在资源紧缺的发展中大国的背景下，中国的管理科学研究必然更加强调面向中国目前管理实际、强调引领中国未来管理实践。中国必将成为培育全新管理科学知识体系的沃土，为未来的管理、全球的管理作出新的贡献。

4.3.7　可持续发展趋势

可持续发展是 20 世纪 80 年代初兴起的一种新的发展观。它从全球社会、经济生态的相互依存关系来重新审视各类组织的管理思想与管理规则，强调由于资源稀缺、环境有限，为谋求发展而对资源、环境进行消耗、利用时，必须保障代内公平和代际公平，以避免全球不可持续的发展。传统的企业管理忽视企业活动对环境的影响，对待污染问题只是采用末端管理方式，忽略在生产过程中的"清洁生产"管理等。所以在未来的管理中，政府、企业和公众都必须对其活动和产生的不良影响给予更多的关注，对其给外部环境和社会产生的影响承担责任。无论是赢利性组织还是非赢利性组织，都应遵守可持续发展原则，制定和实施可持续发展战略，并贯彻于整个管理活动。社会要求企业从趋利性经营管理转向"绿色"的经营管理，以节约资源和保护、美化环境为己任。

随着人口增长、经济发展和科技进步，许多国家为了社会利益和长远利益都加强了对自然资源的管理，直接影响到许多组织的经营战略与经营效益。1992 年 6 月，由 100 多位国家政府首脑出席的联合国环境与发展大会通过的《21 世纪议程》指出，下一世纪人类社会应该走可持续发展道路。1994 年我国通过了《中国 21 世纪议程》。该理论逐渐为世界各国所采纳，并导致了绿色产业、绿色消费、绿色市场营销的蓬勃兴起，给管理理论和管理职能赋予了新的内涵。

中国作为一个发展中国家，如何在外部环境不断变化的 21 世纪抓住机遇科学发展，加速实现中华民族的伟大复兴，成为一个严峻而现实的课题。重视和发展现代化管理非常重要，它需要管理理论研究者和实践者共同努力，为管理科学的发展和我国的经济社会的发展做出应有的贡献。

第五章　商品采购的供给侧保障

导读：在商品经营过程中，工业企业需要采购机器设备、原材料等进行生产，商业企业需要采购商品进行销售。对于工商企业而言，其核心业务是销售，而对于顾客或消费者而言，其主要精力要花费在采购上。商品采购在某种程度上决定着产品质量、企业效益、个人成败，决定着消费质量和消费水平。任何一家单位欲进行正常的工作都需要具备办公场地、办公用品等基本条件，都要采购进行基本建设所需要的原材料、技术、服务等。在反腐倡廉、质量至上的大背景下，商品采购显得至关重要。本章以《高校阳光采购制度保障分析》《商品采购流程制及其推广》《再谈商品采购与防止腐败》和《构建商品采购的防腐机制研究》等四节内容阐述了以制度保障采购效果、采购效率、防止采购腐败、党建等问题。

5.1　以科学的制度保障高校阳光采购

"阳光采购"在此是指一切具有拒腐防腐、节约资金、公开、公正、公平、透明、高效等特点的采购行为。我国进入高等教育大众化阶段后，各高等院校迅速发展，教职工人数、在校生数量大幅度地扩大。同时，各高校都在想方设法提高办学质量和档次，增强自身竞争实力，以实现科学发展。为了提高吸引力，改善工作和学习条件，各高校明显加强了基础建设，使得物资采购的数量、金额、频度、范围空前加大。由于高校属于事业单位，绝大部分资金来自政府财政拨款，同自主经营、自负盈亏的企业相比，各自的经营管理有质的区别。采购工作作为高校经济活动的"关键岗位""对外窗口"和"职能部门",成为一些不法商人行贿、进行权钱交易的目标。近年来查处的高校违法违纪案件,大多源于学校的基础建设和大宗物资采购。为防止高等院校的物资采购出现腐败行为,必须建立健全规章制度,从制度上加以约束、规范和保证。

《中共中央关于加强和改进党的作风建设的决定》指出:"建立结构合理、设置科学、程序严密、制约有效的权力运行机制,保证权力沿着制度化和法制化的轨道运行,是防止以权谋私的根本举措。"制度建设是规范高校采购工作的重要基础,是反腐败的重要保证。要建立健全高校采购内部操作规程,并按照相互监督、相互制约、相互分离的原则,对高校采购的职能进行分解,做到申请者、审批者、信息发布者、决策者、采购者、监督者、签约者、验收者、记账者、付款者、审计者、使用者、保管者环环相扣、各负其责、各司其职,密切配合,明确各个岗位的职责和权限,制定职位说明书,逐步建立起一套有效、便利、管用、有约束力的防范腐败的采购机制。

1.建立健全采购申请(计划)和审批制度。高校的各教学院(系)、各行政管理部门(如后勤处、教务处等)应根据年初预算,及早根据所负责业务的实际需要,在规定的职权范围之内,经过严谨的调查后,提交采购申请报告。申请报告应详细列明所需采购货物的品名规格、数量、技术要求、预算资金、到货期限等,部门主管领导签字盖章后提交主管校领导审批,必要时须提交校长甚至校党委审批。采购申请经相关领导批准后,应及时送达采购部门,大宗采购至少需要预留15—20天的时间,以供采购部门按照采购程序有条不紊地工作。这样可以保证货物质量,同时也能保证供货商有充分时间安排生产、运输、装卸、安装、调试等。

2.建立健全采购信息发布制度。采购部门在接到经领导审批的采购申请(计划)后,应根据相关规定、采购金额和领导批示决定采购方式。如果需要招标,则拟定招标公告,经党办(或校办、宣传等职能部门)审核后在网上发布,或张贴招标公告。

3.建立健全分类采购制度。例如我校规定,每批采购金额在5万元以上的物资设备,需要进行公开招标采购(包含政府采购),2万——5万元之间的物资设备需要进行议标采购,2万元以下的进行询(比)价采购。按照"供管结合,服务为本"的原则,对常用的批量较大的材料、金额较大的仪器设备、教材、图书、学生用品等实行统一招标采购,避免分散人力、物力,避免造成资金的浪费和管理上的失控,严格执行《合同法》的有关规定,坚持"货比三家,择优选购"的原则，积极完成我校的教学、科研仪器设备的采购任务和大宗物资的招标采购工作，保证教学、科研工作的顺利进行，同时为全校师生提供优质服务。

4. 建立健全报名厂商资格审查制度。采购部门应事先准备好报名表，供报名厂商逐项详细填写公司名称、联系人、联系电话、资质等。采购部门应逐一认真审核其营业执照、税务登记证、组织机构代码证、经营许可证、资质证明等原件以及其他要求提供的证件。确有特殊原因暂时不能提供原件者，必须提供复印件，但开标时必须携带原件备查。对于符合资质要求的客户，除非已经列入黑名单或信誉败坏等原因，都要欢迎其参与投标，广开客源，广交朋友，多多益善。

5. 建立健全财务制度。财务部门在采购过程中，应依次承担以下工作：审批招标书中的付款条款，收取标书费，在接到采购部门的业务联系函后做好收管资金工作，收取并保管各厂商的投标保证金，退还落标厂商的投标保证金，将投标保证金转换为履约保证金，收中标管理费，留置质保金，审批合同中的付款条款，按合同支付货款，退保证金等。这些工作应由专人负责（标书和合同须由财务负责人审批），做到钱账对应相符，按照采购部门的工作联系函收退资金、付款等，及时与采购部门沟通。

6. 建立健全评标专家制度。应由学校纪委和监察部门按照采购货物的品类和专家的专业特长等建立校内、校外评标专家库，由纪委和监察部门在开标前随机抽取评标专家，提前2—4小时（如果是上午招标，则须在前一天）通知专家评标的时间和地点，但不能透露评标的项目、与会人数及其他专家姓名等。专家依法独立行使自己的投票权，但必须坚持原则、不偏不倚，遵守评标纪律，不得故意引导其他专家或诋毁投标商。对有作弊行为的专家，一经发现就应取消其资格。

7. 建立健全评标程序和监督制度。包括投标商在内的所有与会人员应提前到场，采购部门及早审查各投标商的投标保证金单据。会议主持人应按标书规定的时间开始会议，致欢迎词，介绍到会的领导、专家、投标商等，纪委或监察人员要宣读监标词和评标纪律，并审核各投标商的资质证书（含投标授权书），采购部门要介绍本次会议的组织工作，使用部门要介绍使用概况等。可视情况安排各投标商进行1—3轮竞标，组织专家议标（包括现场查看样品），然后进行专家实名投票，由纪委、监察部门监督计票，计票人和监督人要在计票结果表上签字，最后当众宣布中标厂商，签发中标通知书，并留置保管样品，通知财务部门退还未中标者的投标保证金。

8. 建立健全会签制度。高校物资采购中的会签，主要是针对招标书和合同的会签。以下部门的负责人均应全面而详细审批以采购部门为主草拟的招标书和合同，并结合本部门的职责和业务有侧重地把关。如有需改动处，须在草稿相应地方明确改动。采购部门根据各会签人的意见加以整理后形成正式招标文件和合同。采购部门主管领导重点审批商务部分，使用部门重点审批技术部分，财务部门重点审批资金来源、预算情况、是否为专项资金、付款方式等，纪委监察部门重点审批程序是否规范、财经纪律、合同是否合法、是否与招标实情相符，保证采购的公开、公正、公平和透明。使用部门和采购部门的主管校领导要作终点把关，并签署审批意见。最后，采购部门的负责人才能以法人授权代表的名义签署正式合同。

9. 建立健全集体考察制。重大货物招标前，应由主管校领导、采购者、使用者、监督者等相关人员组成集体考察小组，对报名的投标商进行全面深入考察。条件具备时，应对所有报名商进行考察，如果限于人力、财力、时间等因素，可重点考察或选择分布比较集中的几家进行考察，具体考察其资质、工艺、管理、质量、实力、知名度等，写出考察报告，向校领导和评标专家汇报以便选择最佳供货商。在合同执行过程中，也可到生产厂家实地考察，监督货物的原料、生产、装车等过程。

10. 建立健全干部轮岗制度。采购岗位处于风口浪尖，极易成就人也极易毁灭人。一方面，从事采购的教工要坚持原则，谨慎从事。另一方面，党组织也必须采取多种措施爱护干部。为了保护干部，防止干部因长期从事采购工作无暇巩固法纪意识，增强干部的拒腐防变能力，防止形成不正当关系网，影响到采购的公开、公平、公正、透明，要对采购干部和普通员工实行定期轮岗。采购负责人任期以2—4年为宜，到期后必须调离，新任命的职位不宜与采购工作有较多的接触，以免影响到新任采购负责人的工作。一般员工可从事2—6年的采购工作，工作期间应服从上级，有义务有责任帮助新领导尽快熟悉业务，提醒其疏漏、不足之处，新领导应虚心学习。一般员工与负责人之间的更替应能保证采购工作的连续性，不宜采取"整体搬迁"方式。尽管如此，对采购部门干部职工的任期规定，还是会导致出现种种短期行为或近视行为。采购人员要么会出现利用职权捞一把或送人情行为，要么会迁就某些工作和同事，做老好人，不敢坚持原则，任期届满时顺利走人，要么不能或不愿创新、改革工作；采购部门的主管领导，也会有意无意地认为反正你在这里干两年就走了，你就多干点，荣誉、福利少得点，可能会压榨式、剥削式地使用干部员工。

俗话说"铁打的营盘流水的兵"，而铁打的营盘正是一轮又一轮流水一样的兵铸造的。通过制度的刚性和采购人员的忠诚、智慧，一定能为高校采购到物美价廉的商品，并且在社会上树立起高校公正、廉洁的崇高形象和口碑，同时培养出一批优秀干部。

11. 建立健全物资验收制度。一定要反复强调验收意识和制度，尤其是对重大的仪器、设备和事关全体教职工利益的货物，必须做到牢把质量关，严格执行验收程序。货物到达学校后，采购部门应组织使用单位、评标专家、纪委监察人员、货物管理方等对货物进行验收。验收的依据是招标文件、投标文件、质疑表、合同、样品、相关标准、运单等，依次验收货物的数量、包装和质量，有时还要安装、调试并运行一段时间后作二次验收。在此强调五点：采购部门只严格履行程序，组织验收，货物的质量由专家及使用部门确定，应由专家填写验收结果、验收发现的问题并签字负责，使用单位要填写供货方安装调试情况和使用、初验情况，并签字盖章，供货方要填写供货（含安装、调试、运行）情况，并签字盖章，最后，采购部门综合上述三方意见，以专家意见为基础，代表学校签署验收意见。所有到场人员都应严把质量关，有权发表意见，并签字或盖章。验收后，应及时办理固定资产入账、办管理卡片等。

12. 建立健全民主集中制。为了保证采购工作的公开、公正、透明，保证采购决策的贯彻执行，必须从制度上保证每次采购都至少有三个人参与，集体研究，强调不以最低报价中标原则，实行实名投票决策，少数服从多数，有不同意见可以保留，但必须无条件执行决议。

13. 建立健全党管干部、三权制衡的用人制度。应高度重视采购队伍建设工作，从采购部门的主管领导到普通工作人员，都应由党组织进行层层考核、仔细遴选，选择那些原则性强、立场坚定、年富力强、懂业务、认真负责、擅长协调的干部员工从事采购工作，并且注意他们在专业、性格等方面的相容性。

为保证采购工作高效高质地进行，必须形成一套保障机制。组织部门负责干部的考核、选拔、任命，纪委、审计、监察及采购部门主管领导协助组织部门考核，监督采购过程，采购负责人全权进行采购。

14. 建立健全"支部建在连上"制度。虽然高校采购工作千头万绪、事务繁忙，但必须定期开展党组织活动，要求党员参加党员生活会，经常学习党的政策、文件等，进行职业道德教育，筑牢思想道德防线，提高拒腐防变的能力，廉洁自律，奉公守法。这样可以使党组织及时掌握采购动态，因地制宜地开展党建工作。

15. 建立健全党风廉政建设责任制。要严格执行《中共中央纪委关于严格禁止利用职务上的便利谋取不正当利益的若干规定》，坚持党委统一领导、党政齐抓共管、纪委组织协调、部门各负其责、依靠群众支持和参与党风廉政建设责任制的领导体制和工作机制。党政"一把手"要负总责，其他领导成员各负其责，一级抓一级，层层落实的责任体系。实行党风廉政建设目标责任管理，签订"党风廉政建设责任目标书"和"廉政承诺书"，认真落实责任追究制度，加大对重点部位、重点环节的监督力度。

16.建立健全培训制度。要对新、老采购人员进行培训，并使之制度化。采用多种手段与方法，培养一批懂市场、知产品、精采购、通法规的高素质专业采购人才。培训的内容应包括：部门概况、职业道德、工作流程、工作纪律、招标投标等相关采购法律法规、与相关部门的关系、经济合同（草拟、谈判、签订）、采购技巧、主要物资或大宗物资的专业知识、财务管理，等等。培训时机可以是在新人上岗之前，也可以每年定期培训，也可以选择在工作淡季。培训方式可以是到高校学习相关专业或课程，也可以参加相关政府部门或协会组织的培训班，也可以是本校专门组织的培训，还可以采取担任领导助手、到采购部门轮岗等方式。重点岗位所在的部门领导要切实负起对工作人员的教育职责。

还要建立健全招标书草拟、审批、出售、咨询、更正制度和客户管理制度，建立健全采购工作流程，改变官商习气和买方市场的买方姿态等。此外，要充分重视和发挥党建工作在高校物资采购中的作用，从两方面围绕党建保障采购工作。一是加强思想教育和业务培训，树立"服务"和"保证"观念；二是努力营造反腐倡廉、廉荣贪耻的文化氛围。

倡导高校"阳光"采购，拒腐防腐，不仅有利于提高工作效率，更好地为教学、科研服务，还能树立各高校的良好形象，促进各高校的财政改革，节约支出，最终有利于各高校的不断发展壮大。

5.2 商品采购流程制及其推广

笔者曾在《高校阳光采购制度保障分析》一文中指出，为保证高校真正做到阳光采购，必须依次建立健全以下规章制度：采购申请（计划）和审批制度，分类采购和采购信息发布制度，报名厂商资格审查制度，财务制度，集体考察制，标书和合同会签制度，评标专家制度，民主集中制，评标程序和监督制度，干部员工轮岗制度，商品验收制度，党管干部、三权制衡的用人制度，"支部建在连上"制度，党风廉政建设责任制等。笔者在此就建立健全采购工作流程等问题做深入探讨。

5.2.1　建立健全采购流程制的意义及高校商品采购的特点

5.2.1.1　建立健全采购流程制的意义

我国进入高等教育大众化阶段后，各高等院校迅速发展，教职工人数、在校生数量大幅度地扩大。同时，各高校都在想方设法提高办学质量和档次，增强自身竞争实力，以实现科学发展。为了提高吸引力，改善工作和学习条件，各高校明显加大了基础建设和其他硬件建设，使得物资采购的数量、金额、频度、范围空前加大。而近年来查处的高校违法违纪类经济案件，大多源于学校的基础建设和大宗商品采购。采购工作作为高校经济活动的"关键岗位"、"对外窗口"和"职能部门"，成为一些不法商人行贿、进行权钱交易的目标。

制度建设是规范采购工作的重要基础，是防腐反腐的重要保证；制度建设更要立足于防腐而非治腐，更要立足于保护和培养干部。《中共中央关于加强和改进党的作风建设的决定》指出："建立结构合理、设置科学、程序严密、制约有效的权力运行机制，保证权力沿着制度化和法制化的轨道运行，是防止以权谋私的根本举措。"要建立健全采购工作的内部操作规程，并按照相互监督、相互制约、相互分离的原则，对商品采购的职能进行分解，做到申请者、审批者、信息发布者、决策者、采购者、监督者、签约者、验收者、记账者、付款者、审计者、使用者、保管者环环相扣，各负其责、各司其职，密切配合，明确各个岗位的职责和权限，制定职位说明书，逐步建立起一套有效、便利、管用、有约束力的防范腐败的采购机制。

5.2.1.2　高校商品采购的特点

由于高校属于事业单位，绝大部分资金来自政府财政拨款，属于事业单位，同自主经营、自负盈亏的企业相比，各自的经营管理有质的区别。为防止高等院校的商品采购出现腐败行为，引导采购工作的公开、公正、公平和高效，必须建立健全一系列规章制度，从制度上加以约束、规范和保证，并且加强思想教育和业务培训，充分重视和发挥党建工作的作用。

高校作为先进科技的探索者、知识的传播者、服务社会的先行者，理应在各方面成为榜样，树立典范。所以，高校的商品采购工作，既要高效有序，还要防止

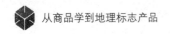

腐败，以保证该项工作和该部门的可持续发展，从而为企业、政府等各类机构的采购工作提供示范。

5.2.2 流程制和项目制的特点比较

5.2.2.1 商品采购的分类

根据商品采购的数量、金额和紧急程度，一般可以分为比价采购、议标采购和招标采购等，但无论采取何种方式，都必须设计或制定好一套科学合理、各有分工、互相制约、权责分明而又高效透明的采购流程，以保证学校的利益和声誉、保护和培养干部、维护商家合法权益。为保证采购工作的公开、公正、公平和透明，在保证效率的前提下，应采用流程制，不宜以提高效率为名搞项目制。

实行采购流程制，必须坚持按制度办事：不见到前一环节的负责人的签字不进行本环节工作，做到不越权、不拖延。分工时，宜按照采购负责人、一般工作人员进行分工，采购负责人应亲自抓重大的、涉及外部门（外单位）的事项，并检查其他人的落实情况及进度。

5.2.2.2 流程制和项目制比较选择

流程制是把每个采购任务按照采购过程的先后顺序分成若干环节，把各环节的工作分解到各部门、各岗位、各个人，环环相扣、密切配合并互有制约。其优点是分工细致、相互制约、能有效预防违纪违法行为。不足之处是效率较低、容易产生推诿扯皮。

项目制是把每个采购任务交给某个部门甚至是某个人，由其全程全权负责采购。其优点是直接责任到人，能调动起主观能动性；其缺点是失去了必要的外部监督，很容易产生违纪行为。

5.2.3 我校采购工作的经验总结

我校采购科从 2004 年 3 月成立至今，在学院领导的指导下，与纪委、监察、财务以及各使用部门精诚合作，采购工作一直是坚持原则、坚守程序、紧张而高效地开展。采购科主要职责是：负责组织校内仪器设备、教材、图书、基建材料、学生用品、办公家具及其他物资的招标、采购、验收等工作，指导、监督各使用单位的零星采购工作。我们充分重视和发挥党建作用，各项规章制度从无到有逐步建立完善起来，建立起了广泛稳定而常新的客源，对外合作和联系逐步频繁，保证了全校教学、科研和基本建设的顺利开展。

我校根据长期实践经验，结合上级相关文件规定，采购金额在 3000 元以下时，由使用部门自行采购，也可委托采购科进行采购；采购金额在 3000 元—10000 元时，由采购科会同使用部门、纪委等进行比价采购；采购金额在 10000 元以上时，由采购科按照规定程序进行招标或者议标采购。

5.2.4　我校比价采购的业务流程

笔者曾经担任过我校的采购科科长，主持或参与了上百次关于教学仪器、图书、办公用品、基建、政府采购等商品的招标议标采购和比价采购，独立设计草拟了 40 多份大型采购的招标文件，与 800 多家厂商建立了业务联系，整理了我校 3 年来上百次大型采购的资料并存档保管，对商品采购有丰富的实践经验和深刻体会。

经过理论学习、长期实践和调查研究，笔者设计出比较科学而且已经开始实行的我校比价采购的业务流程，流程如下（参见附表）：使用部门（采购需求方）提出采购申请报主管校领导批准后提交到采购科，联系 3 家以上厂商要求报价，报价单应注明货物的生产厂商、规格型号、单价、到货期、保质期等（我们要求所有供货商都要提供送货上门、安装等），采购科对报价单进行对比后选择优质低价者为供货商，双方经协商一致后签订合同（签约前，学校的各级相关领导要对合同进行审查签字，我们称为合同会签，完成所有签字后采购科才可以正式与供货商签约），货物按照规定时间运到指定地点后，采购科会同使用部门、纪委、供货商等进行验货，安装运行后填写验收表，各方如对商品质量无异议就应按照合同办理付款事宜（付款时要留 5% 左右的质保金，质保期由双方协商），使用部门还要办理资产登记手续。

5.2.5　我校招标采购和议标采购的业务流程

笔者设计的我校招标采购和议标采购的业务流程如下（参见附表）：采购科收到使用部门上报的经过领导审批的采购申请后，发布纸质或者网上招标公告，公告发出之后还可酌情通知几家客户，在客户登记报名时对其资质进行审查，同时在使用部门的配合下制作招标书，由采购主管部门、使用部门、财务部门、纪检部门以及上述各部门的主管校领导对标书进行审查签字（该标书要存档保管），采购科根据以上各部门的会签意见进行修改，然后根据报名情况打印装订，通知报名厂商购领标书，可以选择从报名到开标前的某段时间对报名厂商进行实地考察，纪委在开标当日或提前 1 天抽取并通知评标专家，采购科在开标前应进行繁重的会务准备，例如会场卫生、评委评标书、多媒体、投标样品摆放、统计投标商到场情况等，提前通知财务部收取投标保证金，开标时要有 1 人负责记录、1 人填写质疑表和中标确认书、1 人唱票、1 人计票、1 人监票，评标结果公布后采购科应保留中标厂商的投标书和样品、通知财务部保留中标商的投标保证金、退回落标厂商的保证金，会后由采购科与中标商根据招标书、投标书、质疑表等商谈草拟合同，合同书要与招标书一样经招标方各级相关部门审查签字后，采购科才可正式与中标商签约。之后各采购环节同比价采购类似，不同之处有两点：一是验货时还需通知评标专家参与并签字，二是质保期较长，一般为 1—3 年。

5.2.6　结语

在采购工作中，我们认识到，建立健全各项规章制度，规范并坚持采购工作流程制，建立健全招标书管理制度，改变官商习气和买方市场的买方姿态，加强思想教育和业务培训，树立"服务"和"保证"观念，不仅能有效地拒腐防腐，保护和培养干部员工，还能树立各高校的良好形象，保障高校的健康发展。

但是，我们也认识到，制度不是万能的，制度化管理容易导致工作僵化、效率低下、人浮于事、作风官僚、缺少人情味等等致命缺点。所以，应围绕党建做好以下几个方面的工作：摒弃地方主义和部门主义，树立全局观念；努力营造反腐倡廉、廉荣贪耻的文化氛围；重视业务培训，提高服务技能；改变官商习气和买方市场的买方姿态，等等。

本文和笔者的另一文章《高校阳光采购制度保障分析》（见《中国物流与采购》，2008 年 12 期）相辅相成，以科学发展观和党建理论、市场营销学中的分销策略、管理学中的制度化管理和人员配置理论、商品学中的现代质量观和商品检验理论、商务谈判中的要约及签约等为指导，运用调查问卷、客户访谈、案例研究等方法，对大量一手资料进行归纳分析，根据高校物资采购的特点，按照其工作流程，设计了一整套科学、系统、规范的规章制度，可操作性强，具有较大的应用和推广价值；本文不仅对高校，而且对企业、政府的物资采购工作也具有指导和参考价值，有利于企业和政府的制度建设、保护和培养干部、拒腐防腐、提高工作效率，有利于树立良好形象，实现健康发展。

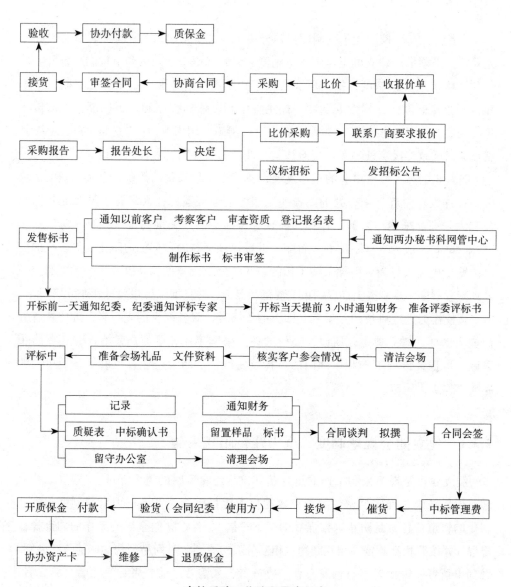

高校采购工作流程及责任者

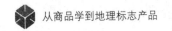

5.3　再谈商品采购与防止腐败

笔者曾在《高校阳光采购制度保障分析》一文中指出，为保证高校真正做到阳光采购，必须依次建立健全以下规章制度：采购申请（计划）和审批制度，分类采购和采购信息发布制度，报名厂商资格审查制度，财务制度，集体考察制，标书和合同会签制度，评标专家制度，民主集中制，评标程序和监督制度，干部员工轮岗制度，商品验收制度，党管干部、三权制衡的用人制度，"支部建在连上"制度，党风廉政建设责任制等。现对该文未涉及的其他问题做深入探讨。

随着我国高等教育事业的迅速发展，各高校商品采购的数量、金额、频度、范围空前加大。而近年来查处的高校违法违纪类经济案件，大多源于学校的基础建设和大宗商品采购。采购工作作为高校经济活动的"关键岗位"、"对外窗口"和"职能部门"，成为一些不法商人行贿、进行权钱交易的目标。为防止高等院校的商品采购出现腐败行为，引导采购工作的公开、公正、公平和高效，必须建立健全一系列规章制度，从制度上加以约束、规范和保证，并且加强思想教育和业务培训。

高校作为先进科技的探索者、知识的传播者、服务社会的先行者，理应在各方面成为榜样，树立典范。所以，高校的商品采购工作，既要高效有序，还要防止腐败，以保证该项工作和该部门的可持续发展，从而为企业、政府等各类机构的采购工作提供示范。

5.3.1　建立健全规章制度，全力践行阳光采购

制度建设是规范采购工作的重要基础，是防腐反腐的重要保证，"建立结构合理、设置科学、程序严密、制约有效的权力运行机制，保证权力沿着制度化和法制化的轨道运行，是防止以权谋私的根本举措。"要建立健全采购工作的内部操作规程，并按照相互监督、相互制约、相互分离的原则，对商品采购的职能进行分解，做到申请者、审批者、信息发布者、决策者、采购者、监督者、签约者、验收者、记账者、付款者、审计者、使用者、保管者环环相扣，各负其责、各司其职，密切配合，明确各个岗位的职责和权限，制定职位说明书，逐步建立起一套有效、便利、管用、有约束力的防范腐败的采购机制。"阳光采购"在此是指一切具有拒腐防腐、节约资金、公开、公正、公平、规范、透明、高效等特点的采购行为。

笔者在此补充探讨以下四个问题。

5.3.1.1　建立健全招标书草拟、审批、出售、咨询、更正制度

采购部门在接到采购申请（计划）或发布招标公告之后，就应该会同申请采购方（一般都是未来的使用方）进行标书的起草工作，并于3—7日内完成。具体分工是：采购部门负责起草并执笔，对商务部分负全责；申请采购方提供技术要求，对技术部分把关并负全责，积极配合采购部门的工作。标书草拟成稿并打印后，须在封面附（粘贴或装订）招（议）标文件会签表，请各相关部门和领导审阅、修改和签批（会签的具体程序和要求详见"建立健全会签制度"），并保管好该会签文件。采购部门综合领导的审批意见，修改之后形成招标文件定稿。在报名截止日后，根据报名厂商数量相应打印出标书若干份，可多打印2—3份，其中1份存档备查，其他应付特殊情况（如不慎丢失等）。要向报名厂商收取一定的标书费，主要目的是为了防止某些报名厂商盲目报名，最后不参加招标会，或者防止报名厂商把标书送给别人，加大了采购部门的工作量，徒耗精力。当出现紧急情况时，可通过E-mail发放电子标书，确保客户有充足的时间制作投标书。强调一点，为保护招标方商业秘密和标书制作者的劳动成果，在正常情况下不要向任何人提供标书的电子稿。

标书发放之后，应有专人回答购买标书的客商的问题。采购部门不能回答的，应请客商就问题提交书面材料，由相关人员回答。确实需要修改标书时，必须由相关部门提交修改意见的书面材料，由部门负责人签字并加盖公章，采购部门据此修改标书、通知厂商并存档备查。

5.3.1.2　建立健全客户管理制度

高校的发展离不开社会各界尤其是工商企业的帮助，特别是重大建设时更需要众多客户的积极参与和支持。要长期不懈地耐心建设客户信息库，热情接待每一位新客户（上门者、来函者、来电者），主动到市场上寻找新客户，定期或不定期与客户沟通，积极通过互联网拓展客源和求证产品、客户信息，筛选和优化供货商。在招标决策时，既要充分考虑和照顾那些实力强、信誉好、产品质量高、和学校长期合作、对学校有突出贡献的客户，又要防止老客户形成垄断或者形成关系网，不利于保证采购工作的严肃性和中标货物的质量。应积极挖掘、扶持潜在的供应商，保证有多条供货来源，以免受制于人，或者避免学校资金特别紧张时一家供货商无力承担的局面。特别是对于教材这样事关重大、影响全面的采购，更应注意不要"把所有鸡蛋都放在一个篮子里"。采取多家供应、重点扶持的供货渠道策略。对于大宗采购，可以分别向三家供货商采购60%、30%、10%；对于

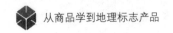

小额采购，在保证质量和价格的前提下，可以交替采购3—4家供货商的产品。这样能规避校方风险，比较各个供货商，使供货商展开竞争，提供更好的质量、服务或者降低商品价格，进一步做好供应工作。

5.3.1.3　建立健全采购工作流程制

为保证采购工作的公开、公正、公平和透明，在保证效率的前提下，应采用流程制，把各工作按环节分解到人，各部门、各岗位之间环环相扣、密切配合并互有制约；不宜以提高效率为名搞项目制。规范详尽的采购工作流程见附图所示。附图中的各个工作环节，宜按照采购负责人、一般工作人员进行分工，采购负责人应亲自抓重大的、涉及外部门（外单位）的事项，并检查其他人的落实情况及进度。

5.3.1.4　改变官商习气和买方市场的买方姿态

近年来，大部分商品交易都是买方市场，买方在交易中处于绝对主导地位，会有意无意地作出一些令卖方为难的表现，例如：不能热情接待客户尤其是上门访问的新客户；不愿主动调研市场；"霸王条款"不可更改；付款条件苛刻依然不能按期足额付款，一拖再拖，失信于人；一些本该买方自己做的举手之劳的事情（如搬运家具等），却要客户派人大老远过来帮忙；长期扣押投标保证金；让客户办理本该采购（或使用）部门办理的手续，各部门相互推诿、踢皮球，客户四处求爷爷告奶奶无所适从；长期解决不了问题，抬高了客户的商务成本；对客户大呼小叫，气势嚣张；逢年过节只会躲着客户走，不会主动问候客户和债主，哪怕是发个短信。高校教工被外界视为高素质的知识分子，应避免或禁止出现这些行为。应有做一次买卖交一个朋友的理念，树立长期共处、多方共赢的思想，彻底改变"客户跑来跑去，领导批来批去，部门转来转去，开会议来议去，客户最后哪来哪去"的状况，急客户所急，想客户所想，使客户有信赖感。

5.3.2　加强思想教育和业务培训，树立"服务"和"保证"观念

我校采购科从2004年3月成立至今，在学校领导的指导下，与监察、审计、纪委、财务以及各使用部门精诚合作，采购工作一直是坚持原则、坚守程序、紧张而高效地开展。采购科主要职责是：负责组织校内仪器设备、教材、图书、基建材料、学生用品、办公家具及其他商品的招标、采购、验收等工作，指导、监督

各使用单位的零星采购工作。我们充分重视制度化管理，各项规章制度从无到有逐步建立完善起来，建立起了广泛稳定而常新的客源，对外合作和联系逐步频繁，保证了全校教学、科研和基本建设的顺利开展。在采购工作中，我们认识到，制度不是万能的，制度化管理容易导致工作僵化、效率低下、人浮于事、作风官僚、缺少人情味等致命缺点。所以应围绕采购做好以下几个方面的工作。

5.3.2.1　努力营造反腐倡廉、廉荣贪耻的文化氛围

高校采购工作应立足于教育，着眼防范，从源头上预防腐败。要结合高校商品采购工作的特点，采取多种行之有效的方式，广泛深入地开展正面典型示范教育和反面案例警示教育，同时利用身边的先进事迹和典型案件，引导党员干部发扬党的优良传统，坚定理想信念，牢固树立马克思主义世界观、人生观、价值观、权力观、地位观和利益观，深入开展社会主义荣辱观教育。

深入开展党纪条规和国家法律法规教育，提高法律意识，增强党性修养，教育党员干部应严格遵守党纪法规，开展丰富多彩的校园廉政文化教育活动，大力营造"以廉为荣，以贪为耻"的校园廉政文化氛围。

5.3.2.2　加强思想教育，始终树立"服务"和"保证"观念

高校党建工作的目标是：为中国特色社会主义的办学方向提供根本保证，为以教学科研为中心的学校发展大局提供优质服务。高校党建工作的出发点和归结点，就是要为学校的改革、发展，为培养人才、知识贡献和实现预定的办学目标提供强有力的思想组织保证或卓有实效的服务。因此，高校党建工作必须确保采购工作的开展既平稳有序，又健康发展，与时俱进。

"服务"与"保证"要改变仅仅就党建而抓党建的做法，要紧紧围绕学校、各院系（部）、各使用单位的根本任务和中心工作来组织、开展党的活动，使党组织的工作积极、主动、有机地渗透和结合到本单位的中心工作中去，而不是游离其外。要以本单位管理服务的业绩，作为衡量党组织工作成效的重要标准。

5.3.2.3　重视业务培训，提高服务技能

要对新、老采购人员进行培训，并使之制度化。采用多种手段与方法，培养一批熟悉产品、了解市场、精通采购、知法守法、严谨敬业、热情待客的高素质专业采购人才。在培训过程中，重点岗位所在的部门领导要切实负起对工作人员的教育职责，以防腐倡廉为基础，以业务技能的培训为重点，注意培训内容的全面

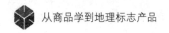

性、培训时间的灵活性、培训方式的多样性、培训目标的实用性，重视新老人员的互补性。

要培养和强化一个思想：把采购工作当成一项事业来做。采购工作同样可以做到高尚、神圣，同样可以服务育人，同样可以为社会培养造就高素质紧缺人才。

5.3.3　结语

建立健全各项规章制度，规范并坚持采购工作流程制，建立健全招标书草拟、审批、出售、咨询、更正制度，改变官商习气和买方市场的买方姿态，加强思想教育和业务培训，树立"服务"和"保证"观念，不仅能有效地拒腐防腐，保护和培养干部员工，还能树立各高校的良好形象，保障高校的健康发展。

本节和"高校阳光采购制度保障分析"一节相辅相成，以市场营销学中的分销策略、管理学中的制度化管理和人员配置理论、商品学中的现代质量观和商品检验理论、商务谈判中的要约及签约、科学发展观和党建理论等为指导，运用调查问卷、客户访谈、案例研究等方法，对大量一手资料进行归纳分析，根据高校物资采购的特点，按照其工作流程，设计了一整套科学、系统、规范的规章制度，可操作性强，具有较大的应用和推广价值；本文不仅对高校，而且对企业、政府的物资采购工作也具有指导和参考价值，有利于企业和政府的制度建设、保护和培养干部、拒腐防腐、提高工作效率，有利于树立良好形象，实现健康发展。

5.4　构建商品采购的防腐机制研究

5.4.1　建立健全规章制度，全力践行阳光采购

制度建设是规范采购工作的重要基础，是防腐反腐的重要保证，《中共中央关于加强和改进党的作风建设的决定》指出："建立结构合理、设置科学、程序严密、制约有效的权力运行机制，保证权力沿着制度化和法制化的轨道运行，是防止以权谋私的根本举措。"要建立健全采购工作的内部操作规程，并按照相互监督、相互制约、相互分离的原则，对商品采购的职能进行分解，做到申请者、审

批者、信息发布者、决策者、采购者、监督者、签约者、验收者、记账者、付款者、审计者、使用者、保管者环环相扣，各负其责、各司其职，密切配合，明确各个岗位的职责和权限，制定职位说明书，逐步建立起一套有效、便利、管用、有约束力的防范腐败的采购机制。"阳光采购"在此是指一切具有拒腐防腐、节约资金、公开、公正、公平、规范、透明、高效等特点的采购行为。

健全供应商准入制度。严格审查供应商的资格，规定供应商必须具备的条件，对于信誉优良的供应商可以免审资格或者不定期进行审核。对在采购活动中有违法违纪违约行为的，可以列入"黑名单"，视其情节轻重，永久性或在一定的年限内限制其报名资格。还可以实行网上报名，专家对其资质进行考评，然后实地考察，符合条件的列入初选供应商名单。采购部门在收到采购批文后，按照程序在网上发布采购信息，供应商可在全国各地进行异地报价，计算机自动比价排队。通过计算机竞价网络采购，供需双方不见面，改变了传统的采购方式，降低了采购成本，能够实时进行网上招标方式采购，实现了日常化的竞价采购和物资采购的全天候竞价；避免了采购的人为因素和随意性，使不正当竞争得到有效控制。

5.4.2　加强思想教育，树立"服务"和"保证"观念

制度不是万能的，制度化管理容易导致工作僵化、效率低下、人浮于事、作风官僚、缺少人情味等致命缺点。所以，应做好以下几个方面的工作。

5.4.2.1　努力营造反腐倡廉、廉荣贪耻的文化氛围

采购工作应立足于教育，着眼防范，从源头上预防腐败。要结合商品采购工作的特点，采取多种行之有效的方式，广泛深入地开展正面典型示范教育和反面案例警示教育，同时利用身边的先进事迹和典型案件，引导党员干部发扬党的优良传统，坚定理想信念，牢固树立马克思主义世界观、人生观、价值观、权力观、地位观和利益观，深入开展社会主义荣辱观教育。为此，要重视和发挥党建工作在商品采购中的作用，加强思想教育，始终树立"服务"和"保证"观念。要培养和强化一个思想：把采购工作当成一项事业来做。

5.4.2.2　摒弃地方主义和部门主义，树立全局观念

实行集中采购具有以下优点：可以统筹规划物资设备，提高利用率；有利于对采购活动进行更有效的控制，规范采购程序，提升专业技能，提高工作效率，可

以节约采购成本、实现规模效益；可以避免各自为政，减少各部门在人力、物力、财力、时间等方面的重复劳动和无谓浪费，发挥规模优势；可以对供应商进行有效管理，保证商品质量、交货期和售后服务。所以，设置专职的采购部门是加强管理的要求和趋势。

实行集中采购，必然要触及某些部门的既得利益，遇到来自各个方面的阻力。没有实行集中采购制度前，采购需求单位自主采购本部门使用的物品，有较大的权力去选择供应商、交货期、商品价格、商品档次等，可以比较随意地更换供货商、采购标的等；实行集中采购制度后，大部分商品的采购由职能采购部门执行，极大地"侵犯"了需求单位的部门利益。有的需求部门会认为采购部门是来夺权的，可能对采购部门有抵触情绪。他们希望提高自主采购的限额标准，缩小集中采购的范围，或者变集中采购为分散采购，尽可能维护自己对商品的采购权。

相反，还有一些需求单位，把本部门自主采购当作包袱和负担。一旦实行集中采购制度，他们把包袱甩得干干净净，不提前提供采购计划，不提供详细、确切的采购申请，随意变更采购内容，不配合采购部门制作标书、验收货物或办理货款等，他们想当然地认为采购部门应该是无所不通的专家、应该有充分的时间、精力和能力服务到位，自己只管使用就行了。这些需求方或者使用方俨然成了"甩手掌柜"。

以上种种思想和行为，多是部门主义和地方主义在作怪。应该借鉴全面质量管理理论，对商品采购实行全面的、全员的、全过程的管理。各部门应以高度负责的主人翁精神，服从所在组织的长远发展的大局，与采购部门密切配合、协调发展，实现综合效益最大化。

5.4.2.3　重视业务培训，提高服务技能

要对新、老采购人员进行培训，并使之制度化。采用多种手段与方法，培养一批熟悉产品、了解市场、精通采购、知法守法、严谨敬业、热情待客的高素质专业采购人才。通过培训，使他们不仅熟悉采购的工作流程、各项法规、制度和政策，而且掌握招标投标、商品学、市场调查、财务管理、会计核算、商务谈判、电子商务、经济法、国际贸易等方面的理论知识和专业技能。加强采购人员的职业道德和思想道德教育，培养他们的敬业精神、工作责任感、事业心、荣誉感。在培训过程中，重点岗位所在的部门领导要切实负起对工作人员的教育职责，以防腐倡廉为基础，以业务技能的培训为重点，注意培训内容的全面性、培训时间的灵活性、培训方式的多样性、培训目标的实用性，重视新老人员的互补性。

第六章　商品经营的方向

导读：在商品经营过程中，如何预测市场行情、前瞻行业发展趋势和竞争态势，成为工商企业成败得失和区域经济布局的关键。本章以《洛阳工业应走可持续发展之路》《定位与共生——乡镇企业和民营企业的必由之路》和《中国大宗进口商品价格变化对 CPI 的影响——以粮食、原油和钢材为例》等三节内容阐述了如何通过市场分析与预测、市场定位、名牌战略、共生多赢等成功经营、有效管理。

6.1　洛阳工业应走可持续发展之路

洛阳是新中国成立后建设发展起来的老工业基地，工业在全市国民经济中具有举足轻重的作用，为全市、河南省乃至全国经济的发展做出过突出贡献。虽然近年来工业也有很大发展，但工业经济运行中还存在许多问题：洛阳工业在国内的优势地位正在逐步丧失，大型企业在全国及同行业中的优势地位受到严峻挑战，优势行业的经营优势在逐步丧失，中小型工业企业和大型企业同构性矛盾依旧，多数仍在困境中挣扎或在无序的竞争环境中艰难爬行，民企与乡企的总体状况是"铺天盖地不够，顶天立地没有"；产品结构调整有待向深度发展，争创名牌的意识亟待提高，重复建设现象不断，环境污染问题严重，可持续发展受到干扰，等等。这些都应引起我们的高度关注并认真研究，为洛阳工业再创辉煌出谋划策。

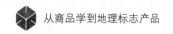

6.1.1 坚持可持续发展战略，推动经济、社会健康发展

可持续发展是我国的基本国策。它要求正确处理经济发展同人口、资源、环境的辩证协调关系，走经济增长、社会发展、生态平衡、人民生活质量提高的道路。在经济增长上既要追求量的增长，更要注重质的提高，摒弃传统的"高投入、高消耗、高污染"的增长模式，经济增长不能以牺牲生态平衡和环境质量为代价，我们不仅要为当代人着想，而且还要为子孙后代的生存发展考虑。

结合洛阳市环境质量尤其是大气质量恶化的现状，从长远考虑市区中西工区和老城区的绝大部分工厂应作好移出市区的准备。鉴于目前的财力状况，市区的工业企业尚不可能在短期内搬迁，但对有严重污染的企业一定要督促其做好"三污"的处理工作，限期整改，达不到要求的应勒令停产整顿。环境监测部门应切实履行自己的职责，不能为了个别企业的经营而损害全社会民众的利益。

在上新项目，或外地转移来的项目时，应特别注意是否高污染项目。凡高污染项目，即便可望获得高收益，也要有拒之门外的气魄。对于一般污染的项目，对于污染的处理投资一定要和项目投资同步筹集和开工。治污项目未完工检验达标的，不应允许项目正式投产。

可持续发展不仅仅是指市区，各县乡也是一样，也应保持同样的警觉性。社会发展的步伐很快，相信县乡和农村的居民也会很快认识到优美环境的可贵。如果到那时再着手治理，付出的代价定让人吃惊和悔恨的。

6.1.2 加快观念更新的步伐，搞好现代企业制度建设

在观念更新中，政府及其领导人的意识、观念、行为是最为重要的组成部分。因为在"官本位"思想意识还相当严重的中原地区，政府及领导人的意识和行为对民众的影响是直接的、起决定作用的。只有政府及领导人的观念率先更新，才有可能做好对群众的宣传教育与引导工作。前些年虽然我们曾长时间地提到过观念更新，但收效甚微，是与领导的垂范作用分不开的。

1993年党中央明确地提出了国企改革的目标是建立现代企业制度。十年来，我市的国有大中型企业中的绝大多数从名义上都已改制成了有限公司或股份公司，实际上并未真正实现"产权明晰、权责明确、政企分开、管理科学"。

企业的制度建设绝不是一种名称的更换，它涉及到企业的产权性质与归属，也决定着企业生产经营过程中员工间的关系、分配制度，更重要的是还直接影响着

企业的经营机制。我们绝不能忽视现代企业制度的建立和完善工作。

目前资产管理的行政化造成了资产经营者选择方式的行政化，被选择的经营者首先需要考虑的不是对资产所有者的资产增值保值负责，而更多的是要考虑对有权选择他的人负责，造成了企业经营者职责的严重扭曲。由于政企无法真正分开，企业的职责明确也无法真正落实。国有企业以及绝大部分的集体企业的经营者直到目前，实际上是只负盈不负亏。在我市那么多公有制企业由于经营决策不慎而造成的经营性亏损很少听说有个人负起责任的。由于企业经营者的相当一部分精力用在了对有权选择他的人负责，为了给其争光，要突出政绩，行为表现方式只能是短期的，很少有长期战略发展打算，管理的科学性也就无法实现。总之，目前我国在由政治社会向世俗社会过渡的阶段，政治文化的色彩依然十分浓厚，这种缺乏法律传统的文化，对于需要由法律体系严格约束的现代企业制度建设和完善是相悖的。

6.1.3　冲破行政性地区分割，以利益为纽带，走区域经济共同发展之路

洛阳要打造现代制造业基地，必须根据市场环境和本地区的资源优势认真选择自己的有可能成为优势的产业并大力去培育。一是培育龙头企业，使其在全国同行业的地位突出；二是组织好产业的配套体系，形成良好的专业化协作氛围。如果培育成功，它将会和土地这种不动产一样很难撼动，成为本地非常稳定的优势。美国的底特律和日本的名古屋之所以能成为世界汽车制造业的中心，其原因即在这里。

洛阳在河南省众多城市中的地位仅次于省会郑州，将其称为一个区域经济中心绝不为过。但按洛阳目前的实际来看，称为中心确实有些牵强。因为经济中心的最大功能是辐射作用，现在的洛阳经济勿说向别的行政区划辐射，就是向本市的下属县（市）的辐射能力都很弱，使许多优势产业都逐步失去了在国内的原有优势。如洛拖原本是全国农机行业的龙头老大，但是却没能带出一个全国农机生产的中心基地；春都公司曾占据了全国火腿肠生产销售的半壁江山，但是却没有带出一个全国肉食快餐生产的基地；洛阳的名胜古迹无数，现在却变成了郑州旅游圈的一日游景点；原来在全国闻名遐迩的关林市场，现在的知名度以及对周边地区经济的影响早已没有了昔日的辉煌，并在继续衰落；小浪底水库建成后，旅游景点和旅游项目的开发，本应和三门峡、济源等地共同协调开发，使资源达到最优配置从

而发挥最大效用。但是此举进展困难，连本市的两个县也不能很好协调合作。又如在发展煤电铝产业中，同属洛阳管辖的两个县井水不犯河水，甚至连炭素也都是各搞各的。

为了促进洛阳及周边地区经济的快速发展，使洛阳真正成为名符其实的区域经济中心，应该坚决撼动行政区域壁垒，以利益为纽带，积极追求区域间生产要素和资源的合理重新配置与整合，目标是区域经济的一体化，充分发挥区域内资源的整体优势，形成特色经济。在这项创新实践中，洛阳市应带个好头，主动和周边的市、县（包括邻省的）沟通，表示合作的意向。

6.1.4　优化洛阳工业的产业组织结构，形成有效的分工协作关系是提高洛阳工业整体运行效率的重要途径

发展现代制造业必须搞社会化大生产，建立专业化协作的分工体制。发达国家的大型制造业企业都有许多中小企业为之进行配套生产，像日本丰田公司，在日本从横滨到大阪一线有几百家中小企业为它配套生产；为福特汽车公司协作的企业遍布四大洲的十八个国家和地区，这是跨国公司的产品能以高质量低成本横行世界的原因。洛阳市大企业的零部件自制率太高，且多是本企业自用，不能和其他企业配套，效率低下，是资源的极大浪费，是一种以小农经济的生产方法搞现代制造业的落后模式，成功的概率极小。

搞专业化协作，大企业是关键。首先必须有社会化大生产的观念，认识到这是企业做大做强的必由之路，并下决心使本企业的生产方式转变为专业化协作。接着是对配套厂家的选择，应以距离就近为原则。但现在交通基础设施日益基本具备和完善，选择半径可适当扩大，要打破行政区域观念，不论地区，以优为依据。选择了还应着力培育，小企业素质低，条件差，要使其真正能担负起配套重任就应该对其进行认真培育，从设备、技术、人才等方面给予帮助。大企业为了共同发展的目标做到了诚心诚意合作的姿态，协作关系的建立就有了一多半成功的希望。

中小企业也宜做出相应的诚意回应，尽力使协作得以实现。小企业不能借协作之名，不承担任何义务，将自己的利益完全依托在大企业的慷慨之上，这样的协作即使可以实现，但也维持不久。俗话说得好："两好搁一好"，只有双方都诚心做出最大努力，协作肯定会成功，最终获益的是双方。中小企业还应放弃"宁做鸡头，不做牛尾"的偏见，最好的出路是在"专、精、特"方面下功夫。

此外，装备制造业必须走国际化与自主发展相结合的路径；要重视劳动密集型制造业的发展，推动国有资产合理有效流动；要以信息技术手段为支撑，提升洛阳制造业的整体技术水平。

我们相信，在党中央的正确指引和洛阳市委、市政府的务实领导下，洛阳的工业强市建设一定会取得成功，全面建设小康社会的目标一定会达到。

6.2 定位与共生——乡镇企业和民营企业的必由之路

世界经济发展轨迹和工业化进程史表明，一个国家和地区没有工业化和工业的现代化就不可能有经济的快速良性发展。洛阳市作为新中国成立后重点建设起来的工业基地，其工业在全市国民经济中具有举足轻重的作用，为全市、河南省乃至全国经济的发展做出过突出贡献。但是在 20 世纪 90 年代，洛阳工业却停步不前甚至出现大幅下滑，严重制约着洛阳经济的进一步发展。

进入新世纪，洛阳市委、市政府决心把搞好工业确定为洛阳经济工作的重中之重和振兴洛阳的关键所在，提出"工业强市"战略：坚持"主攻工业"的指导思想，以改革创新为动力，加快工业经济结构优化升级，以提高洛阳工业的整体素质和竞争力，把洛阳建设成为全国先进制造业基地。勿庸置疑，中小企业和乡镇企业在这一战略中应扮演非常重要的角色，发挥其应有作用。但近年来，在洛阳工业经济总体形势良好的同时，中小企业和乡镇企业的发展也存在一定问题，需要引起我们的高度重视，并及早采取相应措施。

6.2.1 现阶段洛阳市中小型工业企业运营中存在的问题

一个地区工业经济的健康发展应该是大中小企业的协调发展，即大型企业带动中小企业，中小企业促进和补充大型企业，也就是大企业强，小企业旺。很可惜，这种局面在洛阳始终未能出现，正像有人形象比喻的：大树底下好乘凉，洛阳的大企业底下庄稼旺。在经营景气时，中小企业钻大型企业的空子；在经营不景气时，大型企业向小企业转嫁危机，可以说，在洛阳始终未能形成大中小企业良性协作共同发展的氛围。

6.2.1.1 中小企业和大型企业同构性矛盾依旧

虽然经过十余年的改革，但计划经济时形成的"大而全"，"小而全"现象至今仍然十分明显地在我市工业经济中遗存。这种"大而全"，"小而全"的结果就是洛阳工业企业间的同构性十分突出，不仅在产品结构上具有相似性，而且在企业内部结构上也十分相近。中小型企业很少有搞专业配套的厂家，几十个人的小企业也在搞成套（台）的产品制造。缺少"小而专"，"小而精"的配套企业，不仅使大企业生产规模上不去，质量无法尽快上台阶，而且造成了市场的无序竞争。

洛阳共有限额以上集体企业 259 家，其中从事机械制造行业的有 69 家，占总数的 27.0%，从业人员占总数的 31.4%，资产额占总数的 25.0%，是仅次于矿产资源开发和金属冶炼的第二大行业。在这些从事机械制造的集体企业中，除了一些国有大中型企业的劳动服务公司依托原来的企业搞一些配套零部件加工业务外，其他的厂家多数都是独立地生产某种产品，相互之间协作配套很少。由于素质低，研发能力缺乏，只能走模仿生产的路径，企业的经营宽度和深度受到严重制约。受体制和机制的约束，目前我市集体企业的产权制度与经营模式的改革已到了非改不可的地步。但是，由于我市对于中小企业的管理体制尚未真正理顺，致使一些集体企业（尤其是市区及一些厂办的劳动服务公司）目前处于无专门机构过问的状况。如果令这种状况继续维持，集体企业的改革与发展前景让人担忧。

6.2.1.2 民营企业与乡镇企业的发展速度与规模并不理想

近几年，在党中央"必须毫不动摇地鼓励、支持和引导非公有制经济发展"指示精神下，洛阳市委、市政府认真贯彻，积极倡导，我市的民营企业有了一定程度的发展。在城区和县（市）、乡镇，民营企业的举办，以及原有乡镇集体企业改制为民营进展顺利。但是，即便和我省其他地区相比，我市民营企业发展的速度与规模并不理想。这不仅影响了我市总体经济规模在全省的位次与比重，更重要的是影响了我市就业人员的安排和城乡人民群众的生活水平提高。

2002 年，我市民营企业有 130 家的销售收入达到限额以上工业企业的标准——500 万元以上，比 2000 年多了 36 家，增幅达 38.3%。但是和我省其他地区相比，我市民营企业与乡镇企业发展的速度和规模尚有较大的差距。在国家统计局发布的 2002 年大型企业名单中，我省除了一些知名国有企业外，还有像永兴钢铁有限公司、葛天集团公司、南街村集团有限公司、刘庄农工商总公司等一批原来的乡镇企业入围，同时像金冠王码信息产业公司、鑫旺集团公司、华英禽业集团公司、科迪食品集团公司等一批民营企业也榜上有名。但是我们洛阳市的乡镇企业和民营企业尚无一家与此有缘。

乡镇企业和民营企业的发展要经过一个由量变到质变的过程，而洛阳的乡镇企业和民营企业的这种质变过程却显得那么沉重与漫长，给人以久盼不成之感觉。问题出在两个方面：一是乡镇企业和民营企业经营者的观念陈旧，长期小农经济思想束缚仍然在企业经营中发挥着作用，牢牢地守住自己的"一亩三分地"，切防外人进入。也许是中原人经历过太长时期的穷困，一旦获得到一定程度的丰衣足食，就感到无比欣慰，只求现在，不求大，不求长远。再是缺乏正确的引导，这是各级地方政府的责任，党中央的指示精神中也明确地提出要"鼓励、支持和引导"。引导，一方面是要引导民营企业合法、守法经营，不能唯利是图，要按照市场游戏规则开展工商业务；另一方面要引导企业不断地进行企业制度创新，以适应生产社会化、市场国际化的发展趋势。

我们的各级地方政府缺乏必要而恰当的引导，造成乡镇企业和民营企业前进过程中大的波动，不仅浪费了宝贵的资源，还挫伤了民众举办企业的积极性，此种事例不胜枚举。20世纪90年代初期，曾经红火一时的偃师杜楼鞋业生产，90年代中期新安县磁涧乡的铁钉生产，都是有可能做强做大的产业，但是由于缺乏必要、及时、正确的引导和教育，结果成了过眼云烟。

现在兴起的偃师庞村镇铁皮柜生产和早已遍布新安县各地的陶瓷生产，无序竞争的势头正在愈演愈烈。现在庞村的民营企业经营者多数已感到危机的存在，对生产规模的分散和竞争的无序，他们认识到是对自身生存的巨大威胁。不久前英国有要求三个月完成60000台铁皮柜的定货，因庞村镇没有一家企业能保证按期完成，就这样一百多万英镑的出口交易告吹。许多有识之士期盼并呼吁政府能组织有关方面的专家和工作者帮助他们进行企业制度与产业模式方面的创新。可喜的是，在有关部门的关心和帮助下，庞村镇成立了钢制办公家具行业协会，以进行指导和自律。

6.2.1.3 工业产品结构调整有待向深度发展

目前洛阳的工业产品大体可分为四类：基础类工业产品、装备类工业产品、机电装备配套产品和消费类工业产品。我市在前三类工业产品的生产、研发上都有较大或者一定的优势，问题是有些优势未得以保持和壮大，尚未真正转化为经济效益的胜势。

由于我市是一个以重工业著称的工业城市，历来对消费类轻工产品的生产不够重视。在这类品种繁多的工业品生产中，我市除了在纺织和民用摩托车上具有一定的优势外，在其他产品的生产上目前基本上是无优势可言。让人痛心的是经过多年努力好不容易形成的全国最大的肉食品加工基地与"春都"火腿肠品牌，因管理不善等多种因素而毁于一旦。消费类工业品多是群众日常生活必需品，与满足人民群众日益增长的物质文化需求直接相关，对于提高我市消费需求对经济增长的拉动作用意义重大。而且这类工业品多适合中小企业生产，为我市存量资产的结构调整创造了广阔的空间。

6.2.2 指导洛阳市中小企业发展的政策性建议

6.2.2.1 构建完整配套的产业体系，发挥产业优势

近两年经济界和媒体非常关注国际和国内的产业转移问题。从理论上看，随着发达国家和东亚"四小龙"劳动力成本的提高，这些国家和地区的一些产业会向中国转移；随着我国沿海发达地区劳动力成本的提高，这些地方的劳动密集型产业又会向内地转移。实际上国外产业向我国转移早已开始，而且现在仍在继续，这些国外产业及外商投资的落脚地，80%以上仍选择了沿海发达地区。但是，国内产业的梯度转移并没有大规模展开。其原因有二：一是由于劳动力大量流动所致。中西部便宜的劳动力源源不断地向东部流动，使得东部的劳动力成本上升趋势没有公众预计的那么快；二是沿海地区，特别是长三角、珠三角多年来形成了产业聚集的条件，它除了有龙头企业外，还有一大批为之配套的中小企业，整个产业体系建立了起来，形成了稳定的优势。如果要将这个产业体系进行转移，成本是很高的。

洛阳要打造现代制造业基地，除了要根据市场环境和本地区的资源优势认真选择自己有可能成为优势的产业外，还应大力去培育这些优势产业。培育要从两方面入手：一是培育龙头企业，使其在全国同行业的地位突出；二是组织好产业的配套体系，形成良好的专业化协作氛围。龙头企业和产业配套的条件一旦真正形成，它将会和土地这种不动产一样很难撼动，成为本地区非常稳定的优势。美国的底特律和日本的名古屋之所以能成为世界汽车制造业的中心，其原因即在这里。

6.2.2.2 市场定位是关键：重视发展劳动密集型制造业，致力经营专、精、特企业

从全国的角度来看，我国制造业中的制鞋、服装、玩具、小家电和一部分食品生产等劳动密集型制造业，由于其产品质优价廉形成了国际比较优势。但从洛阳

市来看，由于长期的重工重、轻工轻，加之受指导思想影响，这种比较优势并未能得以展现。其结果是国有大中型企业进行"减员增效"使得大批职工下岗待业，劳动密集型制造业未能得以充分发展，使这些下岗待业人员的再就业遇到了困难，形成了很大的社会压力，直接制约了工业强市建设的进程。为了使我市工业经济协调发展，改变过去的指导思想，重视劳动密集型制造业的发展已成为必须。

劳动密集型产业投资少，回收快，有利于积累资金、培养人才、提高管理水平，且特别适宜民营、乡镇企业的特点，应成为我市民营、乡镇企业发展的重点领域。我市国有企业在改组、改制的过程中，不仅剩余下来了许多职工，而且也闲置了相当数量的设备和厂房、场地。要鼓励民营企业采取多种出资形式利用这些闲置资产创办新的企业，并吸收下岗职工重新就业。

小企业还应放弃"宁做鸡头，不做牛尾"的偏见，对于一般制造业，小企业在整机生产上没有太多的优势，特别是在抵抗市场风险方面更显得弱不禁风。在"小而专""小而精""小而特"方面下功夫，是小企业最好的出路。国内外经济发展的历程告诉我们，只有先做到"小而专""小而精"，才能真正做到"大而强"。

总之，应根据洛阳市以及各产业的具体情况，顺应产业结构调整的需要，处理好劳动密集型、资金密集型和技术密集型产业的关系，明确自己的市场位置。

6.2.2.3　树立共生观念，形成有效的分工协作

发展现代制造业必须搞社会化大生产，建立专业化协作的分工体制。发达国家的大型制造业企业都有许多中小企业为之进行配套生产，像日本丰田公司，在日本从横滨到大阪一线有几百家中小企业为它配套生产；福特汽车公司的协作企业遍布四大洲的十八个国家和地区。正是由于专业化协作，才使得跨国公司的产品能以高质量低成本横行世界。我们洛阳市大企业的零部件自制率太高，所生产的零部件多是本企业自用，不能和其他企业配套，这种做法效率低下，是资源的极大浪费，是一种以小农经济的生产方法搞现代制造业的落后模式，成功的概率极小。所以，现代工业生产必须搞专业化，进行有效的分工协作。

搞专业化协作，大企业是关键。首先必须有社会化大生产的观念，认识到这是企业做大做强的必由之路，并下决心使本企业的生产方式转变为专业化协作。有了这种观念和决心，即是一个好的开端。然后就是对配套厂家的选择，当然是以距离就近为原则。在交通基础设施已基本具备和完善的今天，选择半径可适当扩大，要打破行政区域观念，不论地区，以优为依据。选择了还应着力培育，小企业素质低，条件差，要使其真正能担负起配套重任就应该对其进行认真培育，从

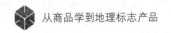

设备、技术、人才等方面给予帮助。大企业为了共同发展的目标做到了诚心诚意合作的姿态，协作关系的建立就有了一多半成功的希望。

作为专业化协作另一方，中小企业对于大企业的诚意也应做出相应的回应，尽自己的所能使协作得以实现。小企业不能借协作之名，不承担任何义务，将自己的利益完全依托在大企业的慷慨之上，这样的协作即使可以实现，但也维持不久。俗话说得好："两好搁一好"，只有双方都有诚意，都做出最大努力，协作是会成功的，最终获益的是双方。

虽然政府已不能再直接插手企业的内部经营活动了，但政府在搞好地区的专业化协作方面还是有许多工作可做。最重要的是帮助企业摒弃小农经济自给自足的旧观念，正确认识专业化协作生产方式是社会化大生产必然趋势的客观要求，搞好专业化协作不仅造福于地区经济发展，也是协作各方根本利益之所在；另外还应大力宣传市场经济是信誉经济，诚信是每个市场主体必备的基本素质。这些都需要宣传、教育、引导。我市的中小企业大多数是民营企业，比起大中型企业，他们的知识、素养都有一定差距，对他们的教育培训更是当务之急。不仅要培训他们创业和经营企业的知识与技能，更应使他们懂得尊重市场经济规律，遵守市场游戏规则，诚信经营的真正意义。一个健康稳定的市场运行秩序对于所有市场交易的参与者都是非常必要的。

6.3　我国粮食、原油和钢材等大宗进口商品价格变化对 CPI 的影响

6.3.1　背景与文献综述

随着我国经济的不断发展，对大宗商品的进口需求量日益增加。近年来，我国大宗进口商品的价格不断提高，对 CPI（Consumer Price Index，居民消费价格指数）的变化产生了显著影响。2008 年 1 月—2011 年 9 月，我国进口的大宗商品主要有粮食、原油、钢材、机电产品、集成电路、铁矿砂及其精矿、成品油等原材料和一些工业制成品。我国以 CPI 为代表的物价涨跌同国际大宗商品价格的波动的联系日益密切，使得我国的通胀显示出比较明显的输入型通货膨胀特点。

对输入型通货膨胀的研究始于 20 世纪 70 年代。随着全球经济一体化趋势和石油危机的爆发，大量文献开始关注外部冲击对国内价格水平的影响。Phillip Cagan 通过研究美国 1973—1974 年的通货膨胀，提出"美国 70 年代中期物价的上涨主要归因于国外冲击"。这种通胀传导的重点体现在进口商品价格特别是大宗商品价格的变动。国内一些文献研究了进口粮食、进口原油对 CPI 的影响及对策：董银果等分析了粮食进口对我国 CPI 的影响，指出在保证粮食安全的前提下应减轻国际粮价波动对我国的负面影响；朱信凯基于非线性关联积分的因果检验等研究了中国粮食价格与 CPI 的关系（1996—2008）；金三林探讨了国际粮食价格对我国 CPI 的影响及对策，指出我国应对国际粮食价格冲击需要有新的政策思路，更多地从供给采取措施；许宪春等人分析了原油价格波动对我国物价的影响并给出了政策性建议；陈建宝等利用 STR 模型研究了国际油价对我国物价水平的非线性冲击；陈彦玲、冯跃威、桂缳评等先后撰文，分别研究了国际油价上涨对中美 CPI 的影响，分析了中国 CPI 被逐步推高的原因，认为油价市场化与控制 CPI 不是两难命题；颜姣娇、肖争艳、常清、王晓芳等探讨了国际初级商品、大宗商品的价格对我国 CPI 的影响，探讨了我国 CPI 的走势，分析了我国大宗进口商品国际定价权缺失的原因及优化措施。国内学者大多使用静态误差修正与协整模型探讨进出口商品价格与通货膨胀的关系，代表人物有余珊萍、陈全功和程蹀。

本文以我国大宗进口的粮食、原油和钢材为例，通过对相关数据的整理，采用变量平稳性检验、格兰杰因果检验等科学方法对数据进行了分析，得出结论：国际粮食价格、原油价格、钢材价格与通货膨胀存在长期正向关系，对我国 CPI 产生了重要影响，也促使了它们与 CPI 长期正向关系的形成。

6.3.2 大宗商品进口价格的变化趋势和 CPI 的走势

6.3.2.1 2008 年 1 月——2011 年 9 月进口商品价格变化的基本情况

据海关总署相关数据显示，国际金融危机以后，中国市场需求拉动了周边国家乃至全球经济的复苏，特别是带动国际市场原油、铁矿砂等大宗产品价格快速回升，我国粮食、原油和钢材的进口数量一直呈上升趋势。2011 年前 9 个月，我国粮食进口以平均每月大于 10% 的数量迅速增长，前 9 个月累计进口粮食 4568.4 万吨，累计金额 243.5 亿美元；进口原油的数量以每个月 2000 万吨的数量逐月增长，累计达到 18836.2 万吨，累计金额 1448.2 亿美元；进口钢材的总量为 1195.8 万吨，总金额为 165.4 亿美元。

中国进口商品逐渐增加成为一个趋势。随之而来的价格上涨，成为我们不得不关注的问题。我国正处在工业化、城镇化的重要阶段，对能源、基础原材料等大宗商品的需求十分旺盛。在国内大宗商品产量无法满足经济需求的情况下，我国必须要大量进口大宗商品。

从表1和表2可以看出：2008年1月到2011年9月，粮食、原油和钢材的进口价格有明显的波动：2009年3月份以后，三者的价格都呈现出稳定上涨的趋势。粮食的进口价格增速较为平缓，在经历了2009年的一段低谷之后，2010年粮食的进口价格有所回升；原油的进口价格"一波三折"，从2008年的"居高不下"，到2009年"跌至谷底"，此后原油价格一路上涨，到2011年9月份，原油的进口价格达到了每吨785.3美元；钢材的进口价格在2008年12月达到了每吨1731.2美元的最高点，2009年进入低谷，2010年之后一直呈回升趋势。

表1　2008年—2009年我国的粮食、原油、钢材进口价格

（单位：美元/吨）

进口商品及价格	2008年1月	2008年3月	2008年5月	2008年7月	2008年9月	2008年11月	2008年12月	2009年1月	2009年3月	2009年5月	2009年7月	2009年9月	2009年11月
粮食	508.86	559.7	576.2	609	622.2	484.4	410.5	377.6	357.9	372.7	427.2	423	404.3
原油	640.6	677.5	748.2	926.8	834.9	713	272.5	302.7	306.7	373.9	488.1	517.2	529.9
钢材	1258.8	1331	1455	1548.6	1730.2	1708.8	1731.2	1471.3	1220.5	957.6	1025.8	1036.7	1153.3

表2　2010年—2011年9月我国的粮食、原油、钢材进口价格

（单位：美元/吨）

进口商品及价格	2010年1月	2010年3月	2010年5月	2010年7月	2010年9月	2010年11月	2011年1月	2011年3月	2011年5月	2011年7月	2011年9月
粮食	425.2	391.2	385.8	392.1	402.6	487.9	535.9	526.9	539.7	545.9	624
原油	550.1	550.2	604.8	537.9	548	579.3	650.5	738.4	848.6	804.4	785.3
钢材	1114.4	1150.8	1220.6	1281.3	1273.7	1256.3	1237.8	1373.2	1448.7	1427.4	1405.1

6.3.2.2　2008年1月—2011年9月我国CPI的走势

从表3、表4可以看出，我国CPI从2008年3月开始下降，在2009年7月达到最低点，数值从108.3一路下降到98.2。此后的26个月，虽然偶尔会出现一些小波动，但是CPI的整体走势一路看涨。2010年6月份，CPI同比增长2.9%，是

去年同期的 2 倍。自 2010 年 7 月起，CPI 以每月同比增长超过 3% 的速度直线上升。截至 2011 年 9 月份，CPI 指数同比增长 6.1%。

表 3 2008 年—2009 年我国的 CPI

	2008 年 1 月	2008 年 3 月	2008 年 5 月	2008 年 7 月	2008 年 9 月	2008 年 11 月	2009 年 1 月	2009 年 3 月	2009 年 5 月	2009 年 7 月	2009 年 9 月	2009 年 11 月
我国 CPI	107.1	108.3	107.7	106.3	104.6	102.4	101	98.8	98.6	98.2	99.2	100.6

表 4 2010 年—2011 年 9 月我国的 CPI

	2010 年 1 月	2010 年 3 月	2010 年 5 月	2010 年 7 月	2010 年 9 月	2010 年 11 月	2010 年 12 月	2011 年 1 月	2011 年 3 月	2011 年 5 月	2011 年 7 月	2011 年 9 月
我国 CPI	101.5	102.4	103.1	103.3	103.6	105.1	104.6	104.9	105.4	105.5	106.5	106.1

6.3.3 进口商品价格变化与 CPI 变化的关系

6.3.3.1 粮食进口价格变化与 CPI 的关系

自 2008 年 1 月到 2011 年 9 月，CPI 走势的变化与粮食的进口价格的变化基本趋于一致。粮食的进口价格在 2009 年 3 月跌至每吨 357.9 美元，跌至近 3 年粮食价格的最低点。2009 年 7 月份，CPI 跌至 98.2，是 2008 年以来的最低点。此后粮食价格逐步回升，2011 年 9 月，粮食的进口价格达到每吨 624 美元。从 2009 年 7 月起，CPI 一直呈现上升趋势，2011 年 9 月 CPI 上涨到 106.1。

6.3.3.2 原油进口价格变化与 CPI 的关系

同一时间，原油价格也总体呈现上升趋势。但是 2008 年年底的时候，原油价格出现了一次明显的下跌。2008 年 11 月原油的进口价格为每吨 713 美元，而 2008 年 12 月其价格为 272.5 美元，下降了 61.78%。2008 年 11 月 CPI 为 102.4，2009 年 3 月的 CPI 为 98.8，出现了下跌，接近这一时间段的最低点。2010 年 1 月，进口原油价为每吨 550.1 美元，而 2010 年 11 月达到了每吨 579.3 美元。2010 年 1 月 CPI 为 101.5，2010 年 11 月达到了 105.1，同比上涨 5.1%，创下了 28 个月以来 CPI 的最高涨幅，随后在 2010 年 12 月又回落至 5% 以内。可以看出原油进口价格的变化与 CPI 的变化趋势相近。

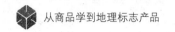

6.3.3.3 钢材进口价格变化与 CPI 的关系

类似于粮食和原油，钢材进口价格变化与 CPI 的关系也基本一致。2008 年 11 月钢材的进口价格为每吨 1708.8 美元，随后价格逐渐下降，降至 2009 年 9 月每吨 1036.7 美元，下降了 39.33%。CPI 在 2008 年 11 月为 102.4，接近最高点。

从 2008 年年初开始，粮食、原油和钢材的进口价格持续上涨，2008 年 11 月达到最高值。随后，在全球金融危机的影响下，粮食、原油和钢材进口价格开始回落，2009 年上半年跌至最低点。随着全球经济的回暖，2010 年粮食、原油和钢材进口价格再次出现快速增长的趋势。CPI 与大宗初级商品进口价格具有相似的变化趋势，由 2008 年 2 月最高 108.7 降至 2009 年 7 月最低 98.2，以后每月逐渐回升，到 2011 年 9 月达到 106.1。

6.3.4 进口商品价格变化对 CPI 影响的实证分析

6.3.4.1 数据选取

我国粮食进口价格的上涨将会引起食品价格上涨；原油进口价上涨，会导致煤炭、天然气等相关能源产品价格上升，从而使得我国交通运输、石油化工等行业的运营成本提高；钢材进口价上涨，将会影响到家电、交通等行业以及房地产建筑业的成本。因此，大宗商品进口价格的提高使得相关行业和下游产业的成本增加，从而提升国内通货膨胀的预期。本文选取我国 2008 年 1 月至 2011 年 9 月的粮食、原油和钢材的进口价格月度数据作为分析的基础。（所有数据均来自海关总署网和国家统计局网，数据分析使用统计 Eviews 5.0 软件。）本文以 X1、X2 和 X3 分别代表原油进口价格、钢材进口价格和粮食进口价格，Y 代表居民消费价格指数 CPI。为了减少数据处理过程中产生的误差，首先对数据进行平稳性检验，再进行协整检验以分析变量之间存在的关系，最后进行计量分析。

6.3.4.2 变量平稳性检验

现实中，很多时间序列是非平稳的。虽然这些时间序列存在很强的相关性，但实际上这些序列之间没有任何关系。为避免出现"伪回归"，在预测之前我们应该对数据的平稳性进行检验，看变量是否具有平稳性，如果各个变量是非平稳变量，我们需做差分处理。首先对变量进行单位根检验，检验其平稳性，以保证分析的序列之间确实存在长期的稳定关系。运用 Eviews5.0 进行 ADF 检验，检验结果如表 5 所示。

表 5　变量 X1、X2 和 X3 序列的 ADF 检验结果

变量	ADF 值	P 值	1% 临界值	5% 临界值	10% 临界值	是否平稳
LnY	−1.310940	0.5934	−4.004425	−3.098896	−2.690439	否
D（LnY）	−6.223723	0.3488	−4.057910	−3.119910	−2.701103	是
LnX1	−1.055799	0.7015	−4.004425	−3.098896	−2.690439	否
D（LnX1）	−4.761854	0.0043	−4.200056	−3.175352	−2.728985	是
LnX2	−4.116722	0.0114	−4.200056	−3.175352	−2.728985	否
D（LnX2）	−3.440870	0.0023	−2.754993	−1.970978	−1.603693	是
LnX3	−2.109355	0.0380	−2.754993	−1.970978	−1.603693	否
D（LnX3）	−4.847379	0.0057	−4.420595	−3.259808	−2.771129	是

注：D（LNCPI）即为对 LNCPI 取一阶差分，D（LNM2）即为对 LNM2 取一阶差分

从检验结果看，3 个变量在 1%、5% 和 10% 三个显著水平下，ADF 检验的 t 统计量值都大于相应临界值，从而不能拒绝原假设，说明存在单位根，是非平稳序列。各变量经过一阶差分后的 ADF 检验的 t 统计量值都比 1%、5% 和 10% 检验水平下的临界值小，因此可以拒绝原假设，即可以认为各变量一阶差分没有单位根，是一阶差分平稳序列。

6.3.4.3　协整检验

ADF 检验是检验单个变量平稳性，是为协整检验做准备的，而协整检验是揭示变量之间是否存在一种长期稳定的均衡关系。用 Eiews5.0 对回归方程得到的残差进行 ADF 检验的结果如表 6 所示，在 1%、5% 和 10% 显著水平下，t 检验统计量值小于相应临界值，从而拒绝原假设，表明残差序列不存在单位根，是平稳序列，说明原油进口价格 X1、钢材进口价格 X2 和粮食进口价格 X3 与居民消费价格指数 Y 之间存在协整关系，即它们之间有长期均衡关系。

表 6　对回归方程的残差的 ADF 检验

变量	ADF 值	P 值	1% 临界值	5% 临界值	10% 临界值	是否平稳
LnY 对 LNX1 回归得到的残差	−9.871991	0.0000	−2.583298	−1.943364	−1.615050	是
LnY 对 LNX2 回归得到的残差	−4.37507	0.0001	−2.684456	−2.578961	−1.965256	是
LnY 对 LNX3 回归得到的残差	−5.82654	0.0000	−3.60987	−2.986586	−1655324	是

6.3.4.4 格兰杰因果检验

各变量存在协整关系说明它们之间存在长期的均衡关系，但这种关系不一定存在因果关系。为了分析因变量与自变量之间的相互影响，需进行格兰杰因果检验，检验结果如表 7。

表 7 格兰杰因果检验结果

原假设	F 值	P 值	结论
LnX1 不是 LnY 的 Granger 原因	3.83890	0.0310	拒绝
LnY 不是 LnX1 的 Granger 原因	7.78260	0.0776	接受
LnX2 不是 LnY 的 Granger 原因	0.84885	0.0376	拒绝
LnY 不是 LnX2 的 Granger 原因	0.40963	0.5353	接受
LnX3 不是 LnY 的 Granger 原因	0.84728	0.0337	拒绝
LnY 不是 LnX3 的 Granger 原因	13.5048	0.0537	接受

从表可以得出如下结论：

1. 粮食进口价格与 CPI 存在单向的因果关系，即粮食进口价格是 CPI 的 Granger 原因，但是 CPI 不是粮食进口价格的 Granger 原因。联合国粮农组织发布的数据显示，2011 年 2 月的粮农组织食品价格指数平均达到 236 点，为 1990 年 1 月该项指数开始采用以来的最高水平，2011 年 5 月，粮农组织食品价格指数平均为 232 点，与 4 月份修订后的估计数相比下降 1%，但仍然比 2010 年 5 月份高出 37%。粮食进口价格不断上涨，这在一定程度上推动了国内食品价格的上涨。

2. 原油进口价格与 CPI 存在单向因果关系，即原油进口价格是 CPI 的 Granger 原因，但是 CPI 不是原油价格上涨的 Granger 原因。在目前我国通胀预期下降的背景下，国际原油价格上涨显然成为一首不和谐的插曲。一是我国进口原油依赖度超过 50%，2010 年全年进口原油达 2.39 亿吨，2011 年 1—9 月累计已达 1.88 亿吨；二是我国化工行业规模庞大，2010 年我国化学工业产值达 5.23 万亿元，按汇率折算已超越美国，跃居世界第一位。所以，国际原油价格上涨，很快会传导至我国，影响范围从石油的上游炼化开始逐步放大，直接影响 PPI 并最终部分地反映到 CPI 上。

3. 钢材进口价格与 CPI 存在单向的因果关系，即钢材进口价格是 CPI 的 Granger 原因，但是 CPI 不是钢材价格上涨的 Granger 原因。钢材是中国经济和社会发展的物质基础。因此钢材进口价格不断攀升，在一定程度上助推了 CPI 的上涨。

6.3.5　大宗商品进口价格的变化对 CPI 的影响和解决办法

6.3.5.1　大宗商品进口价格变化对 CPI 的影响

由实证分析可知，大宗商品进口价格的变化对 CPI 有显著的影响。

1. 由于大宗商品大多属于初级原材料、上游产品，进口大宗商品的价格上涨会导致国内基础原材料价格和中下游产品价格上涨，使企业生产成本上升，并传导至最终产品，使终极产品的价格上升，最终引起一般物价水平的上涨和 CPI 的上升。2011 年 9 月份，全国居民消费价格总水平同比上涨 6.1%。食品价格上涨 13.4%，非食品价格上涨 2.9%；消费品价格上涨 7.3%，服务项目价格上涨 3.0%。

2. 一些大宗进口商品，比如粮食，进口到国内之后会直接进入消费市场，会影响国内的粮食价格，也会影响相关产品的价格。据国家统计局数据显示，2010 年 9 月，食品类价格同比上涨 13.4%，影响价格总水平上涨约 4.05 个百分点。其中，粮食价格上涨 11.9%，影响价格总水平上涨约 0.33 个百分点；肉禽及其制品价格上涨 28.4%，影响价格总水平上涨约 1.86 个百分点，猪肉价格上涨 43.5%，影响价格总水平上涨约 1.24 个百分点；蛋价格上涨 14.2%，影响价格总水平上涨约 0.12 个百分点；水产品价格上涨 14.1%，影响价格总水平上涨约 0.32 个百分点；鲜菜价格上涨 2.1%，影响价格总水平上涨约 0.06 个百分点；鲜果价格上涨 6.2%，影响价格总水平上涨约 0.11 个百分点；油脂价格上涨 18.0%，影响价格总水平上涨约 0.20 个百分点。

3. 大宗商品一般属于稀缺商品，需求大于供给，难免会遇到供给瓶颈，导致价格持续上涨。由于这个原因，人们预期未来大宗商品价格还会继续上涨，为避免经济损失，人们会把这种预期上涨计入生产成本，从而引起现行产品的价格提高。

6.3.5.2　应对大宗进口商品价格变化对 CPI 影响的措施

1. 调整产业结构

我国正处于由工业化阶段向后工业化阶段过渡的重要时期，合理恰当地调整产业结构，加快第三产业的发展，加大高技术产业和服务产业在经济增长中的比重，能有效地实现资源的合理配置，实现可持续发展。通过加快转变经济发展方式、提高资源利用效率、降低单位 GDP 能耗等方式来相对地减少对大宗商品的需求。

2. 提高科技水平，提高生产力

在生产过程中，注重科技的合理运用，倡导科学的管理，提高生产过程中的机械化水平，提高生产效率；借助科技的力量，提高对原材料的利用率，进而减少资源浪费；采用合理的生产经营模式，提高大宗商品战略储备，通过积极开拓国内、国际资源市场等途径增加大宗商品供给。

3. 掌握自主定价的权利

充分利用我国充足的外汇储备，建立国家大宗商品战略储备中心并拓展海外资源，从源头上控制大宗商品的供应。积极关注国际大宗原材料商品价格的变化，通过广泛参与国际大宗商品定价体系来不断获取定价权，掌握自主定价的权利，有利于扭转我国对外贸易中的劣势。此外，运用巨额外汇资金加大中国大宗商品定价权，是使我国不断掌握定价权的有力举措。

4. 提升我国宏观经济的稳定度

通过改进宏观政策提升宏观经济运行的稳定程度，转向更加均衡的增长模式，有助于防止进口商品需求上升过猛，避免进入国际短期供给曲线陡直的部分。提升开放宏观经济稳定度，需要在汇率、利率、盯住通货膨胀等方面系统改革。

6.3.6　结论

在我国对进口商品的依存度越来越高的今天，大宗进口商品的价格对 CPI 的影响越来越明显。因此，调整产业结构、提高科学技术水平、掌握自主定价的权利、提升宏观经济的稳定程度显得尤为重要。目前，控制进口商品的价格已经成为调控物价的重要任务之一，国家采取措施控制大宗商品的价格还需要一定的时间。在未来的一段时间，进口商品的价格将继续呈现上升趋势，CPI 也将随之上涨。

第七章　商品经营的极致

导读：商品经营的一个基本规律是依次按照核心商品、有形商品、无形商品从低级到高级进行经营和竞争。品牌、商标、名牌即属于无形商品的组成之一，名牌不仅仅是工商企业的追求目标，也成为政府机构、科研院所、农业经济的努力方向。本章以《实施名牌战略，振兴洛阳经济》《洛阳市"名牌强市"问题研究》和《对河南省发展农业名牌的若干思考》等三节内容阐述了实施名牌战略的意义和相关对策。

7.1　实施名牌战略，振兴洛阳经济

一个国家或地区的经济实力靠的是企业，而企业的实力靠的又是名牌的生命力，名牌已经成为一个国家、一个地区经济实力和地位的象征。随着市场竞争的加剧，名牌产品已成为判断一个国家或地区经济实力、科技水平、经济增长质量的一个重要指标，成为推动社会生产力发展的无形力量。振兴和发展地方经济，增强企业及其产品的竞争能力，必须要多方位实施名牌发展战略。

洛阳是我国的一个重工业城市，也是一个被誉为"十三朝古都"的城市，其历史文化、科技教育、工业农业均具有雄厚的基础。洛阳不仅要创一些工业产品名牌，同时可以根据自己的资源优势，在农业、服务业、旅游业等多方面多层次创造名牌。把实施名牌发展战略作为增强企业、产品和城市竞争力的重要战略选择，同时借名牌来扩大城市影响力，展现整个城市的精神风貌。

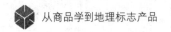

7.1.1 洛阳市实施名牌战略的现状与问题

7.1.1.1 洛阳市实施名牌战略的现状

近年来，洛阳市委、市政府高度重视质量立市和争创名牌工作，将实施名牌战略确定为洛阳市"十一五"规划的一个重要内容，坚持从培育名牌抓起，通过支持名牌、推荐名牌、奖励名牌、宣传名牌，在全市范围内逐步形成了"以市场为导向、以企业为主体、政府引导推动、质监部门指导服务、全社会共同参与"的名牌战略推进机制。2006年初召开的全市质量立市工作会议提出，洛阳市的中国名牌产品"十一五"末要达到8个以上，河南名牌产品"十一五"末要达到60个以上。2006年洛阳市质量立市、名牌兴市工作取得了丰硕成果。一是获得中国名牌产品3个，使洛阳市中国名牌数量达到5个；二是获得河南名牌产品15个，使洛阳市河南名牌数量达到39个；到2006年年底，洛阳市已有花都金柜集团的花都保险柜和洛玻集团的洛玻浮法玻璃等5个名牌入选中国名牌产品。就在2007年9月，我市又有6种产品上榜中国名牌产品。目前，全市"中国名牌"的数量已达到10个，提前完成"十一五"规划目标，这不仅有力提升了经济运行质量和增长速度，更极大增强了洛阳工业大市的知名程度和城市品位，真正实现了名牌战略的综合效应。洛阳市的名牌产品已逐渐形成一定规模，市场占有率也不断提高，东方红拖拉机、LK重型机械、LYC轴承、洛玻牌玻璃、大阳摩托等，一批响当当的"洛阳制造"产品阔步走向国内外市场。随着名优产品群体的不断壮大，质量优良的名牌产品对企业和我市经济增长的贡献也逐渐显现。2006年，全市57家名优产品生产企业实现工业增加值94.7亿元，销售收入639.2亿元，利税总额55.7亿元，分别占全市规模以上工业企业的19.7%、40.2%和38.8%，名牌优质产品已经成为支撑洛阳市工业经济稳定快速增长的重要力量。

7.1.1.2 洛阳市实施名牌战略存在的问题

近年来，虽然洛阳市在实施名牌战略方面取得了一定成绩，但是还存在一些问题，主要体现在以下几个方面。

1. 名牌数量与发达城市相比差距较大

下面是2004、2005年部分省市中国名牌拥有量汇总表。

表1 2004年部分省市中国名牌拥有量汇总表

单位：个

青岛	佛山	深圳	广州	洛阳
31	30	22	18	1

表2 2005年部分省市中国名牌拥有量汇总表

单位：个

青岛	佛山	温州	郑州	许昌	新乡	洛阳
44	40	25	10	4	3	2

2. 企业创建名牌意识薄弱

据统计，2005年洛阳市规模以上工业企业787家，规模以下工业企业5089家，产品几十大类上千种，可是在中国名牌产品评选中却落在郑州、许昌、新乡等城市之后。主要是因为企业对争创名牌的重要性认识不足，很多企业的思想还停留在等名牌、盼上级发名牌的阶段；有的企业观念落后，认为自己的产品不愁卖，忽视甚至根本没有想去创名牌；还有的企业虽然想参评，但不去主动了解行业发展和名牌评价信息，最终因准备不足败下阵来。

3. 部分产品因规模太小被关在"中国名牌"大门之外

除了思想观念上的因素，"洛阳制造"另一个缺陷是："大而全"、"小而散"。我们的企业整体实力都非常强，但单个产品规模相对较小，这是众多产品被关在"中国名牌"大门之外的主要原因。在中国名牌产品参评条件中，有一些硬性规定，如：参加中国名牌产品评选的柴油机年销售收入必须在30亿元以上，火腿肠6亿元以上，啤酒6亿元以上，液体奶产量15万吨以上等，反观我市企业，一拖集团和河柴集团都生产柴油机，但两家柴油机产销量与年30亿元销售收入要求相差甚远；春都是中国火腿肠生产的"鼻祖"，但年销售额仅1亿多元；洛阳宫啤酒销售收入才几千万元；我市是"产奶大市"，但巨尔、生生、阿新3家产量加起来也不过8万多吨。北方易初公司生产的"大阳"摩托质量好，知名度高，是"国家出口免检产品"。2002年第一次申报，全国评选3个中国名牌摩托车，"大阳"排名第6；2004年二次参评，全国评选6家，"大阳"排名第12位，主要原因就是生产规模小。

4. 缺少宣传及发挥名牌效应的举措

外地的企业在产品获得中国名牌之后，或大力宣传，提高知名度，将"名牌"转换成效益；或利用中国名牌产品这一无形资产，搞品牌入股、企业并购扩张，把企业做大做强。如郑州的"金星"啤酒,几年前还是一个和洛阳亚啤规模相当的企业,2003年入选中国名牌后,一年半时间兼并了11家啤酒厂,产量扩大了10倍,售价由过去的每瓶1元多升值到5元多。而我们的两个中国名牌产品,除了获奖消息被媒体披露外,既不见企业大力宣传,也没见有什么发挥名牌效应的重大举措实施。

5. 缺乏统一规划,难以形成合力

洛阳市政府还缺乏实施名牌战略的统一筹划和战略目标、管理过程、督导激励的具体部署方案,企业各自为战,政企形不成合力。市政府没能站在塑造名牌城市的高度,对反映悠久历史文化的洛阳公有商标资源统一规划和注册,以致造成诸如本应是洛阳名牌、洛阳骄傲的"唐三彩"、"杜康"遭遇尴尬境地的情况发生。

6. 机构不健全,职责不明确

2004年9月洛阳市成立了名牌战略推进委员会,做了大量工作。但总的看来,由于机构设置层次低,参与面窄,职责不明确,定位不准确,认识不统一,协调能力差,因而成效不明显。此外,实施名牌战略是一个系统工程,各职能部门如工商局、技监局、发改委、旅游局等,在实施名牌战略过程中起着助推的作用。但这些部门的认识不统一,各自为政,没有形成有效合力,也影响了名牌战略的进程。

7.1.2　实施名牌战略的指导思想和战略目标

7.1.2.1　指导思想

以党的十七大精神为指导,坚持和全面落实科学发展观,以政府为主导、企业为主体、科技为依托、质量为核心、市场为导向、营销为手段,大力推进名牌战略在全市各行各业的贯彻实施,引导企业不断追求卓越,巩固、发展和壮大名牌产品规模,全面提升企业、主导产业的知名度和影响力,带动洛阳市经济社会全面健康、可持续快速发展。

7.1.2.2　战略定位

将"洛阳"作为"品牌"来做,政企合力打造"洛阳名牌"和"名牌洛阳"。倡导名牌意识,创建名牌产品,树立名牌企业,以工业和旅游为先导形成名牌产业,通过品牌规划、品牌培育、品牌创建、品牌营销、品牌保护,造就"名牌洛阳"。进而以"洛阳制造""洛阳名品""洛阳名胜""河洛文化"的光环效应带动和提升我市基础产业、先进制造业、绿色农业和旅游服务业的整体素质与竞争力，推进我市国民经济全面协调可持续发展。

7.1.2.3 战略目标

力争经过 5 至 10 年的努力，在洛阳工业、旅游服务业和农业形成一大批具有明显市场竞争优势和影响力的品牌商标，力争冲刺国际名牌和驰名商标有所突破，拥有中国名牌和中国驰名商标的数量在国内跨入先进行列，拥有河南名牌和河南著名商标的数量在省内名列前茅，并形成一批有竞争潜力的洛阳名牌和知名商标。这批名牌和名标在我市各支柱产业、传统产业和优势行业占主导地位，成为这些产业和行业的重要支撑。

7.1.3 实施名牌战略的几个重要方面

7.1.3.1 大力发展装备制造业名牌

作为洛阳市的支柱产业之一，洛阳装备制造业在全国享有较高知名度。进入"十一五"，洛阳市装备制造业更到了加快发展的关键时期，尤其是国家加快振兴装备制造业和中部崛起战略有关政策的实施，为洛阳市装备制造业带来了历史性的发展机遇。一是以中信重机、中色科技为重点，加强工程设计、产品开发、设备制造、工程成套和技术服务为一体的"交钥匙"工程承接能力。二是以一拖集团、河柴集团为重点，生产、开发为现代高效农业及农业产业化服务的各类新型农业机械和为基础设施建设服务的工程机械、动力机械。三是以洛轴和轴研科技为重点，着力发展以轴承为主的基础件，重点发展特种精密轴承、陶瓷轴承、高速铁路客货车轴承、汽车轴承以及重大装备配套用轴承、军工特种轴承等产品。四是扩大产业集群规模，提升关联企业档次。

继续研发高科技产品，不断提升企业的自主创新能力和核心竞争力，培育一批具有自主知识产权的强势企业和名牌产品。近年来，一大批"洛阳制造"的产品，已经装备了我国大量的尖端工程、重点工程。如"神舟"系列飞船上的姿态控制、化学动力、测试系统、航天员紧急逃逸塔壳体、精密轴承、插接件等，均来自洛阳；"三峡工程"人工治沙全套设备、闸门定轮重载轴承，"西气东输"全液压吊管机、橡胶履带自行电站，"南水北调"大型泥水盾构机，北京正负电子对撞机机械主体结构等，也均来自洛阳。

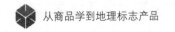

7.1.3.2 努力形成矿产品类名牌产品

洛阳境内矿产丰富。其中钼储量达二百多万吨，居全国之首，是世界三大钼矿之一，铝土矿储量达一亿多吨，居全省之冠。丰富的矿产资源为洛阳能源、冶金、建材、化工的发展奠定了良好的物质基础。政府应加大支持力度，力争在矿产品类方面也能形成名牌产品。

7.1.3.3 着力培育发展名牌农产品

在加大工业产品实施名牌战略力度的同时，大力支持名、特、优农产品的培育，形成品牌农业优势。洛阳市的很多农产品有"名"缺"牌"。比如洛宁苹果，尤其是洛宁上戈苹果闻名遐迩。从目前的市场销售情况看，外地苹果仍然占据着市场优势，洛阳苹果数量虽多，但销售额却很不乐观。还有中药材、葡萄、大蒜、无公害蔬菜、优质小麦等，都具有一定的知名度，但由于宣传、包装等跟不上，注册的少，注册后推而广之的更少，久而久之，就造成了很多农产品有"名"缺"牌"的状况。青岛市工业名牌多，农业也是走的品牌之路。近年来，该市培育出胶州大白菜，大泽山葡萄等一批知名农业品牌，短短几年间，青岛的著名农业品牌就发展到 128 个，其中国家级名牌 13 个，省级名牌 17 个。因此洛阳也应通过建立健全农产品质量标准化体系，以农业标准化示范区建设推动农产品标准化生产，提高农产品质量，培育一批具有特色的名牌农产品，围绕提高市场知名度和竞争力，加强品牌策划、品牌营销，发挥名牌带动效应促进优质高效农业产业化。

7.1.3.4 加快培育发展旅游服务业名牌

洛阳是中外闻名的历史文化名城，市政府把"旅游强市"作为发展战略之一，这一定位十分准确。洛阳现已形成以"龙门石窟"为中心的旅游群。洛阳旅游资源丰富，景区景点星罗棋布，却没有在全国叫得响的精品，除了龙门石窟、关林、白马寺之外，其他景点名不见经传，影响了旅游的大发展。从洛阳旅游服务业目前的情况看，发展旅游服务业也要有创意。比如，洛阳的白马寺是"释源"、"祖庭"，然而，游客到白马寺，只能是简单地参观浏览。对此可以考虑借鉴韩国寺院的做法：游客可以住在寺庙，吃斋、拜佛，充分体会做佛教信徒的生活，这就将旅游与文化有机结合了起来。现在，很多游客在旅游中，已经从过去单纯的"看"，演变成一种"体验"，因此洛阳发展旅游服务业，应当注意调整和转变，真正形成洛阳名街、洛阳名吃、洛阳名酒、洛阳名烟等。同时在服务业引进先进的质量管理理念和管理体系，采用先进服务技术和服务标准，创新服务品种，同时通过加强一批"老字号"服务品牌振兴和改造，促进规模化经营，形成一批拥有知名品牌的服务业名牌企业。

7.2　洛阳市实施名牌战略中存在的问题及对策

要保持国民经济持续、快速、健康发展，必须以提高经济效益为中心。而质量水平低，甚至假冒伪劣泛滥，必将导致经济的畸形发展，"没有质量就没有效益，放任假冒伪劣国家就没有希望"。所以，在我们的经济发展战略中，必须推进实施质量发展战略；在质量发展战略里面，又要着重实施名牌发展战略，使我们有限的资源，有限的人力、物力和财力，真正集中起来，形成上规模的强势企业和名牌产品，有效应对市场竞争。

名牌是质量和效益，名牌是竞争力和生产力。名牌不仅是一个企业经济实力、市场信誉的重要标志，而且拥有名牌的多少还是一个城市、一个地区文化品位和经济发展水平的直接表现。洛阳市名牌战略工作全面实施以来，名牌产品从无到有，从少到多，名牌群体不断壮大，中国名牌产品拥有量达到 10 个，在全省排名第二，有力促进了洛阳市经济的全面快速发展。

7.2.1　洛阳市实施名牌战略中存在的问题

洛阳市实施名牌战略取得的成绩固然可喜，但仍存在以下诸多问题，限制了洛阳经济社会的更好更快发展。

7.2.1.1　创名牌工作起步晚，产品结构有待调整

创名牌工作起步较晚，落后于省内的郑州、新乡等地，也落后于西安、武汉、沈阳等中西部地区许多中心城市，更无法同青岛、深圳、苏州等发达城市相比（见下表）。有些企业，根本没有质量管理机构；有些企业还不知中国名牌产品为何物；有的企业虽然想参评，但不去主动了解行业发展和名牌评价信息，产品一旦列入评价目录，却因准备不足落选。洛阳市拥有商标和名牌数量与其著名历史文

化名城、工业重镇和重点旅游城市的地位极不相称。

在洛阳市的 10 个中国名牌中，国有企业就占去 8 个。名牌产品过于集中在国有企业，集中在机电类产品，没有一个与广大居民息息相关、耳熟能详的消费类产品，这既反映了优势所在，也反映出产品结构有待调整，民营经济等其他经济成分的名牌意识需要进一步提高，争创名牌产品的方向有待扩展，争创名牌产品的步伐需要进一步加快。

2001—2007 年部分省市中国名牌拥有量比较表

单位：个

	2001	2002	2003	2004	2005	2006	2007
青岛	8	13	15	31	44	52	69
深圳	3	10	13	22	44	58	80
沈阳	1	2	2	5	9	11	19
大连	0	0	3	4	8	12	20
苏州	2	8	11	15	29	41	63
郑州	0	1	3	5	10	10	12
新乡	1	1	1	2	3	4	6
许昌	0	0	0	2	4	4	8
洛阳	0	0	0	1	2	5	10

7.2.1.2　商标意识差，经营管理品牌的能力弱

名牌战略是以品牌经营为基础的，品牌经营到一定阶段（有些超前企业甚至是还没有成立企业就先注册了商标）就涉及到商标的经营管理，然而洛阳市的企业在经营管理中存在着诸多问题：满足于当制造车间，只会贴牌，不会创牌；申报注册商标意识差，法律意识淡薄，历尽艰辛创出的牌子被他人抢先注册；我市拥有众多品质优良的农副土特产品和地理标志产品，如洛阳唐三彩、上戈苹果、栾川山珍、嵩县槲叶、孟津大米、宜阳大蒜等，因为没有证明商标、集体商标，无法得到法律的保护；注册商标面窄、种类单一，服务商标数量少；运用注册商标开发其价值并在市场上有重要影响力的品牌不多，商标对经济发展的贡献率不高；争创著名商标、驰名商标的积极性不高。

管理者素质较低，无力把品牌做成名牌，恶性竞争。有些企业目光短浅，为了蝇头小利或眼前利益，利用政策空子频繁变更商标。例如偃师市庞村镇的钢制家具早已形成规模，享有全国最大的钢制办公家具生产基地的美誉。然而众多生产

企业良莠不齐，市场竞争到白热化，为了拿到订单，有的企业降低产品质量，有的采取商业贿赂。按照有关规定，新注册企业可以享受到免税、低税等优惠政策，于是有的企业就频繁变更厂名、商标，进而降低成本，搞价格战，恶意竞争。这样使得那些重视品牌经营的企业丧失了不少订单。

此外，因企业关、停、并、转、租、卖等多种原因造成了大量商标闲置；改制企业商标处于真空状态，无人过问，无人管理，改制中只注重对有形资产的评估，而忽视了对无形资产，特别是对注册商标的价值评估，导致了无形资产严重流失；有的企业缺乏品牌经营理念、缺乏自我保护机制，创牌思路不清，投入资金不足，宣传力度不够，更少导入 CIS，没有品牌发展规划和品牌化策略，自损品牌形象问题严重，在激烈的市场竞争中难以占领制高点。这些都对名牌的发展产生了不良影响。

7.2.1.3 企业名称或品牌因循守旧，不懂市场营销

新中国成立之后实行了计划经济，多数企业的名称都由企业主管部门来确定，企业自身无权确立或更改名称。那时企业名称的构成绝大多数为"三段式"或"四段式"，军工企业更多以数字命名。所谓"三段式"，就是地名＋经营业务名称＋企业组织形式，如洛阳轴承厂、洛阳市百货大楼。所谓"四段式"，就是"三段式"上再加上财产责任形式，如国营南京无线电厂。用这两种方法取名企业，一方面可看出企业是属于全民所有制，还是属于集体所有制，明显显示出计划经济的色彩；另一方面，可以看出该企业的所在地及本公司生产什么产品。洛阳市若干企业由于生产军工产品，都以数字命名，例如 407、202、511、5408、158、014 等等，洛阳卷烟厂还曾经出产过"16888"牌子的香烟；有些科研院所和医院也以数字命名，如 612、613、725、150、第四设计院等等，给人以神秘色彩。这些企业和科研院所是洛阳乃至河南省的骄傲，企业员工、市民和干部都以这些数字厂名自豪，有些老洛阳甚至到现在还喜欢称呼老的数字厂名，不愿称呼新厂名。

虽然以数字作为企业品牌也有成功的案例（如 555、999 等），但显示不出企业的行业属性或企业文化价值，不利于提升企业的知名度与竞争力。重视企业取名，在很大程度上是改革开放大潮冲击的必然结果。随着环境的变化，一些企业更名是必要的。洛阳市部分国营大企业、科研院所、高新科技企业等品牌意识淡薄，应引起我们的高度重视。洛阳市的拖研所、轴研所、耐研所、石化工程公司等科研所和大型企业的名称、商标，没有特色甚至不规范，不利于企业长期持续地进行经营。另外，有的企业观念落后，认为我的产品不愁卖，忽视甚至压根没有去想注册商标、去创名牌；弱小企业没有创牌意识，认为那是大企业的事情；高新技术企业认为自

己靠技术不用品牌，等等。随着社会主义市场经济的建设，那种"三段式""四段式"或数字等取名法已不符识别的要求，许多企业必然面临着一个更名的问题。

市场经济的发展，使企业名称及其构成发生了重大变化，这就是在企业名称中出现了商号。按照公司法及注册规定，内资企业的取名有规定格式，例如：洛阳（地区名）+某某（企业名）+贸易（行业名）+有限公司（类型）；商号在同类行业内不得相同，不能用译音、数字、伟人、地名、封建色彩等作为企业名称；企业名一般都起名较为好听，易记，有意义，有特色。又如北京四通办公设备有限公司，其中"四通"是企业商号。而且作为区别不同公司的企业名称，基本构成变为"两段式"，或是地名+商号，如"上海庄臣"；或是商号+经营业务名称，如"春兰空调"；或是商号+公司组织形式，如"海尔集团"。无论哪种"两段式"，商号都是必不可少的。因此，在市场经济条件下，作为识别经济主体的主要标志，企业名称实际上是指商号。只有商号才是企业名称中的形象要素，是可以用名称专用权加以保护的东西。企业名称作为企业整体的化身，已被越来越多的企业掂出了分量。中国企业界应积极探索如何培育自己的商号。

7.2.1.4　因产业结构偏"重工"、产品规模太小等长期与"中国名牌"无缘

洛阳产业结构的突出特点是：工业先进、农业落后；国有大工业实力雄厚，地方小工业势力单薄；重工业强大，轻工业薄弱；工商企业铺天盖地，却没有一个能顶天立地；历史文化悠久，开发利用太少；城市繁荣，农村贫困。二元结构反差强烈鲜明，产品结构调整有待向深度发展。

我市工业产品一个共同的问题是缺乏知名品牌。目前洛阳的工业产品大体可分为四类：一是基础类工业产品，其原油加工能力、发电量、铜材、电解铝、平板玻璃、化学纤维和耐火材料等在全国都占有相当的分量，但是这种优势尚未真正转化为经济效益的胜势；二是装备类工业产品，有矿山设备、农机设备、工程机械设备、动力设备和通讯设备的生产。三是机电装备配套产品。此类产品多种多样，我市目前生产的只属其中少数产品，具有优势的是轴承和军工、电子、汽车等所需的有色金属材料加工，以及电子芯片加工；四是消费类工业产品，这类产品品种繁多，我市除了在纺织和民用摩托车上具有一定的优势外，在其他产品的生产上目前基本上是无优势可言。其中前三类的产量在全国均占有很大的比重，知名度较高，问题是这些优势并未给洛阳带来应有的效益；由于我市是一个以重工业著称的工业城市，历来对消费类轻工产品的生产重视不够。消费类工业品每年都占中国名牌产品评价目录62%以上，多是群众日常生活必需品，对于满足人民群众日

益增长的物质文化需求直接相关，对于提高我市中国名牌拥有量、提高消费需求对经济增长的拉动作用意义非常重大。这类工业品多适合中小企业生产，对于我市存量资产的结构调整创造了广阔的空间。让人痛心的是经过多年努力好不容易形成的全国最大的肉食品加工基地与"春都"火腿肠品牌，因管理不善等多种因素而毁于一旦，再也不能出现痛失"春都"的悲剧。

"洛阳制造"另一个缺陷是："大而全""小而散"。我们的企业整体实力都非常强，但单个产品规模相对较小，这是众多产品被关在"中国名牌"大门之外的主要原因。在中国名牌产品参评条件中，有一些硬性规定。如：参加中国名牌产品评选的浮法玻璃年销售收入必须在 10 亿元以上，柴油机 30 亿元以上，轴承 10 亿元以上，火腿肠 6 亿元以上，啤酒 6 亿元以上，卷烟 30 亿元以上，液体奶产量 15 万吨以上……反观我市企业，一拖集团和河柴集团的柴油机，洛阳宫啤酒，巨尔、生生、阿新等 3 家奶产品企业，北方易初公司的"大阳"摩托车等等，质量好，知名度高，有的还是"国家出口免检产品"，却都与中国名牌无缘。

7.2.1.5 领导层重视不够、认识狭隘，缺乏统一规划

管理学基本理论认为，长期以来我们的管理是主观的、断续的、任意的、多变的，现代管理却要求有准确、连续、稳定的秩序来保证。查洛阳、青岛、大连、沈阳、郑州等市 2001—2008 年的政府工作报告（见下表），可以看出，多数地方政府认识上存在偏差，在对待名牌战略问题上缺乏连贯性，不能做到时时抓、处处抓，不能真正系统地、长期地把它作为一项战略来指导本地区的工作。

2001—2008 年各地政府工作报告中涉及"名牌"情况（单位：次）

	2001	2002	2003	2004	2005	2006	2007	2008
河南省政府	0	2	2	2	0	0	0	0
洛阳	0	2	0	1	1	3	0	1
郑州	1	2	1	2	1	3	1	1
许昌	2	1	3	0	4	1	2	
新乡	1	1			0	1	5	
沈阳	0	1	2	0	0	0	3	3
大连	1	3	5	3	2	6	8	0
青岛	11	9	6	2	8	10	8	14

注：河南省政府、洛阳、郑州、许昌、新乡等地的数据，是以"名牌"为搜索词查历年政府工作报告得出的，沈阳、大连、青岛等地的数据，是以"名牌＋品牌"为搜索词查历年政府工作报告得出的。

洛阳市为了经济的发展，曾经实施过名牌战略，但只是一种微观层面的名牌战略，认为企业是创牌争优的主体，仅限于提口号指方向，没有从整个洛阳城市发展及洛阳经济发展的战略高度来通盘考虑和部署。

洛阳是历史文化名城，是国家重工业基地，通过"工业强市""旅游强市""科教强市"再造新洛阳的过程中，市政府还缺乏实施名牌战略的统一筹划和战略目标、管理过程、督导激励的具体部署方案，企业各自为战，政企形不成合力。市政府没能站在塑造名牌城市的高度，没有系统地对工业、旅游业、科技、教育、农业、商业等进行统一规划，没有多方位实施名牌战略，难以形成合力；没有分重点、分梯队、分行业地进行培育、宣传、保护和壮大；没有对反映其悠久历史文化的公有商标资源统一规划和注册，以致造成诸如本应是洛阳名牌、洛阳骄傲的"澄泥砚"、"杜康"等品牌遭遇尴尬境地。

名牌有不同层次、不同档次，任何产品都可以创名牌，高档、中档、低档产品都可以创名牌，那种把名牌等同于高价格、高消费是一种误解。既要创一些少数高收入者需要的高档、高价精品名牌，也要多创一些大多数中低收入消费者所需要的中低档名牌、大众化名牌，这样名牌的市场才能不断扩大，名牌才有生命力。将名牌战略仅仅局限于个别企业生产的高档产品上，认为名牌产品都属于工业产品等也是误解的体现。对名牌战略的理解过于偏重宏观层次，或偏重于微观环境，都是错误的。洛阳的历史文化、科技教育、工业、农业均具有雄厚的基础，但目前我们所实施的名牌战略仅仅局限在工业产品上，对其他产业的名牌建设却重视不够，洛阳学术界对多方位实施名牌战略的研究也不够充分。

宣传力度不够，缺少宣传及发挥名牌效应的举措。实施名牌战略只是停留在某一层面和范围，广大企业和市民知之甚少，没有形成人人重视、人人支持、人人关心、全员参与的良好氛围。外地企业在产品获得中国名牌之后，或大肆炒作，提高知名度，将"名牌"转换成效益"名利"；或利用中国名牌产品这一无形资产，搞品牌入股、企业并购扩张，把企业做大做强。如郑州的"金星"啤酒，以前是一个和洛阳亚啤规模相当的企业。2003年"金星"入选中国名牌后，一年半时间兼并了11家啤酒厂，产量扩大了10倍，售价由过去的每瓶1元多升值到5元多……而我市的10个中国名牌产品，除了获奖消息被媒体披露外，既不见企业大力宣传，也不见有什么发挥名牌效应的重大举措实施！

7.2.1.6　地方保护、部门保护现象屡有发生

在不同时期，各国各地的地方保护现象不时发生且屡禁不止。在洛阳市，也出

现过对啤酒行业、烟草行业、矿产业拖欠外地客商货款案件等地方保护。地方保护主义的表现形式有多种：一些地方政府发布地方性法规、文件，强令或变相强令本地企业只能销售、购买、使用本地产品，或只能接受本地企业提供的服务；有的地方政府对进入本地的产品采取歧视性政策，设关置卡，多收费；有的在技术要求上采取与本地产品不同的标准，重复检验、认证；或只给本地企业某些优惠和补贴，使外地企业与本地企业的竞争不能处于同一起跑线上。

地方保护主义的危害在于，剥夺了外地企业公平竞争的权利，并导致本地企业处于市场支配的垄断地位，损害了消费者的利益，并使地方企业最终丧失竞争能力。欧盟六国为什么建立欧洲共同体？就是为了开放市场，把国家之间的边界打开，让企业在一个更大的市场环境中开展竞争，目的是为了提高企业竞争力。由此看来，竞争范围越大，企业竞争力越强。

事实上，从80年代起我国就提出反对地方保护主义，90年代还出台了反对地方保护主义的行政性条例。1993年出台的《反不正当竞争法》对政府及其所属部门滥用行政权力，限定他人购买其指定的经营者的商品，以及限制外地商品进入本地市场，或者本地商品流向外地市场等作出禁止性规定。对有此行为的由上级机关责令改过。

同时，还要警惕部门保护主义。部门保护与地方保护如出一辙，都不利于我国社会主义市场经济的健康发展，不利于全国及各地名牌战略的实施。在这方面，各级工商行政管理局要切实履行其职能。

7.2.1.7　旅游业有待进一步开发，研究名牌的氛围不浓

洛阳位于豫西山区，旅游资源丰富，同时又是中国历史文化名城和闻名遐迩的工业城市。近几年来，洛阳的工业、旅游资源互动，优势互补，陆续推出了洛阳工业旅游项目，已经引起国内外游客的热切关注。

洛阳推出了以下特色旅游线路和景点：魅力洛阳精华游、国花牡丹观赏游、名人胜迹寻访游、古都文化体验游、山水洛阳休闲度假游、古都历史探秘游、河洛民俗风情游、古都寻根问祖游、佛教文化朝圣游、道教文化寻访游、新黄河风情游、中国功夫研修游、红色旅游、工业旅游、农业旅游、乡村旅游等，但真正为外地游客所熟悉的、可以称之为名牌的并不多。牡丹是我市的骄傲和旅游王牌之一，但同菏泽的牡丹花市、开封的菊花相比，洛阳牡丹风头不盛，街头巷尾少见踪影，要赏花只能到几个固定地点。这就需要我们进一步加大宣传力度，加大基础设施建设，充分重视和发挥旅游的作用，完善旅游机制，尽快形成旅游业与工

业、文化、科教之间的名牌互动效应。旅游景点不一定需要众多品牌，即不一定要"铺天盖地"，但一定要有1—2个"顶天立地"的名牌，达到国际驰名，四季常青，从而带动其他旅游品牌。

同开封、西安相比，我们还没有充分利用和发挥历史文化优势。开封仅仅依托宋朝文化，就打造推出了"清明上河园"、"相国寺"等一系列著名景点，杨家将、岳飞传等故事在海内外广为流传；西安作为十二朝古都，仅依托秦唐文化就打造推出了"秦始皇兵马俑坑""大雁塔"等一系列著名景点；山东某县借助《水浒传》也可以大打旅游牌……我们守着十三朝的历史文化，在文化旅游上做的文章远远不够。近年在各地电视台热播的《神探狄仁杰》，其故事情节大都发生在洛阳，旅游者到洛阳却未必能寻找到其中一点历史影踪。我们缺乏足够的敏锐去开发其中的旅游价值。

此外，从事名牌战略研究的氛围不浓，研究力量薄弱。从市政府职能部门、发展研究中心、社科联、科技局到高等院校、科研院所、各类企业，进行名牌战略研究的人员过少，更缺少专注于名牌的研究者，没有就此进行过国家级或省部级科研立项，很少长期深入企业联手研究名牌战略者，没有领军人才，缺乏有组织的工作，不能同青岛等地浓厚的研究氛围相比较。

7.2.2　洛阳市多方位实施名牌战略的对策

综观洛阳市品牌强市战略实施的现状和存在的问题，归根结底是由于政府有关部门没有抓住名牌强市这个核心，在推进品牌战略的实施上没有形成清晰的思路，没有以名牌洛阳为线把"工业强市"、"旅游强市"、"科教强市"三大战略有机地结合起来，工作力度较小，工商企业、科技教育界等对名牌强市战略认识不足，等等。所以，地方政府在名牌战略中应该扮演什么样的角色、发挥什么样的作用？如何正确定位、充分发挥政府职能，是我们必须深入思考的问题。

推进洛阳市名牌强市战略是一项长期的系统工程，政府为主导、企业是主体，需要政府的重视、部门的支持、企业自身的努力以及全社会的共识。一方面，通过政府力量引导和推动我市名牌战略进程，以市场为导向建立整体评价机制，为创品牌、争名优，营造一个公平、宽松的环境；另一方面，企业是打造品牌的主体，要有创牌争优的决心和信心，政府、企业双方合力才能完成这项系统工程。

7.2.2.1　营造发展环境，多方位实施名牌战略

实施名牌战略是实施"工业强市"、"旅游强市"、"科教强市"战略的提升和

深化，是实现洛阳复兴的必然选择，必须一以贯之，强力推进。洛阳市委、市政府必须明确实施名牌战略的指导思想、战略定位和主要目标，确定实施名牌战略的基本原则和重点培育发展方向。要着眼长远，科学统筹，铸造推行"名牌战略"平台；规范秩序，营造支持实施"名牌战略"的法制环境；构筑各级政府、部门齐抓共管的有效机制，建立支持"名牌战略"实施的政策体系；政府要加大推动力度，引导企业加强品牌建设，提高自主创新能力，加强对自主品牌的培育、宣传和保护。

环境是竞争力，环境是生产力。地方政府作为当地公共资源的管理者，就要充分履行计划、组织、控制、指挥、协调等基本职能，营造一个公平、透明、高效、优美、诚信的环境和起点较高的平台，筑巢引凤、筑巢育凤，对名牌进行规划、培育、宣传、保护，形成百舸争流的大好局面。政府要在已有基础上，进一步把优化经济发展环境的各项措施落实到极致，努力在洛阳营造"负担最轻、秩序最好、办事最快、信誉最高、纳税人最满意"的发展氛围，着力打造最优的政府服务环境、最优的法制环境、最优的诚信环境、最优的人文环境、最优的舆论环境，把洛阳建设成为最佳发展环境城市。

多方位实施名牌战略是指应坚持以市场为导向、以企业为主体、政府引导推动、质监部门指导服务、全社会共同参与的方针，在工业、科技、旅游业、教育、政务管理、农业、服务业等多方面多层次创造名牌。使之真正成为一个地区经济实力、人文素养、科技水平、经济增长质量的一个重要体现，成为推动社会发展的无形力量。

7.2.2.2　以政府为主导实施名牌战略的对策

重新构建洛阳市名牌强市战略推进委员会，明确洛阳市名牌强市推进委员会的日常工作内容，加强名牌战略的宏观规划，制定《十一五洛阳市名牌战略实施总体规划》，组织、协调、指导我市实施名牌战略工作，加强争创各级名牌的基础工作。

完善法规，加强政策引导和扶持。实施国家技术标准战略，建立质量奖励制度，建立质量诚信体系，提高名牌产品的质量信用，加强技术服务，支持名牌产品生产企业扩大出口，加强品牌建设研究，提高名牌产品国际竞争力，制定并完善地方名牌产品的评价方法、评分通则，完善品牌扶持政策，研究制定洛阳市实施名牌战略整体宣传推广计划。

努力营造有利于自主品牌成长发展的环境。加大打击假冒伪劣产品力度，营造有利于名牌成长的市场环境，加大实施名牌战略的宣传力度，增强全社会品牌意识，加大自主知识产权的开发和保护力度，在民众中大力开展荣辱观教育、科学消费观教育，提升河洛文化的地位和认同感，建立名牌经营机制和保护机制，加强名牌管理，维护名牌形象，发挥社会力量，提高服务水平。

建设服务与法制型政府，争创政务管理名牌。深入学习贯彻中国特色社会主义理论体系，提高公务员队伍整体素质；加快职能转变，创新政府运行机制；推进依法行政，提高政府法治水平；坚持从严治政，塑造风清气正的政务环境；提高地方质检部门的工作质量；充分发挥工商行政管理系统的生力军作用；部门联动，加强扶持引导。

调整产业结构，多方位实施名牌战略。大力发展装备制造业名牌，努力形成矿产品类名牌产品，着力培育发展名牌农产品，加快培育发展服务业名牌，加大科研与教育投资，争取在教育科研领域早日形成自我品牌。

充分发挥洛阳市社科联的作用，推动和组织所属各社会科学学术团体、高等院校、科研机构、新闻媒体、企业、政府发展研究中心，有计划地开展关于"名牌战略"的学术研究和学术活动，定期举办"名牌战略与地方经济"高峰论坛，在科研立项、结项、成果转化方面向"名牌战略"研究倾斜，加大研究团队的建设力度，加大资金扶持力度，资助相关著作的出版、发行，推出该研究领域的领军人才，开展市内外、省内外、国内外社会科学学术交流，形成研究氛围，建设研究团队，促成研究高潮，推动企业与研究团队紧密合作，为市委、市政府及有关部门提供决策依据和参考。

7.2.2.3　以企业为主体推进和实施名牌强市战略

加强宣传教育工作，培育全员名牌意识；制定名牌战略规划，实施创牌目标管理；高举科技创新大旗，实施名牌自主创新工程；围绕品牌建设，加强质量管理；加强品牌经营，强化服务意识；加强人才培养，加强商标保护意识。

7.3　对河南省发展农业名牌的若干思考

近年来，党中央、国务院高度重视推进名牌战略，尤其是培育发展农业名牌产品。党的十七届三中全会报告指出，要"发展农业产业化经营，促进农产品加工业结构升级，扶持壮大龙头企业，培育知名品牌……加大农产品注册商标和地理标志保护力度"；胡锦涛在党的十七大的报告中也指出，"支持企业在研发、生产、销售等方面开展国际化经营，加快培育我国的跨国公司和国际知名品牌"。

农业部副部长、中国名牌农产品推进委员会主任牛盾指出，推进农业品牌化，是落实党中央、国务院关于"整合特色农产品品牌，支持做大做强名牌产品"和"保护农产品知名品牌"的要求；是创新发展模式，加快传统农业向现代农业转变的重要手段；是引导生产要素向品牌产品优化配置，加快资源优势向质量效益优势转变，优化农业结构的有效途径；是以农业标准化为手段，规范过程管理，提高农产品质量安全水平和国际竞争力的迫切要求；是拓展农产品市场，促进农产品消费，实现农业增效农民增收的重要举措。

7.3.1　发展农业名牌是河南省变农业大省为农业强省的捷径和必由之路

近年来，河南省大力发展现代农业，用占全国 1/16 的耕地生产出占全国 1/10 的粮食（年产小麦 2000 万吨以上，每年调出 50 亿公斤的商品粮），其粮食、油料总产量、畜牧业总产值居全国第一位，粮食、肉类、乳品加工能力均居全国榜首，年销售收入亿元以上的龙头企业达 421 家……这使得河南成为中国第一农业大省。但是靠原粮输出并不能使河南成为农业强省。

拉长粮食产业链，发展粮食加工业，创造河南食品名牌，成为河南的努力方向。近年来，以食品工业为龙头的河南农产品品牌的发展迅猛无比。据统计，在国内市场上，每 3 袋半方便面就有 1 袋是河南造；每 10 个速冻水饺中有一半出自河南；麦当劳、肯德基在中国的主要半成品原料 90% 来自河南；全国肉类食品行业 50 强中有 9 家是河南企业。从不合格走向合格，从合格走向优质，名牌战略的实施使河南省的食品工业名牌迭出，名牌企业快速发展，竞争力显著增强。双汇、三全、思念、华英、科迪等等这些家喻户晓的品牌，辅仁酒业、毛庄绿园、博大面业、绿色中原、白象食品、广安生物等几十家农产品龙头企业，小刘庄、南街村、竹林镇等更是河南农业甚至中国农业发展史上的红旗，都屡屡吸引来世人的关注。

农产品的名牌效应明显。鹤壁永达集团作为肯德基在中西部地区的唯一供货商，以其"放心鸡"速冻产品闻名全国。在获得中国名牌后，月销售量就由之前的仅 200 余吨提高到 800 多吨。通过实施名牌战略，永达集团现已经发展成为集肉种鸡繁育、饲料生产、商品鸡养殖、屠宰加工、熟制品生产、速冻面食生产、冷藏配送、商业连锁为一体的肉鸡产业化外向型企业，是"农业产业化国家重点龙头企业""国家扶贫龙头企业""全国食品工业百强企业""全国食品安全示范单位"。2004 年，双汇集团销售收入达到 160 亿元，开始超过食品行业多年的"巨无霸"五粮液。华英集团年屠宰加工樱桃谷鸭 7000 万只，成为世界最大的肉鸭加工基地。白象集团年产方便面 50 亿包，居全国第三位。三全、思念速冻食品年产量位居全国同行业前列。据河南省质量技术监督局质量处处长孙银辉介绍，河南省共有 21 种农产品加工业品牌获中国名牌称号，占河南省中国名牌产品的 60%，河南省已成为全国最大的面粉、面制品和肉制品加工基地，使素有中国"粮仓"美誉的河南变身为国人"厨房"。

龙头企业与农户的利益联结更趋紧密。郑州市在发展农业产业化经营中，注重引导龙头企业通过"公司＋农户""公司＋基地＋农户""公司＋合作社（基地）＋农户"等多种形式，与农户建立紧密的利益联结机制。据统计，该市重点龙头企业已建立各类农产品生产基地 170 多万亩，带动农户 136 多万户。

打击假冒伪劣，保护名牌产品。从较早的原阳大米和豫花面粉，到近期的许昌腐竹和汴梁西瓜，河南的农产品品牌经常在市场上蒙受不白之冤，对企业造成巨大经济损失的同时，严重影响了企业甚至是河南的形象。假蜂蜜、假酒等屡禁不止的假冒伪劣产品也在中原大地疯狂肆虐，像毒瘤一样侵蚀着我们河南的生命。如何有效地保护第一农业大省的农业产品品牌，更好地提高河南的农产品品牌的美誉度和知名度，是我们必须密切关注和探讨的话题。

2009 年 2 月 6 日《河南日报》刊登《产业化经营引领农村经济社会又好又快发展》文章，指出《中共河南省委　河南省人民政府关于进一步发展农业产业化经营的意见》已正式公布。《意见》提出了发展农业产业化经营的总体思路和具体目标，提出了培育优势主导产业、做大做强龙头企业、建设农产品生产基地、发展农民专业合作组织、强化科技创新、实施品牌战略等 11 个工作重点和加大财政扶持力度、落实税收优惠政策、扩大信贷支持规模等 8 项政策措施。

7.3.2　洛阳市应高度重视发展农业品牌

为了加快实现河南省全面建设小康社会的奋斗目标，省委、省政府适应区域经济竞相发展的大格局，审时度势，做出了加快中原城市群发展，实现中原崛起的战略决策，明确把洛阳作为中原城市群的副中心城市，赋予了洛阳重要地位和责任。我们要抓住这个机遇，积极承担起促进中原城市群崛起的职责。实施名牌强市战略是我市经济社会发展的战略选择，也是提高经济增长质量和效益的一项重大举措。

洛阳是历史文化名城，是国家重工业基地，其历史文化、科技教育、工业、农业均具有雄厚的基础。当前洛阳产业结构的突出特点是：工业先进、农业落后；国有大工业实力雄厚，地方小工业势力单薄；重工业强大，轻工业薄弱；工商企业铺天盖地，却没有一个能顶天立地；历史文化悠久，但开发利用太少；城市繁荣，农村贫困。二元结构反差强烈鲜明，产品结构调整有待向深度发展。但目前我们所实施的名牌战略仅仅局限在工业产品上，对其他产业的名牌建设却重视不够，洛阳市乃至河南省学术界对多方位实施名牌战略的研究也不够充分。

名牌有不同层次、不同档次，任何产品都可以创名牌，高档、中档、低档产品都可以创名牌。把名牌等同于高价格、高消费是一种误解；将名牌战略仅仅局限于个别企业生产的高档产品上，认为名牌产品都属于工业产品等也是一种误解。在再造新洛阳的过程中，市政府缺乏实施名牌战略的统一筹划和战略目标、管理过程、督导激励的具体部署方案。市政府没能站在塑造名牌城市的高度，没有系统地对工业、旅游业、科技、教育、农业、商业等进行统一规划，没有多方位实施名牌战略，难以形成合力；没有分重点、分梯队、分行业地进行培育、宣传、保护和壮大；没有对反映悠久历史文化的洛阳公有商标资源统一规划和注册。

洛阳市实施名牌战略的重点培育和发展方向之一应是对促进农村发展、增加农民收入有较大影响的产品。在食品、农机、林业、农副产品深加工等领域，加大名牌产品的培育力度，努力提高产品质量、安全性和可靠性，促进农业综合生产能力的提高，推动特色农业、绿色农业发展。

将"洛阳"作为"品牌"来做；多方合力打造"洛阳名牌"和"名牌洛阳"。倡导名牌意识，创建名牌产品，树立名牌企业，通过品牌规划、品牌培育、品牌创建、品牌营销、品牌保护，造就"名牌洛阳"。力争经过5至10年的努力，在洛阳农业形成一大批具有明显市场竞争优势和影响力的品牌商标，力争冲刺国际名牌和驰名商标有所突破，拥有中国名牌和中国驰名商标的数量在国内跨入先进行列，拥有河南名牌和河南著名商标的数量在省内名列前茅，其市场占有率、经济效益、科研实力在农业中占主导地位，成为农业的重要支撑。进而以"洛阳名产""洛阳名食""洛阳名品""洛阳名胜""河洛文化"的光环效应带动和提升我市绿色农业、特色农业、加工制造业、旅游服务业的整体素质与竞争力，推进我市国民经济全面协调可持续发展。

7.3.3 大力培育发展名牌农产品

洛阳市的很多农产品有"名"缺"牌"。比如洛宁苹果，尤其是洛宁上戈苹果闻名遐迩。从目前的市场销售情况看，外地苹果仍然占据着市场优势，洛阳苹果数量虽多，但销售额却很不乐观。还有樱桃、中药材、葡萄、大蒜、无公害蔬菜、优质小麦、优质玉米等，都具有一定的知名度，但由于宣传、包装等跟不上，注册的少，注册后推而广之的更少，久而久之，就造成了很多农产品有"名"缺"牌"的状况。洛阳市在加大工业产品实施名牌战略力度的同时，进一步向农业、服务业等领域扩展。大力支持名、特、优农产品的培育，形成品牌农业优势；依托知名品牌，采用改组、联合、兼并等形式，加快优良资源向名牌企业集聚，扩大名牌经济规模，提升名牌企业的巾场占有率和知名度。同时，宣传、保护名牌产品和企业，发挥名牌的带动作用和示范效应，营造更加良好的名牌培育发展环境。

青岛名牌多，工业靠名牌战略兴旺了，农业发展依然走品牌之路。青岛人说，从进入21世纪起，走在品牌立市之路上的青岛人为现代农业确立了明确的目标，那就是品牌战略。近年来，该市培育出胶州大白菜、大泽山葡萄、马家沟芹菜、佳乐花生等一批以地方名优特色产品为主导的知名农业品牌，短短几年间，这个城市的著名农业品牌就发展到128个，其中国家级名牌13个，省级名牌17个。随着现代农业的发展，产业化步伐的加快，农产品的优势正在由以前的数量型向质量型转变。因此我们洛阳也应通过建立健全农产品质量标准化体系，以农业标准化示范区建设推动农产品标准化生产，提高农产品质量，培育一批具有特色的名牌农产品，建设现代农业示范园区，发展观光休闲农业。围绕提高市场知名度和竞争力，加强品牌策划、品牌营销，发挥名牌带动效应，促进优质高效农业产业化。

7.3.4　多方位发展农业名牌

农业有广义、狭义之分。狭义上的农业特指种植业，尤其是粮食种植业；广义上的农业包括农（即狭义农业）、林、牧、副、渔及其加工制造业，甚至是近些年发展起来的观光农业、旅游农业、休闲农业、都市农业等。我们应解放思想，大胆创新，在多方位发展农业名牌上有所作为，借名牌来扩大影响力，展现新农村、新农民的精神风貌，使之真正成为一个地区经济实力、人文素养、科技水平、经济增长质量的一个重要体现，成为推动社会发展的无形力量。

大力发展农业旅游名牌。在洛阳市推出的众多特色旅游线路中，国花牡丹观赏游、名人胜迹寻访游、山水洛阳休闲度假游、河洛民俗风情游、新黄河风情游、红色旅游、农业旅游、乡村旅游等都与农村、农业、农民息息相关。农业旅游为当地经济发展、农民增收、新农村建设作出了巨大贡献。但以上旅游景点中，真正为外地游客所熟悉的、可以称之为名牌的并不多。

大力发展农业机械名牌。作为洛阳市的支柱产业之一，洛阳装备制造业在全国享有较高知名度。进入"十一五"，洛阳市装备制造业更是到了加快发展的关键时期，尤其是国家加快振兴装备制造业和中部崛起战略有关政策的实施，为洛阳市装备制造业带来了历史性的发展机遇。我们应以一拖集团、河柴集团为重点，生产、开发为现代高效农业及农业产业化服务的各类新型农业机械和为基础设施建设服务的工程机械、动力机械。此外，还要大力发展农村劳务品牌。

　　结合地区、行业实际发展农业商品学。教育和科研必须结合地区、行业的优势及特色，为地区和行业发展尤其是经济发展服务。河南是一个农业大省，在河南省委、省政府建设农业强省、旅游强省的大背景下，河南省的各高校可以有重点地研究和教授农产品、食品行业、旅游商品等，根据实际情况开设农产品学、食品学、旅游商品学，并讲解这些商品的经营与管理，作为地方经济、社会发展的引擎和储备库，为发展农业名牌提升软实力和人气！

第八章 产权交易市场

导读：市场经济中，各种商品的交换实质是产权交换。产权交易，是一定的产权主体对作为商品的产权客体的买卖活动。中国的产权交易和产权交易市场更直接、更具体地参与到了经济结构布局、产业结构调整、企业并购重组、国企规范改制等市场行为当中。资本市场是制约河南发展的薄弱地方，建设和发展产权交易市场对破解河南省的中小企业融资难题、改善金融生态更具现实意义。本章以《刍议产权交易市场的和谐发展》《建设区域性产权交易市场问题研究》和《建设区域性产权交易市场问题研究——以河南省为例》等三节内容阐述了如何建设一个辐射中西部的国家级资本市场和交易平台，建立一套符合河南中小企业现实需求和发展特点的多元化融资体系。

8.1 刍议产权交易市场的和谐发展

经过十多年的探索和实践，产权市场的资本化、市场化和信息化程度大幅提升，其资本市场的属性日趋明显。但是，产权交易市场作为我国转型时期一项全新的制度变迁的产物，还需在理论上作深入的探讨和研究，以理清各种模糊认识和观念，使它能够和谐发展，充分发挥其在资源配置方面应有的潜能和作用。

8.1.1 产权交易市场的特殊使命和一般需要问题

8.1.1.1 产权交易市场基于国企改制的特殊使命而设立

（1）产权交易市场是我国政府为规范国有资产交易而量身定制的有形交易场所。到目前为止，我国的大多数产权交易机构最初是由财政局和国资局出资建立的，无论是事业单位还是企业组织，都是由政府批准设立并由政府指定部门监管，按政府制定的规则运行的国有产权转让的法定场所。各地的产权交易所从创建伊始，就肩负着为全国近 13 万户国有企业改制、近 5 万亿元经营性国有资产保值增值，为国有经济结构调整和战略性退出服务的使命，同时还承担着科技体制改革，知识产权向生产力转化的重任。

（2）国有企业产权改革是一项长期而艰巨的工程

首先，在 13 万户国有企业中，股份公司有 1 万多家，已上市的股份公司 1400 多家，还有近 9000 家的国有企业股权需要从产权市场寻求交易机会，其余国有企业从竞争领域的退出也需要通过产权交易市场这个资本平台来完成。其次，长期以来，国企改革面临"钱少、人多、机制不活"三大难题，比较可行的办法是在产权市场上盘活以闲置厂房和设备为主要形式的不良资产，通过盘活存量资产筹集资金，人力资源也需要随着存量资产的盘活重新分配，并且在盘活存量资产的过程中，实现产权主体的多元化，完善企业运行机制。

8.1.1.2 产权交易市场基于经济发展的一般需要而持续

产权交易市场虽然是政府专门为国有产权交易搭建的，但它必须不断解决我国经济体制改革进程中的各种一般需要问题，才能获得长足的发展。事实上，近年来产权交易市场解决经济发展一般需要问题的功能日益凸显，并不断得到实践的检验和社会各界的认同，产权交易市场已经突破传统国资体系，伸展到更广阔的范围。

（1）产权交易市场已经成为多层次资本市场体系的基础性市场。目前，产权交易所在交易对象上已从单一的企业产权转让，发展到包括物权、债权、股权和知识产权等各类产权的交易；市场交易主体从单一企业国有产权转让，发展到国资、民资、外资等各类投资者进场并购重组；市场交易方式从单一协议转让，发展到可供不同类型项目交易的多种竞价交易方式；市场交易领域也从单一制造业，发展到金融、文化、卫生、教育、现代物流、现代服务等产业。全国产权交易市场每年挂牌的交易标的物和实现的交易量远远超过了沪深证券市场的规模，弥补了证券市场未能覆盖的交易品种，填补了主板的不足，支撑起了资本市场 2/3 左右的交易规模，极大地支持了国有资本结构调整、多元经济发展、中小企业投融资和优化资源配置，有力推动了地方经济发展。

（2）产权交易市场可以为非上市公司股权交易和资本私募提供合法的途径。新《公司法》明确提出，股权转让可以在依法设立的证券交易场所进行或者按照国务院规定的其他方式进行。国务院颁布的《国家中长期科学和技术发展规划纲要（2006—2020 年）》及其相关文件提出，在发展较好的技术产权交易市场开展国家高新区内未上市高新技术企业股权流通的试点工作。可以说，通过我国多层次资本市场"产权板"转让非上市公司股权已经具备合法性。

8.1.2 产权交易市场的组织模式和功能定位问题

8.1.2.1 产权交易所的组织模式

产权交易是一种市场经济行为，产权交易所作为资本市场的有机组成部分，其自身的生存和长远发展必须依靠一个好的商业模式。为此，首先就要建立企业法人的组织模式，如有限责任公司甚至股份有限公司的形式。企业法人的交易所也像普通商业企业一样，只有提供优质服务才能立足市场发展业务。同时，产权交易所只有按照商业模式运作，才能保持迅速的市场反应，随着市场环境的变化及时修改监管规则，更新监管标准，不断提高产权交易的水准和效率。

8.1.2.2 产权交易所的功能定位

（1）产权交易所应该成为各类企业产权交易的服务平台。我国的国有企业改革由地县的中小企业逐步向省级、中央企业深入，地县一级的国企改革已达到了"三个 85%"。即 85% 的企业完成了改制；85% 的遗留债务已经清理完毕；通过再就业，提供社会保障，离退休人员安置，85% 的企业职工得到了妥善安置。这三个 85% 表明地县一级国有中小企业的产权改革已经基本完成。尽管产权交易所协助国有产权转让和国企改制的任务还很艰巨，但是很显然，随着产权改革进程的推进，国有产权的交易资源会越来越少，如果产权交易市场仅仅立足于服务公有企业单位的改制，其生存基础将会不断削弱。各地的产权市场都将完成服务于国有资产退出的历史使命，迟早都将面临同样的问题，所以，产权交易市场应该逐步从特殊使命转向一般需要，设法建立吸引各类非公有制企业进场交易的长效机制，为所有非上市公司的股权转让及其他各类企业的产权交易提供服务平台，才

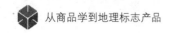

是我国地方产权交易市场发展的长远之计。

（2）产权交易所还应该成为创业资本运作的一个重要平台。创业资本是投融资活动的重要主体，与企业产权交易有着天然的联系。一方面创业资本是催生产权交易的因素，另一方面产权交易又是创业资本切入的契机。所以，应当吸引创投机构直接参与产权交易所的组建和设立，并以此为基础，进一步加强产权交易所与其他创投机构、基金公司、投资银行的合作，让这些专业的创投机构成为经纪人，充分发挥他们的作用，让他们成为产权交易市场最活跃的力量，让他们以投资者的眼光去规范、筛选企业，在为我国中小企业板或创业板提供更多更好企业资源的同时，也为当地产业升级和中小企业的扩张开辟充盈的融资渠道。

8.1.3　以构建和谐社会的理念建设产权市场

应当科学地认识产权市场，产权市场的功能是什么，发展产权市场的目的是什么？这其中关键是正确地定义和谐产权市场这一概念。和谐的产权市场应该是：市场法制环境健全、市场参与各方诚信守法、市场交易行为"三公"、市场交投活跃、市场发展平稳健康。目前，我们在发展产权市场时没有充分认识到它的功能和地位，或者说只看中它的交易鉴证功能，为了单向的需要强化了鉴证功能，忽略了市场的需要。客观地讲产权市场监管的困难也是有着深刻原因的，我们的职能部门太多，利益群体太多。

在建设和谐产权市场进程中，相关政府部门应该严格按照"国九条"的要求规范发展产权市场，有计划、有步骤地推动产权市场融入到我国多层次资本市场体系中；产权市场的转让方应严格落实国家关于国有产权进场交易的政策规定，规范进场，公开信息，公平交易，

同时应减少行政干预；产权市场的受让方应通过市场化手段，公开竞争，杜绝暗箱操作；产权交易机构应该营造一个良好的市场平台，从服务客户出发，建立起公开、公平、公正、现代化的交易环境。参与产权交易的其他中介机构应该遵守职业道德和行业规范，规范从业。只有实现以上几点，才能够保障产权市场参与各方的合法权益，使产权市场和谐、快速、健康地发展起来。

8.1.4　建设和谐产权市场必须坚持科学发展

构建社会主义和谐社会，必须遵循坚持以人为本、坚持科学发展、坚持改革开

放等六方面原则。在我们建设和谐产权市场的过程中，这几方面原则同样适用。

一是必须坚持科学发展。产权市场应该结合中国市场经济体制的建立来科学规划、科学发展。虽然，中国产权市场的兴起源于国资调整和国企改革，但从发展趋势来看，产权市场应当定位于多层次资本市场的基础平台，服务对象应包括国有企业、集体企业、民营企业、外资企业等其他各类企业。

二是必须坚持改革开放。产权市场的建设与发展应当适应社会主义市场经济的改革方向，适应经济社会发展的要求，推进改革与创新，不断实现交易品种的创新、交易方式的创新、服务手段的创新。同时进一步扩大对外开放力度，不但与国内资本市场对接，还应与国际资本市场接轨，服务于中国企业走出国门，服务于境外资本进入中国。

三是必须坚持依法治市。产权交易的政策性非常强，需要政府从政策上、法律上给予明确的定义，但至今还没有一部全国性的产权交易法律法规。3号令及其配套文件还不够全面、到位。构建和谐产权市场必须加强产权市场法制建设，实施依法治市的基本方略。

四是必须坚持正确处理改革与稳定的关系。产权市场的建设应当把改革的力度、发展的速度和社会可承受的程度统一起来，以改革促进和谐、以发展巩固和谐、以稳定保障和谐。

2006年年初，国务院国资委在海口会议上提出，产权市场"前三年打基础，后三年上台阶"的总体要求。这一总体要求，正是以科学的发展观对产权市场建设与发展所做出的战略性部署。伴随着中国市场经济的快速发展，中国产权市场正逐步成熟、完善，融入多层次资本市场体系，并将最终走向和谐。

8.2 建设区域性产权交易市场问题研究

8.2.1 引言

2010年11月12日，国家区域性（河南）中小企业产权交易市场——河南省技术产权交易所在郑州正式开盘，工信部部长和河南省省长亲自参加揭牌仪式。作为全国首家开盘的区域性产权交易市场，它引起了新闻媒体、学术界等各方的热切关注，有关方面给予了高度评价和殷切厚望。尽管在交易前期做了大量的准备工作，该市场仍然在交易 6 天后遭遇了"暂停交易"的命运。笔者在此就相关问题进行探讨，研究河南省建设区域性产权交易市场的成败得失，供其他省份乃至我国发展产权交易市场借鉴。

8.2.2 河南省建设区域性产权交易市场的环境分析

8.2.2.1 区域性产权交易市场是中国特色市场经济的产物

西方发达国家因为存在多层次资本市场，没有产权交易市场这种组织形态，其研究方向主要集中在产权理论、交易理论和多层次资本市场等方面。产权交易市场，诞生于改革开放的 20 世纪 80 年代，是我国从计划经济向市场经济过渡时期，初级资本市场在各地自发形成的一种形态，是培育和发展具有中国特色的市场经济中的产物。与西方资本市场体系相比，中国的产权交易市场更直接、更具体地参与到了经济结构布局、产业结构调整、企业并购重组、国企规范改制等市场行为当中。

但随着社会主义市场经济体制的不断完善，我国产权交易市场的现有定位与整个市场经济运行规则已经不相适应，严重制约着产权交易市场的进一步发展、规范和开放。无论是资本市场体系构建，还是经济总量大幅增长，都要求发展一个相对成熟的产权交易市场。

8.2.2.2 河南省建设区域性产权交易市场的内因分析

在我国，东部有主板、创业板，但位居中原的河南多年来资本奇缺，资本市场的建设还是一片空白。2011 年，河南省提出的中原经济区战略获得批准，正式上升为国家战略。河南省意欲在中原崛起的大背景下有大作为，而资本市场是河南的薄弱地方。河南省相关领导和部门一直有个夙愿，希望拥有一个辐射中西部的国家级资本市场和交易平台，建立一套符合河南中小企业现实需求和发展特点的多元化融资体系。

长期以来，我国的投资渠道相当缺少，大量的社会闲散资金和各类风险创业投资基金，只能投资于股市、房市或者恶意炒作农产品、药材等，这就造成了股市泡沫、房价飙升、游资猖獗，严重扰乱了市场秩序，损害了广大消费者的利益，影响到人民群众的正常生活，在社会上引起一定的恐慌，最终将影响到整个社会的稳定。另一方面，占据中国经济半壁江山的中小企业饱受"融资难"、"担保难"

之困，生存与发展面临诸多困难。目前，94.1%的中小企业反映贷款难是制约其发展的主要问题，55%的中小企业因流动资金不足而达不到设计生产能力，84.3%的中小企业资金来源主要依靠民间融资和自有资金。而我国中小企业数占企业总数的99%，对GDP的贡献占60%，提供了近40%的国家财政收入和近80%的城镇就业岗位。这种情况在河南省尤其突出。因此，破解中小企业的融资难题已成为国家和省市各级政府发展经济的重要任务。

8.2.2.3 建设区域性产权交易市场的必要性及其优势

从资本市场的角度来发展产权交易进而从根本上解决中小企业的融资问题，成为以河南省为代表的某些地方政府的首选对策。河南中小企业产权交易市场对破解中小企业融资难题、改善河南金融生态更具现实意义。河南省开展技术产权交易试点的目标就是积极探索产权流通新模式，搭建低成本融资平台，多层次拓宽融资渠道，建起金融资本与产业资本的合作通道，引进风险（创业）投资和民间资本进场，让资金与产业对接，实现产权直接融资，有效缓解中小企业融资难的问题。

与全国性资本市场相比，区域性资本市场的信息及其传播特点，决定了它能以更低的成本控制市场风险、保证市场的效率。区域性产权交易市场应该、也必须成为统一资本市场体系的重要组成部分。经过多年的探索发展，产权交易市场的功能、地位逐步明确，作为中国资本市场一个必不可少的组成部分，在推进国有企业改革、促进资源优化配置等方面发挥着积极作用，对于提高全社会的资源配置效率发挥着与证券市场同等重要的作用，甚至在一段时间内要发挥更大的作用，所以越来越受到社会各界的关注。

8.2.3 河南省建设产权交易市场所存在的问题

河南省在建设区域性产权交易市场方面进行了一系列开拓创新，取得了一定的成绩，但是也存在着一些本地特有的问题以及与其他省市共性的问题，应引起相关省市、相关领导及部门的重视。

8.2.3.1 产权交易市场外部法律、政策环境不完善

目前，各地有关产权交易的法规政策各自为政，尚没有全国性的法规和统一的管理体系来规范产权市场的发展。虽然河南省出台了《关于促进我省产权交易市

场规范发展的意见》，但该意见在市场的准入规则、竞争规则和交易规则等方面缺乏具体的规定，各地的产权交易机构往往依照与地方相关部门的协议，开展各自的产权交易业务。产权交易的基本流程、关键事项审批均没有统一管理办法，造成了各地产权交易市场各自为政，我行我素。整个市场没有统一的监管机构，交易机构在无序中求生存。在政策支撑方面，2004 年出台的《河南省人民政府关于大力发展和利用资本市场的实施意见》，明确提出将河南省产权交易市场纳入河南省资本市场体系，逐步完善其融资平台的功能。这为大力发展产权交易市场指明了方向，但关于建设多层次资本市场的具体意见却较为粗略，还不能起到激活产权交易市场，鼓励我省国有和非国有企事业单位充分利用这一平台的作用，不能起到融通资金、转让项目、交流信息、开拓市场的作用。

8.2.3.2　现实的和潜在的"一山二虎"问题

2010 年 12 月 22 日，暂停交易一个月的国家区域性（河南）中小企业产权交易市场恢复运作。这次的游戏规则是：市场交易形式从股权交易回到产权交易模式，不再是连续竞价，不再允许自然人进场交易，并开始对自然投资人的股权进行回购。笔者顿生疑惑，按照此种规则运行的交易所与河南省产权交易中心有何区别？二者同在郑州、同样具有独立法人资格、同为省级产权交易机构，在交易范围、交易规则等方面有无区别？二者的业务是否冲突、是否有可能成为竞争对手？如果政府对二者有相应管理，那么在河南省建设区域性产权交易市场的大局中，二者各自扮演什么角色、各自的职责是什么？河南省采取多头并举的发展模式是否可取？这种制度设计，很可能导致一些同行是冤家的问题，暗藏着一定的风险。产权交易市场体系不完善，分割发展，有场无市，无序竞争将导致效率的缺失，交易规则、体系建设、平台构建、监管措施等缺乏统一性、开放性，将导致资源跨地区、跨行业、跨所有制的流动和配置作用无法充分发挥。

8.2.3.3　其他问题

有关专家认为，河南省技术产权交易所被叫停的原因是某些做法不符合证券法，与证券交易的相关政策抵触，踩了"四条红线"：未经国务院批准，不能高标准化；不能连续竞价；不是证券交易机构，不能公开募集投资人；非上市企业的股东不能突破 200 人。因此，制定新的法律、协调既有法规、改善法律环境就显得更为迫切和重要。

此外，还存在以下宏观层面和微观层面的问题：没有把建设和完善资本市场提升到省级发展战略的高度；监管主体不明晰、交易规则不到位；产权交易机构的性质定位不合理，如何选择产权交易机构的管理体制、分配体制；交易主体、交易品种以及交易方式比较单一；职业经理制度尚未建立；产权交易机构职能缺失等等，这些都影响到河南省产权交易市场的进一步发展。

8.2.4　建设和发展河南省产权交易市场的政策性建议

8.2.4.1　重视和加强人才队伍的建设及培养

资本市场是智力密集型的服务业，人才和经验是最核心的资源。有关部门和高校应加快培养专业人才，必须注重人才引进、培养，以优厚的待遇、舒心的环境引进优秀的外部人才特别是领军人才，加强对现有人才的培养与激励，为人才提供广阔的发展平台，注重打造一个成熟、高效、创新、团结的工作团队。

人才队伍的建设和培养要因人而异。对于省产权中心原副总裁、中原股权托管公司总经理钟冠华式的领军人才，我们需要为其提供施展才华的广阔空间，在政策上、组织上机动灵活地进行处理，"千军易得，一将难求"，这样的人才流失了，对我省的损失和影响无可估量。钟冠华到天津股权交易所任执行总裁后，天交所发展迅猛。业界众多人士称，天交所不仅是天津产权交易中心的重点创新业务，更是北方共同市场的创新业务和多元化发展方向之一，是北方共同市场成员单位共同拥有的一个资源共享、利益共享的新市场。

产权交易涉及多种学科，专业性强，复杂程度高，拥有投资、管理、会计、法律等多种领域具有丰富实践经验的人才是成功的关键，有关部门和高校应加快培养和吸引一批拥有专业资格的经纪人才、拍卖师、资产评估人才、会计师等加入到我省的产权交易中来，组织好各类人才的选拔、培训、认证、考核工作，努力造就一支精通产权交易业务的专业人才队伍。

对于高级管理人员，可以采取交流、考察、集训等方式，就产权交易、资本市场建设、国际交流等内容对高级管理人员进行培训，为产权市场发展提供骨干。对于企业管理人员和其他从业人员，可以就产权交易相关法律法规、政策及实务、股权登记托管、市场交易规则及操作实务、经纪人素质等进行培训，不断提高从业人员的整体素质和专业化服务水平，为河南资本市场的发展做出更大的贡献。

8.2.4.2　积极推动多元化创新，提升市场效率

产权交易市场效率的提升，必须通过产权交易的多元化来实现。产权交易的多

元化应从产权出让主体多元化、产权受让主体多元化、产权品种多元化、产权交易方式多元化等方面来实现，应鼓励集体企业、乡镇企业、民营企业及三资企业等产权出让主体进入产权交易市场；除了对现有交易品种进行不断完善和创新外，要努力承接政府转变职能过程中分离出来的要素资源交易职能，还要与税务、工商部门联手推进非公业务进场交易，积极研究推出包括知识产权、物权、债权等各种财产权利在内的新的交易品种，如知识产权、文化产权交易、交易黄金交易、环境权益交易、农村产权交易、林权交易、矿权交易、水权交易、排放权交易等，同时进行经营权（如特许经营权等）、使用权、居住权、抵押权、质权、商标权、著作权、商铺等多种财产权利的转让，并完善相关交易规则和监管制度，使产权交易市场所具备的资本吸附力和影响力发挥更大的作用。

8.2.4.3　力创全国名牌区域性产权交易市场

河南省出台的《关于促进我省产权交易市场规范发展的意见》提出，"规范发展产权交易市场，支持河南省产权交易中心提升服务功能，增强资源配置能力和市场辐射力，力争建设成为全国性的综合性产权交易大市场之一"。要提高对于市场经济的运作方式和市场竞争的认识，提高省产权交易中心的知名度。我省在建设全国知名的区域性产权交易市场方面，已经做出了很多努力，取得了业内公认的成绩。作为一个全国排名第五的经济大省，我们有得天独厚的优势，应该有信心、有能力把我省产权交易市场建成在全国有影响的综合性产权交易市场。

要加大宣传力度，而且要靠管理、业绩、人员素质和执业质量，每年抓好几项重点工作，有亮点能叫响的，同时要争取政府及监察等部门的支持，打响品牌，取得名牌效应；要有开拓性的工作思路，既要开展产权交易业务，还要开展为企业改革服务的其他相关业务；要以良好的工作环境、优厚的待遇和有用武之地工作岗位，把优秀人才吸引到产权交易中心来；按照企业化运作的要求，搞活用人和分配机制；鼓励和推荐本省的产权业务到外地进行交易，通过硬件建设、采取多种优惠措施吸引外地产权业务到河南市场进行交易；通过制度建设、文化氛围等提升我省产权交易机构的实力和知名度，把省产权交易中心做强做大，构建统一、开放、和谐、完善的产权交易市场，力争把河南产权交易市场建成对我省国有资产流动、国有经济结构调整和经济发展具有重要促进作用的资本市场。

此外，还要明确指导思想和发展目标；由政府引导整合资源，实现统一市场；

进行市场化运作改革，健全市场网络体系；提升交易市场的功能，拓展市场空间；完善市场配套体系，加强政策支持，等等。

8.3 建设区域性产权交易市场问题研究——以河南省为例

8.3.1 引言

产权交易市场，诞生于改革开放的 20 世纪 80 年代，是培育和发展具有中国特色的市场经济中的产物。与西方资本市场体系相比，中国的产权交易和产权交易市场更直接、更具体地参与到了经济结构布局、产业结构调整、企业并购重组、国企规范改制等市场行为当中，形成了全球独特的直接以产权交易市场面孔出现的类似二、三、四板市场。西方国家因为存在多层次资本市场，没有产权交易市场这种组织形态，其研究方向主要集中在产权理论、交易理论和多层次资本市场等方面。

国内对区域性产权交易市场建设研究的专著和论文较多。从大范围来看，主要集中于三大类：一是主要研究中国资本市场的发展和建设，二是从宏观层面研究中国产权交易市场的发展，三是从微观层面研究产权交易的实务，包括产权交易的法律实务、实际交易过程等。但从中观角度研究区域性产权交易市场，从如何构建合理、高效的区域性产权交易市场的角度来研究某一个省的产权交易市场建设的内容，在已有的研究成果中则少有涉及。

目前我国产权交易市场的状况是没有全国统一的产权交易市场，是以省及省级以下行政区域为单元的区域性产权交易市场。各省级政府通过整合本地区的产权交易市场，构建全省统一产权交易市场，并辐射周边地区。其中北京、上海、天津、重庆四个直辖市，由于体制优势，率先完成了本地区产权交易市场的统一组建，起到了很好的示范效果。其他各省，由于情况多样和复杂，正在整合之中。

8.3.2 河南省建设区域性产权交易市场的历史背景

党的十六大报告和十六届三中全会提出了"建立健全现代产权制度"，明确提出"建立多层次资本市场体系","规范发展产权交易","健全交易规则和监管制度，推动产权有序流转"，这为产权交易市场的发展指明了方向。

与全国性资本市场相比，区域性资本市场的信息及其传播特点，决定了它能以更低的成本控制市场风险、保证市场的效率。区域性产权交易市场应该、也必须成为统一资本市场体系的重要组成部分。河南省新近提出中原经济区战略，意欲在中原崛起的大背景下有大作为，而资本市场是河南的薄弱地方。河南省相关领导和部门一直希望能够拥有一个辐射中西部的国家级资本市场和交易平台，建立一套符合河南中小企业现实需求和发展特点的多元化融资体系。

河南省在建设区域性产权交易市场方面进行了一系列开拓创新，取得了一定的成绩：省政府及相关部门出台了一系列相关政策和文件，初步建立了产权交易机构和运营机制，全方位地创新开展了市场的软件和硬件建设等。尤其是 2010 年 11 月全国首家区域性产权交易市场——河南省技术产权交易所在郑州开盘，引起了各方的高度关注。

8.3.3 河南省建设产权交易市场所存在的主要问题

但是，河南省在建设产权交易市场的过程中，存在着一些本地特有的问题以及与其他省市共性的问题。总结分析这些问题及经验教训，对于其他省份和全国产权交易市场的发展具有重要意义。河南中小企业产权交易市场的开张、关闭、再开张说明，国家层面同意继续试点，但在省级层面仍有诸多问题，还要继续改革创新。

8.3.3.1 没有把建设和完善资本市场提升到省级发展战略的高度

区域性产权交易市场的建设和发展离不开政府的战略规划与政策支持。凡是产权交易市场较发达的地区（例如天津、上海、深圳等地），当地政府都深刻认识到产权市场的发展与本地区经济社会发展的重要关系，历届政府对其在整个区域资本市场发展中的角色都有一个明确的共同的定位，都把建设全国乃至全球金融中心作为战略目标，薪火相传，孜孜不倦，从不因政府换届而改变这一战略的连续性和重要性。河南省的问题是，在不把河南省或者河南某地定位于国内金融中心的前提下，产权交易市场在河南省经济发展中应该处于什么地位、发挥什么作用？是否有必要把大力建设和发展资本市场提升到省级战略的高度？如果发展区域性产权交易市场意义重大，那么应如何全面系统地、持之以恒地建设该市场？虽然河南省政府也意识到产权市场建设的必要性，并下决心出台了一批规范与促进政策，但战略目标的缺失，使得产权市场如何发展没有形成一个明确的思路，导致发展方向不明和策略不够清晰，政策措施不够系统，很难有效发挥出指导作用。思路不清也使得各级政府和相关部门在发展中出现了很多错位、缺位和越位现象。

8.3.3.2 监管主体不明晰、交易规则不到位

产权交易是一项复杂的系统工程，涉及国资、财政、纪检监察、工商、国土资源、房产、劳动保障、经贸等部门。但目前我省各相关部门尚未明确责任，缺乏必要的相互配合和监管把关，致使产权交易在一些环节上得不到落实，政出多门，监管难以到位。例如产权交易挂牌企业的信息披露是否规范？信息披露的格式不统一、信息披露的内容不完整等具体问题没有得到解决。以河南省技术产权交易所交易 6 天后"暂停交易"为例，相关主管部门解释，由于出现了政策界限不够明晰和运行规则不完善等问题，为防范交易风险，保护投资者利益，决定暂停市场交易及其相关活动。虽然这种解释未能打消社会各界对其中缘由的各种猜想，但可以肯定的是，河南省技术产权交易所暂停交易，再次提出了影响或者制约产权交易市场目前和未来发展的重要因素：产权交易所到底由谁任监管主体？交易规则该如何拟定？地方政府自身有问题，政府部门间的沟通、协调不到位，甚至出现了部门利益博弈问题；应改变政府所扮演的"婆婆"角色，引入市场机制，提前制定出现问题后的应急预案。

8.3.3.3 宏观层面存在的其他问题

现实的和潜在的"一山二虎"问题，应妥善谋划恢复运作后的国家区域性（河南）中小企业产权交易市场与河南省产权交易中心如何共赢发展；产权交易市场的发展依赖于发达的中介机构和大量的专业人才来完成，配套机构素质不佳和人才的缺乏已成为制约我省产权交易市场发展的瓶颈；企业产权界定不清晰，产权出让时利益关联不正常，出让价格和决策人之间的利益关系不是正相关，可能导致产权交易中的权钱结合、暗箱操作，造成国有资产"有形"或"无形"地流失；政府行政主导，政府机关色彩明显，政出多门、多头管理；产权交易市场外部法律、政策环境不完善；信用体系缺失；金融体系支持不足；企业上市数量偏少，经济证券化率偏低等等也是影响产权交易市场发展的因素。

8.3.3.4 微观层面存在的问题

产权交易机构的性质定位不合理，选择事业法人还是企业法人，以及如何选择

产权交易机构的管理体制、分配体制等等，是目前我省各地产权交易机构面临的难题；产权交易机构职能缺失，不能成为企业融资的重要基地，个别机构基本没有开展业务，有的有一定的业务但是交易不规范，有的交易机构为求生存，不顾现行政策规定，在未与主管部门协商沟通的情况下，突破规定，进而对产权交易的整体发展带来负面的影响；产权交易的主体单一，多数仍然是国有企业，民营企业实际成交很少，更少见到外资企业的身影，高校在国有产权进场转让方面，没有站在时代的前沿，没有起到典范、表率作用；交易品种比较单一，林权交易、矿权交易、水权交易、专营权、使用权、居住权、抵押权、质权、债权、商标权等多种财产权利的转让在我省的市场上见得较少，与北京、上海、天津、浙江、成都等省市多样的交易品种相比，还存在着不小的差距；产权交易方式单一，较多采用协议转让方式，绝大多数的国有产权转让是由交易双方一对一谈判进行的，采用招投标、公开拍卖、竞价转让等交易方式进行转让的产权屈指可数；职业经理制度尚未建立，等等。

8.3.4　建设和发展河南省产权交易市场的政策性建议

8.3.4.1　明确指导思想和发展目标

通过有效引导，以明确机构定位为基础，以强化市场监管和规范市场运作为重点，将河南省产权交易市场发展成为统一、规范的区域性资本市场，力创行业名牌；以河南产权交易中心等行为规范的交易市场为依托，整合省内产权交易市场资源，组建具有较强集聚和辐射能力、运作规范的产权交易市场；发展完善产权交易市场应从政府的有效引导开始，明确机构定位，强化市场监管和规范市场运作，以形成统一、规范的区域性资本市场为基本目标；确立河南省产权交易市场监管和运营的基本框架，分别对市场相关机构、市场服务范围、市场基本功能、市场交易关联主体等进行定位。

充分发挥政府职能，加强宏观规划，完善法规，加强政策引导和扶持，加强通讯技术的应用，引导企业产权交易进入市场，实行竞价交易，努力营造有利于产权市场健康发展的环境，建设服务与法制型政府，争创政务管理名牌。盯住建设全省统一的产权交易大市场的目标不放松，把省产权交易中心做强做大，构建统一、开放、完善的产权交易市场，加强与其他省市的合作交流，加强产权交易队伍建设、构建优秀企业文化、促进产权市场健康发展，积极制定和实施国际化战略，力创全国名牌产权交易市场。

8.3.4.2　由政府引导整合资源，实现统一市场

省政府应当成立一个统筹规划和监督管理河南省产权交易发展和运行的机构，例如成立河南省产权交易市场建设领导小组，由省领导担任组长，相关部门负责人作为成员，确定河南省产权交易市场发展完善的总体思路，制定整合资源形成大市场的方案，制定规范河南省产权交易市场监管与运营的政策法规。领导小组下设办公室，作为具体的办事机构，负责日常事务。

整合现有产权交易机构，形成统一的产权交易大市场。打破现有的市场格局，整合现有的市场资源、人力资源和管理资源，统一产权交易市场的名称，成立河南省产权交易所理事会，将产权交易机构改制为产权交易公司，形成新的、全省统一的市场，以及新的经营管理结构。推动相关部门加快整合省内产权交易市场资源。以河南产权交易中心等行为规范的交易市场为依托，组建具有较强集聚和辐射能力、运作规范的产权交易市场，作为全省产权交易的指定场所。

政府运作交易规则。政府不能替代产权交易市场，但产权交易市场也不能缺少政府的支持。政府在产权交易中的指导、管理和监督作用十分重要。政府必须通过行政权威和政权力量，禁止和限制不合理行为，保护企业合法权益。交易规则是政府及有关部门按照市场运行要求制定的市场行为准则。产权交易规则应包括：市场准入规则，市场竞争规则，市场交易规则等。

坚决树立和实施"全国一盘棋""共生共赢"理念。国家制定的各地综改方案表明了支持各地重开场外市场建设的立场，但是必须注意场外市场不是谁想建就能建，不是谁建就能建好的。严格、规范、成熟的产权交易市场应该是开放的、竞争性的、统一的市场，必须有全国的统筹规划。各地应该放下各自为政、另起炉灶的"心魔"，否则损害的将是中国场外市场建设的整个大局。基于我省现状和省政府总体规划，我们不可能也没必要以建设全国性的中心产权市场为目标，但是作为一个在全国排名第五的经济大省，我们必须把建设区域性中心产权市场作为我们的目标，以服务于中原经济区战略，服务于全省经济发展的大局。

8.3.4.3　进行市场化运作改革，健全市场网络体系

应该突破旧的思维定势，对交易机构逐步推进"公司制＋会员制"的市场化改革，不断创新自身的驱动机制和运行规则，改变多头管理、政企不分的现状，真正形成"政府监管、市场化运作、公司化经营"的运行体制。同时，为建立健全产权交易市场网络体系，先要按"全省一盘棋，全局一体化"的原则统一规范区域性产权交易市场建设，统一产权交易管理体制，统一程序和办法。并在此基础上按层次

化的要求逐步形成层次化的网络体系。在实现纵向层次化的同时，还要根据产权交易对象的性质建立各种不同类别的交易市场，以实现交易市场专业化。使全省的产权市场形成全局一体化、纵向层次化、横向专业化的发展格局。积极参与推进中国产权交易协会的成立，积极推进河南省产权协会的建设。密切关注社会发展形势和趋势，紧跟国家和各级政府的政策，从政策中发现机会，应成为产权市场发展战略和业务拓展的经验、能力及基本思路。加强宣传和营销，要充分利用好现代网络平台，建设管理好网站；学习先进经验，加速信息化建设，提供优质服务。

8.3.4.4　建立多层次监管体系，规范交易行为

建立政府第一层面的监管，在省政府对产权交易市场的整体把关的基础上，在全省层面协调各地市、各部门的行为。省、市、县各级政府部门对产权交易的监管，重点是制定政策规章并推动落实。加强全省产权交易法律监督体系建设，创新完善制度建设，督查政策法规执行情况。

采取行政监管手段、经济手段、信息化手段强化政府产权交易监督机构的经常性监管。河南省产权交易监督机构的监督职责主要是管理、监督和指导产权交易市场的交易业务，协助政府制定和实施产权交易的管理办法和实施细则，制定产权交易市场及相关专业市场的交易规则和法规，审批产权交易经纪机构的资质和产权交易方式，调解交易纠纷，查处交易中违反交易规则的行为，统计产权交易市场的交易情况，研究产权交易中遇到的问题和对策，培训交易专业人才等。

建立交易市场行业自律性监管，建立市场中介监督体系。自律性监管主要体现在产权交易所以自我完善、自我约束为宗旨的理事会制的行业管理机制上，体现在在理事会的组织下，会员们共同制定的《交易市场章程》对交易行为、交易程序、交易方式等一系列约定上，体现在会员们共同约定的职业操守和行业纪律上，更重要的是体现在对会员们在开展业务的实时监管上。

建立产权交易经营公司自律监管，建立群众和社会舆论监督。交易所经营管理公司对会员的约束，体现在对会员实行的聘用制上。建立产权交易的信息披露制度，建立产权交易宣传报道制度，积极鼓励新闻媒体对产权交易进行跟踪采访，适时对产权交易情况进行宣传报道，扩大产权交易在社会的影响面，让"阳光交易"深入人心。

8.3.4.5　其他决策建议

提升交易市场的功能，拓展市场空间。交易市场的功能直接影响着产权交易的

范围和效率，我省产权市场的发展目标应当着眼于打造多层次复合型的产权交易平台，促进我省的产权交易市场成为中西部产权交易的区域中心。强化产权市场功能应该从以下几个方面做起：建立国有企业产权多元化改造的平台，建立高新技术和科技成果产业化的平台，建立省内中小企业融资的平台，建立内外部资源有效整合的平台，合理规划，逐步发挥交易市场的资本功能。

完善市场配套体系，加强政策支持。大力发展各种市场中介组织，发挥它们的服务、协调、公证和监督作用，提高执业水准，增强中介服务机构综合实力；协调相关职能部门，制定有利于产权交易的财政政策，争取金融体系的支持，加强理论探讨，互相学习交流；建立多层次监管体系，规范交易行为；积极推动多元化创新，提升市场效率；力创全国名牌区域性产权交易市场，等等。

8.3.5　结语

从产权交易市场诞生之日起，学术界关于产权交易市场的争论一直没有停止过，全国性的会议更是连续不断，理论界、企业、地方政府和与会代表，对产权交易市场都给予了非常热情的肯定。虽然产权交易市场至今仍然名不正言不顺，仍然受到有关部门的限制，仍然受到有无建设必要的质疑，但地方政府和实际部门却以更加务实的态度，对产权交易市场给予积极的关注，通过各种形式和机会，不停地为恢复、重建、发展产权交易市场作出种种努力，从中足见产权交易市场具有顽强的生命力。

中国产权市场的长期健康发展离不开理论的指导和支持，否则将是无源之水。应加强学术研究和探讨，彼此进行学习交流，以提高产权交易从业人员理论和实务操作水平。市场营销学认为，市场包含三个主要因素，用公式表示即是：市场 = 人口 + 购买能力 + 购买欲望。市场的这三个因素相互制约、缺一不可，只有三者有效结合起来才能构成市场，才能决定市场的规模和容量。区域性乃至全国性产权交易市场能否存在、发展，是否需要大力研究和建设，依然要由市场规律决定。产权交易市场建设是一个系统工程，不能操之过急，不能违背市场规律，不能违反国家法规。

天津商业大学贾保文教授在《中国产权市场发展的现状、前景与抉择》一文中认为，"仅仅根据过去的实践经历和目前呈现出来的繁荣表象，就断言中国产权市场会在'后一个10年内'走上发展的坦途，创造新的奇迹，未免过于乐观"。客观地说，21世纪初的中国产权市场的发展，仍然存在着三种可能出现的前景：逐步萎缩的前景，被政策取缔的前景，再生的前景。中国产权市场要走出目前的困境，要实现再生，就需要抓住中国建设多层次资本市场体系的机遇，以更大的勇气完成自身的蜕变；需要产权市场的实践者们对中国产权市场发展的现状有一个清醒的认识、对市场的未来走势及可能出现的前景有一个客观判断；需要他们在理性选择的基础上采取统一有效的行动，推进中国产权市场的改造、统一，融入我国多层次资本市场体系，在社会资源配置层面上发挥更大的作用。

第九章 地理标志产品

导读：如今，食品安全成为全球的一个热点和焦点问题。我国的"三品一标"（无公害农产品、绿色食品、有机农产品、地理标志产品）工作正在深入开展，地理标志产品日益受到广大消费者的宠爱，它同时也成为国际贸易中通行无阻的产品。地理标志产品具有多元（经济价值、法律价值、生态价值、教育价值、旅游价值、文化价值等）的综合价值，要正确对待，加大培育、保护和开发的力度，应综合开发其多元价值以造福人类。本章以《地理标志农产品的价格两极现象探析》《保证地理标志产品优质高价的对策》《地理标志产品的六元价值研究》《地理标志产品的"五品"品质研究》《地理标志产品的文化内涵研究》《地理标志产品偃师银条的最佳产地和种植范围考》《地理标志农产品的生态价值研究》和《地理标志产品银条的取名考证及植物学特征》等八节内容阐述了实施品牌战略和"质量强国"战略的意义和相关对策。

9.1 地理标志农产品的价格两极现象探析

地理标志是农产品知识产权保护制度，目前已被世界很多国家所采用。在我国，依照农业部的定义，农产品地理标志是指标示农产品来源于特定地域，其产品品质和相关特征主要取决于自然生态环境和历史人文因素，并以地域名称冠名的特有农产品标志。这表明：地理标志是一个质量标志，是国家对消费者的一种承诺和担保。与一般农产品相比，地理标志农产品往往代表了一个地区、一个民族的文化形象，具有传承地域特色文化的价值和功能。因此，地理标志农产品具有增值和溢价功能，蕴藏着较大的经济效益。培育、开发和保护地理标志农产品，能够提高和保证农产品质量、促进农民增收、促进农业结构调整和推动当地特色农产品产业化发展。

9.1.1　我国地理标志农产品发展概况

我国拥有丰富的农产品资源。自上世纪 90 年代以来，很多地方政府逐渐认识到地理标志农产品的重要性，纷纷挖掘、培育、注册和发展本地的地理标志。据统计，2011 年全国地理标志数量已达 1949 个。

近年来，很多地方政府看中地理标志立竿见影的拉动作用所产生的品牌效益和社会效益，纷纷申报地理标志农产品。但是一些地方政府缺乏长远规划和科学管理，申报成功后，忽视了市场准入、标准管理、退出机制、打假维权、品牌保护、市场营销等工作，致使多数地理标志农产品的价格大起大落，农民丰产不丰收。

地理标志农产品价格主要存在两个方面的问题：一是地理标志农产品定价机制不完善。农产品一经注册，其价格往往出现不合理的疯涨现象。例如，"安溪铁观音"、"偃师银条"等产品注册地理标志后的价格最高上涨 28 倍；河南省温县的"铁棍山药"注册后价格上涨到每斤 48 元；福建的"莆田桂圆"注册后每斤售价更是高达 50 元。二是地理标志农产品的保护工作不健全，农产品注册后没有相应的保障机制维系其产品价格和保障种植农户的收益。例如温县的"铁棍山药"2011年每斤收购价下跌为 13 元，2012 年的批发价更是低至每斤 6 元；福建的"莆田桂圆"2012 年每斤的批发价仅为 8 元。除此之外，湖北秭归的脐橙、深圳南山的"糯米滋"荔枝、安徽宣城的"宣木瓜"也都遇到了类似的价格大幅度波动情况，这不利于农民收益的保障。

仔细观察就会发现，多数地理标志农产品都经历了"低价—高价（天价）—低价—理性价"的价格发展轨迹。当其养在深闺人未识时，价格与其他地方所产的同类产品相差无几；一旦成为该地的地理标志产品就身价倍增，价格节节攀高；当产地盲目扩大或产量剧增或者假冒伪劣泛滥时，"金疙瘩"就卖成了"白菜价"，种植户有时亏本销售甚至血本无归；经过多方努力才逐渐回归到理性价格，步入优质优价的良性发展。

9.1.2 部分地理标志农产品价格两极现象的原因分析

由于地理标志农产品的品质取决于其独特的生长环境及制作工艺等因素，产量很难提高，所以物以稀为贵。地理标志本身具有增值和溢价效应，加之当地企业或者游资炒作，致使某些地理标志农产品创出了天价神话。流通环节的层层加码和盘剥、豪华的包装更使其价格不菲。以偃师银条、原阳大米为例，在工业化、城镇化浪潮中，这些处于城市边缘的地理标志农产品的土地被逐步蚕食，或者其土地被征用为建设用地，使得本已稀缺的地理标志资源更加匮乏，很可能导致其价格越来越高。

笔者在此重点探讨部分地理标志农产品价格低迷或暴跌的原因。

9.1.2.1 种植面积盲目扩大，导致产量剧增

当地理标志农产品创出名气而价格上涨后，利益驱动使当地盲目扩大种植面积，其他地区也引进种植，导致恶性积压，价格随之下跌。例如，2010年大姜价格飞涨，2011年莱州大姜的种植面积就达到7万亩左右，比上年增加了30%；2010—2012年，温县铁棍山药的种植面积由19000亩增加到了38000亩。

9.1.2.2 销售渠道分散，销售方式单一

以莱州大姜和温县铁棍山药为例。整个莱州产区没有一家大姜交易市场，货源的相对分散，对外地客户的采购造成不便和成本增加。同样品质的大姜，在莱州的收购价要比周边批发市场便宜2毛钱左右；温县的铁棍山药虽然享誉全国，但当地同样没有一家专业的山药交易市场，村民大多依靠客商上门收购或者到集镇的收购点出售。

9.1.2.3 产品单一，缺乏深加工技术和企业

一些地方和种植户以销售生鲜原材料和初加工产品为主，这也是其价位低迷、销售困难的原因之一。以"偃师银条"为例，洛阳市14家从事"银条"业务的企业中，普遍都是经过漂洗、挑拣等若干工序后生产瓶装、袋装或盒装产品。科技含量有待提高，且产品同质性强；现有产品线的广度、深度、组合度使其产业链条较短，无法获得最大收益。

9.1.2.4　游资炒作，价格暴涨暴跌

近年来，游资炒作农产品的事情时有发生。农产品的需求价格弹性较小，成为了游资追逐的目标之一。2012 年 9 月，铁棍山药尚未大面积出土上市，温县市场上就出现了山药滞销的传闻。有人怀疑是游资在背后推波助澜进行炒作，试图压低收购价格借以谋利。如果任其发展，必将影响到农业生产经营的稳定。

9.1.2.5　假冒伪劣产品充斥市场，导致劣品驱正品

部分经营者把外地的"山寨"山药拉到温县稍加包装后就以温县"铁棍山药"的名义出售，有的经销商干脆直接把山东、河北等地的山药运到郑州等地，直接以"铁棍山药"的旗号出售。此外，"莆田龙眼"被"泰国桂圆"鱼目混珠、原阳大米被东北大米假冒等等，劣品驱逐良品现象屡见不鲜。"低产量＋外地质劣价低产品充斥＋挂羊头卖狗肉"的恶性循环做法，损害了地理标志的品牌价值。

9.1.2.6　原产地盲目扩大，产品质量参差不齐

地理标志农产品的品质和相关特征主要取决于自然生态环境和历史人文因素，标示该农产品来源于特定地域，该地域以外的同类产品就名不副实了。例如，大红袍最初源于福建武夷山天心岩九龙窠岩壁上的 6 棵茶树，当地茶农在九龙窠峡谷的沟底平滩上，种植的由这 6 棵母树无性繁殖出来的后代也属珍品，以此为中心，武夷山市所辖行政区域种植的 4 万多亩茶叶是正品茶叶。其他地方生产的冠以大红袍的茶叶均为假冒伪劣产品。据统计，2011 年武夷山原属地的茶园市场实际销售额达 80 亿元，而全国市场武夷山岩茶和安溪铁观音的销售额却高达 200 亿元，对正品大红袍的冲击可见一斑。

9.1.2.7　品牌的开发、保护等建设工作滞后

多数地理标志农产品及其加工品都有其突出特色，但是并没有形成以标准规范生产、以标志保证产品质量、以品牌促进销售的良性机制。相当多的企业认为，地理标志产品反映的是一个行业和地域的情况，并非针对某家特定的企业，企业的商标比地理标志更重要。因此，企业往往注重宣传自己的品牌而不愿意宣传地理标志。产销规模小、缺乏龙头企业带动、政府缺乏政策支持、企业缺少开发保护资金、消费者较为陌生、社会关注度不高等也是品牌建设落后的原因，形成了部分产品"申请热、使用冷、效果差"的怪圈。

9.1.3　促进地理标志农产品良性发展的对策建议

9.1.3.1　加大政府对地理标志农产品发展的支持力度

完善现行的工商、农业、质监"三权分管"模式，确立由政府、行业协会和企业三方参与的监管体制，要制定严格的质量监督制度，开展国际注册。加大执法力度，打假治劣，处理不正当竞争行为，保证地理标志农产品市场声誉，切实维护相关利益主体的合法权益。遏制游资哄抬或者压低地理标志农产品价格，维持其价格稳定。

引导农民根据市场供需情况和各地区生产情况进行农业生产，大力发展信息产业建设，尽快实现全国范围内的地理标志农产品信息网络化与信息共享化，方便产品信息追溯。扶优扶强，加强财政支持，拓宽融资渠道，支持农村合作经济组织，重点支持名优企业发展为行业龙头。帮助企业了解申报产品的国家标准并且制定地方标准和企业标准，完善质量检查评价系统，规范产品标注标识，帮助企业制定战略规划、提高科研能力、规范经营管理等。

9.1.3.2　加大对地理标志农产品的宣传力度

加大对地理标志的宣传力度，提高公众认知。通过开设专门网站、召开经验交流会、产品展销会等形式和途径，向社会广泛宣传和普及相关产销信息、消费指南、法规、标准等，使广大客户、消费者、农民熟悉地理标志产品。制定相应的规划与战略，普查本地潜在的地理标志产品资源并大力培育，实施统一商标注册保护，实行"统一品牌、统一标准、统一包装和统一管理"，确保特色农产品的优良品质，维护品牌形象，提升市场竞争力，促进产业发展壮大。

9.1.3.3　完善地理标志农产品的营销网络和延伸产业链

探索和做强农产品市场交易网络，借助专家和专业营销机构制定营销规划，培养本地营销队伍以及农村经纪人。在本地筹建交易中心，组织种植大户与专业合作社到大中城市开办自产自销一站式机构"批发销售点"、直销店，推进农超对接、农批对接等形式的产销衔接，采取有效鼓励措施吸引大资本、大企业进入营销领域；积极发展农产品电子商务，扩大网上交易规模，多渠道做好销售。

发挥龙头企业的带动与示范作用，推行"企业＋地理标志＋农户"的产业模式。整合企业的经营优势和地理标志的资源优势，将农户和企业组织起来，鼓励企业自建基地，进行集中管理、规模生产和营销，解除农户销售农产品的后顾之

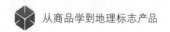

忧，提高经营主体和农民的市场化组织程度，实现企业和农户的双赢。

统一产品风格样式，在包装箱上粘贴防伪标识，设计物流码以实现产品的有效追溯，便于生产者、经营者、消费者随时都可以从网站上查询所有相关信息。建立现代流通体系，提高储存和深加工能力。

促进精深加工，开发产品新用途，提高农产品科技含量和附加值。政府和企业应从标准制定、质量认证、计量监督等方面入手，规范生产。集中资源完善和整合产业链，做好产业营销。

9.1.3.4　加强特色建设，打造地理标志农产品的优秀品牌

倡导特色农业，推广一村一品。企业应将主要精力放在当地特色品牌的建设上，同时处理好地理标志和当地特色产品品牌建设的关系，培养消费者对地理标志的忠诚度。

地理标志申报成功后，要重视品牌维护能力的培养。政府、协会、合作社、企业和农户要通力合作，合理利用与保护自然资源、人文资源和地理遗产，更有效地提升优质农产品和特色产业的发展，让地理标志农产品发挥更多的财富效应和生态效应。

此外，还要严格控制原产地范围，在保证地理标志质量的同时，树立绿色观念，发展生态农业，尽可能将地理标志农产品申请成为绿色食品、有机食品、无公害食品，恢复或保护当地的生态系统等。

9.2　保证地理标志产品优质高价的对策

9.2.1　地理标志产品的概念及我国发展概况

9.2.1.1　地理标志的概念及其属性

地理标志是一个舶来品，它的英文为"Geographical Indications"，有时候也译为"地理标记"。世界贸易组织框架内的《与贸易有关的知识产权协议》（即TRIPS）第 22 条对地理标志的定义是：指识别一商品来源于一成员领土或者该领土内一地区或地方的标记，该商品的特定质量、声誉或其他特征主要归因于其地

理来源。它明确宣告，该产品来自于得天独厚的地理环境，产品质量与所处环境息息相关。

地理标志来源于 TRIPS 协议，所以它首先是一个法律概念，具有法律属性；又因为它是基于人们的经济活动需要而产生的，所以又具有明显的经济属性。地理标志作为一种重要的农产品知识产权保护制度，目前已被世界很多国家所采用，是世界通行的国际品牌保护制度。

就全球而言，绝大多数地理标志产品是农产品。地理标志保护制度注重对农产品标准和规范的管理及监督，保护具有独特的自然因素和人文因素的特色农产品；它通过划定生产范围，制定法规、标准和技术规范、操作规程，运用检验、检疫、认证等手段对原材料的生产、加工、制作和产品销售进行全方位、全过程的监督管理，以确保特色农产品的优良品质。

9.2.1.2 我国地理标志产品的发展概况

在我国，国家工商总局于 1994 年发布了《集体商标、证明商标注册和管理办法》，首次明确了以证明商标来保护地理标志；《中华人民共和国商标法》（2013 修正）第十六条第二款规定了地理标志的概念；国家质量监督检验检疫总局于 2005 年公布的《地理标志产品保护规定》的第二条规定，地理标志产品是指产自特定地域，所具有的质量、声誉或其他特性本质上取决于该产地的自然因素和人文因素，经审核批准以地理名称进行命名的产品。地理标志农产品是指按照农业部《农产品地理标志管理办法》（2008 年公布）规定，通过专家评审，经社会公示后无异议，由农业部做出登记决定并公告，取得《中华人民共和国农产品地理标志登记证书》的农产品。可以这样理解，地理标志农产品在我国就是指知名的土产品、特产品，是农民的知识产权。

在我国，共有三个政府部门分别对地理标志实行管理，形成了"三权分管"模式。据笔者统计，经国家质检总局批准公布的地理标志产品有 1900 多个（截至 2015 年第一季度），国家工商总局公布的数据是，我国地理标志商标累计注册量已经达到 2799 件（截至 2015 年 3 月 31 日）。在这两个名单中，绝大多数是农产品，均占总数的 95% 左右。农业部公布的地理标志农产品共有 1588 个（截至 2014 年 12 月）。

9.2.1.3 重视和发展地理标志产品的意义

由于地理标志保护制度的巨大经济利益，许多国家纷纷引进了地理标志制度，尤其是 TRIPS 协议将地理标志纳入知识产权的范围后，该制度更加得到了世界广泛的认可。法国借助地理标志制度造就了一大批世界知名的地理标志产品，例如，葡萄酒中的世界级品牌——香槟酒和干邑酒就是法国最具有代表性也是最成功的地理标志产品之一。

在全球化竞争不断加剧，产品替代性日益增强、产品同质化日趋严重、消费者购买行为日渐呈现出以品牌为导向的今天，要实现区域农业的可持续发展，必须高度重视地理标志农产品的保护、培育和开发。保护和开发地理标志农产品，能够提高和保证农产品质量，促进农民增收，促进农业结构调整，推动当地特色农产品产业化发展，进而促进农村经济的发展，促进生态文明建设。2010 年中央"一号文件"指出，要充分运用地理标志和农产品商标促进特色农业发展。2015 年中共中央、国务院印发的中央一号文件《关于加大改革创新力度加快农业现代化建设的若干意见》指出，要"立足各地资源优势，大力培育特色农业"、"大力发展名特优新农产品，培育知名品牌"、"扶持发展一村一品、一乡（县）一业，壮大县域经济，带动农民就业致富"。

保护、培育和开发地理标志农产品，是国民经济建设的需要，也是建设环境友好型社会，科学发展的需要。这就要求我们要重视各地独有的地理标志产品的保护和开发，充分发挥其多元价值。这样不仅可以促进当地经济的大力发展，还能使政府和群众自觉积极地保护当地生态环境，有利于特色农业发展和品牌建设，有利于绿色环保农产品的推广和保护，突破贸易壁垒，扩大出口；有利于提高农民收入和生产积极性，有利于保护和传承生态资源和人文环境，进而发展当地生态旅游。

9.2.2　保证地理标志产品优质高价的对策

进入新世纪，我国的地理标志制度日渐完善，地理标志产品逐步规模化、产业化，地理标志日益为广大消费者所熟悉，有关地理标志产品的国际交流和国际贸易日益增多。但是近年来，在其发展中却出现了叫好不叫座甚至是名誉下跌的现象。不少地方重申报、轻管理，致使不法商人唯利是图，假冒伪劣产品充斥市场、消费者无所适从，正宗的地理标志产品有行无市、因高价滞销只得低价出售，品牌价值大打折扣。长此以往，千百年来无数人为之付出巨大心血的地理标志产品及其相关行业、制度将面临一落千丈甚至是灭顶之灾。为此，社会各界必须采取多种措施，保护其健康发展。

9.2.2.1　充分发挥政府职能

政府具有多项职能。对于地理标志产品，政府应充分发挥引导、规范作用，充分保证市场发挥配置资源的主导作用，加大管理力度，培育、保护、发展并壮大地理标志产品。普查本地的地理标志产品资源，制定发展规划；宣传、营销当地的地标产品，提高其知名度和美誉度；在政策和物流渠道上，既能保证地理标志产品丰收，还能保证货流渠道通畅且多元化，同时还能堵住假冒伪劣产品；在市场经济中，政府既要管理好还要服务好，当好裁判角色；针对广大消费者开展各种形式的宣传教育；科学划定地理标志产品的保护范围，既不盲目扩大也不胆怯缩小；严厉打击假冒伪劣商品，防止游资恶意炒作，防止部分企业压价倾销，防止利用网络等媒体造谣中伤地理标志产品。

9.2.2.2　系统分析影响商品质量的因素

为了保证和提高地理标志产品的质量，必须分析影响其质量的因素，然后采取相应措施，对症下药。影响商品质量的因素是多方面、所层次、多环节的。它贯穿了商品采购、生产、储藏、运输、销售、使用和用后的各个环节，有些是内在因素，有些却是外在因素。

在生产过程中，对于农、林、牧、副、渔等天然商品，其质量取决于生长的自然环境、品种选择、栽培或饲养方法、收获季节、方法等因素；对于工业品而言，其质量受市场调研、商品开发设计、原材料质量、生产工艺，和设备、质量控制、成品检验、包装等多种因素影响。具体而言，原材料的生产、生长环境（例如位置、地形、气候、水源、土质、微生物、生态群落、空气）、成分、结构、性质决定着原材料质量的好坏，原材料质量及其利用率进而影响着商品质量及其价格的高低；生产工艺和设备的好坏是商品有用性的关键因素，生产工艺主要涉及操作规程、设备条件、技术水平等，科技进步带来的技术改进、更新可以使商品质量发生质的变化；商品检验的准确性关系到对商品优劣的评价，其检验原理、检验方法、检测仪器、检验环境，生产人员、检验人员、管理人员的责任心、品德素质、技术水平、经验等都影响着商品质量；新产品的开发设计例如原材料的配方、产品的结构、性能、型式、外观结构等也影响着商品质量；商品的包装例如包装材料、装潢设计、包装方式、容器的结构、包装技术、防护技术等对商品质量的影响，商品包装甚至是商品质量的重要组成部分；市场调研的广度、力度、准确性、前瞻性也影响着商品质量的高低。

在流通过程中主要涉及商品的采购、运输、储存、销售等环节。在采购时，采购环境（例如光线强度、气味、气温、湿度、风力、风向）、采购时间、采购地点、采购方法、采用的设备和工具等都影响着商品质量，采购人员的责任心、品德素质、技术水平、经验等也影响着商品质量；商品运输的远近、时间、技术、天气、路线、方式、工具以及装卸方式、装卸工具等影响着商品质量；在储存环节，影响商品质量的因素有储存的场所、方位、数量、温度、湿度、害虫、库型、各种商品的兼容性、商品的耐储性、仓库的内外环境、养护技术、储存时间的长短、保管制度等；在销售环节，影响商品质量的因素有进货验收、短期存放、商品陈列、提货搬运、包装服务、送货、技术咨询、装配、维修、退换货等。

在使用过程中，影响商品质量的有使用范围和条件、使用方法、使用成本、维护保养、消费环境、消费者的素质、产品的自然寿命与市场寿命等；商品是否污染环境、废弃物是否便于处理等消费后的再评价也影响着商品质量。

此外，还要加大宣传力度，培育消费偏好；切实保护地理标志产品的生态环境；严控产地和产量，提高产品质量；树立优质高价、共生共荣的经营理念；借鉴国际经验，熟悉国际规则，参与国际竞争，加大研发力度；结合本地的地理标志产品和历史文化特点，科学制定功能区发展规划，在规划中要强调前瞻性和突显特色，实现可持续发展；挖掘和整理地理标志产品的文化内涵，以地理标志产品推动当地旅游业发展；加强营销和管理，促使政府职能部门、协会、专业合作社或者企业重视品牌的开发、保护工作；围绕地理标志产品开展低碳、环保、生态、品牌等主题教育，践行社会主义核心价值观。

在 WTO 乌拉圭回合谈判过程中，发达国家要求发展中国家的农产品进入国际市场时，首先要是地理标志产品。究其原因，就是因为地理标志产品的高品质、高文化。越是民族的，就越是世界的。作为中国优秀的民族品牌，地理标志产品有责任、有义务进军国际市场，勇立潮头，为民族品牌冲锋陷阵，担当起争创国际知名品牌的重任。

9.3 地理标志产品的六元价值研究

地理标志是一个舶来品，它的英文为"Geographical Indications"，有时候也译为"地理标记"。它首先是一个法律概念，具有法律属性；又因为它是由于人们的经济活动的需要而产生的，所以又具有明显的经济属性。与之相对应，地理标志产品具有法律价值和经济价值，这是它的显性价值，较易被人们认识并受到重视。随着社会的进步和研究的深入，我们发现地理标志产品还具有生态、文化、旅游、教育等价值，这是它的隐性价值。从某些角度分析，地理标志产品的隐性价值要远远大于其显性价值。

9.3.1　地理标志产品的研究概况及其六元价值的研究意义

9.3.1.1　地理标志的概念

世界贸易组织框架内的《与贸易有关的知识产权协议》即 TRIPS 协议第 22 条对地理标志的定义是：指识别一商品来源于一成员领土或者该领土内一地区或地方的标记，该商品的特定质量、声誉或其他特征主要归因于其地理来源。

根据《中华人民共和国商标法》（2013 修正）第十六条第二款的规定，地理标志是标示某商品来源于某地区，该商品的特定质量、信誉或者其他特征，主要由该地区的自然因素或者人文因素所决定的标志。按照法律规定，商标中有商品的地理标志，而该商品并非来源于该标志所标示的地区，误导公众的，不予注册并禁止使用；但是，已经善意取得注册的继续有效。

依照农业部于 2008 年发布的《农产品地理标志管理办法》的定义，"农产品地理标志是指标示农产品来源于特定地域，产品品质和相关特征主要取决于自然生态环境和历史人文因素，并以地域名称冠名的特有农产品标志。"由此可见，地理标志是一个质量标志，是国家对消费者的一种承诺和担保；它注重对农产品标准和规范的管理及监督，保护具有独特的自然因素和人文因素的特色农产品；它明确宣告，该产品来自于得天独厚的地理环境，产品质量与所处环境息息相关。地理标志保护制度通过划定生产范围，制定法规、标准和技术规范、操作规程，运用检验、检疫、认证等手段对原材料的生产、加工、制作和产品销售进行全方位、全过程的监督管理，以确保特色农产品的优良品质。

9.3.1.2　地理标志产品的概念

根据我国国家质量监督检验检疫总局于 2005 年公布的《地理标志产品保护规定》的第二条，地理标志产品是指产自特定地域，所具有的质量、声誉或其他特性本质上取决于该产地的自然因素和人文因素，经审核批准以地理名称进行命名的产品。地理标志产品包括：来自本地区的种植、养殖产品；原材料全部来自本地区或部分来自其他地区，并在本地区按照特定工艺生产和加工的产品。

9.3.1.3 国内外研究现状及研究趋势

2015 年 1 月 27 日，笔者在万方数据知识服务平台的 14 类文献[①]中检索，全选中后，在"题名"中检索"地理标志"共发现 7204 条，其中期刊论文（1551），学位论文（217），会议论文（50），外文期刊（17），外文会议（0），学者（0），中外专利（5），中外标准（148），科技成果（19），图书（0），法律法规（683），机构（0），专家（0），新方志（14）。

同日，笔者在万方数据知识服务平台总计 66318340 篇学术论文中搜索，在"篇名"中检索"地理标志"，共找到 3303 篇论文，具体分析如下。

按照学科分类：968 篇经济，733 篇政治、法律，616 篇农业科学，364 篇工业技术，97 篇文化、科学、教育、体育，89 篇医药、卫生，46 篇历史、地理，37 篇天文学、地球科学，31 篇环境科学、安全科学，16 篇社会科学总论，16 篇文学，14 篇数理科学和化学，13 篇艺术，11 篇交通运输，10 篇生物科学，3 篇哲学、宗教，3 篇语言、文字，1 篇航空、航天，1 篇军事，1 篇马克思主义、列宁主义、毛泽东思想、邓小平理论，1 篇自然科学总论。

按照论文类型：2759 篇期刊论文，421 篇学位论文，106 篇会议论文，17 篇外文期刊。

按照收起年份：近一年 483 篇，近三年 1426 篇，近五年 2191 篇，2014 年 483 篇，2013 年 444 篇，2012 年 499 篇，2011 年 433 篇，2010 年 332 篇，2009 年 283 篇，2008 年 267 篇，2007 年 198 篇，2006 年 140 篇，2005 年 96 篇，2004 年 57 篇，2003 年 38 篇，2002 年 15 篇，2001 年 11 篇，2000 年 5 篇，1999 年 1 篇，1998 年 1 篇。

按刊分类：中国果业信息 84 篇，农产品市场周刊 58 篇，安徽农业科学 51 篇，福建质量技术监督 50 篇，中国食品 47 篇，标准生活 37 篇，农产品质量与安全 37 篇，中国质量技术监督 28 篇，中国标准化 27 篇，农业知识（瓜果菜）25 篇，中

[①] 这 14 类文献分别是：学术期刊共 29770159 条；学位论文共 3146297 条；会议论文共 2701994 条；外文文献共 30699890 条；学者共 10984131 条；专利技术共 44684840 条；中外标准共 382120 条；科技成果共 826366 条；图书共 48352 条；地方志共 7705492 条；政策法规共 761801 条；机构共 202501 条；科技专家共 12120 条。

国茶叶 24 篇，法制与社会 24 篇，商场现代化 21 篇，江西农业学报 21 篇，湖南农业 21 篇，四川农业科技 20 篇，农村工作通讯 20 篇，农村百事通 20 篇，酿酒科技 19 篇，湖北农业科学 18 篇。

从文献资料中可见，从 1998 年起研究地理标志的论文量逐年增加，且增速加快，表明社会各界对地理标志的研究热情持续上涨。载文量居前 10 名的期刊共有 444 篇文章，占全部收文量的 13.44%，且这些论文集中在贸易类、法律类和农业类专业期刊；所有论文分布在 21 个学科，载文量居前 5 名的学科是经济、政治和法律、农业科学、工业技术、以及文化、科学、教育、体育，这 5 个学科共载文 2778 篇，占全部收文量的 84.1%。这表明地理标志作为一个法律概念和知识产权，在经济、农业中具有重要作用。

学术界和实务界对地理标志的研究从理论到实务、从宏观到微观、从国内到国际，其深度、广度和领域在逐渐拓展。国内外学术界对地理标志产品（其中大多数为农产品）的研究先后集中在法律、经济、管理、技术层面，且多集中在单一问题的现状、成因、阐释、对策、中试等层面上，而对于如何保护、如何促进地理标志产品的开发、如何挖掘和发挥其生态、经济、法律、旅游、文化、教育等六元价值的综合研究则少之又少。国内学者对地理标志的研究热点主要集中在保护模式、立法模式、品牌保护和发展对策等方面，近年来开始有人涉及文化和社会层面。

笔者在 2012 年提出要研究地理标志产品的二元价值，即经济和法律价值（知识产权）；2013 年提出在各级各类功能区的规划和建设中，尤其要重视当地独有的地理标志产品的保护和开发，都应把地理标志产品的所在地及周边地区列入限制开发或禁止开发的重点生态功能区，充分发挥地理标志产品的四维价值（即生态价值、法律价值、经济价值和文化价值）；2014 年，笔者进一步提出要研究地理标志产品的六元价值（新增加的二元价值是旅游价值和教育价值）。

9.3.1.4　开展地理标志产品六元价值研究的意义

党的十八届三中全会提出，要紧紧围绕建设美丽中国深化生态文明体制改革，加快建立生态文明制度，健全国土空间开发、资源节约利用、生态环境保护的体制机制，推动形成人与自然和谐发展现代化建设新格局，实现资源—环境—人的可持续发展。生态文明建设关系人民福祉，关乎民族未来。2015 年 5 月，中共中央、国务院正式公布《关于加快推进生态文明建设的意见》，这是继党的十八大和十八届三中、四中全会对生态文明建设做出顶层设计后，中央对生态文明建设的一次全面部署。

我国已经基本建立了社会主义市场经济体制，但该体制未能体现出生态文明的理念和原则。以 GDP 论英雄的政绩评价和干部任用办法，对造成生态环境破坏的缺乏制约和责任追究等，一定程度上也助长了破坏生态环境的行为。目前资源约束趋紧、环境污染严重、生态系统退化的形势十分严峻，已经成为制约经济持续健康发展的重大矛盾、人民生活质量提高的重大障碍、中华民族永续发展的重大隐患，生态产品成为当今中国最短缺的产品，生态差距成为我国最大的发展差距。

保护、培育和开发地理标志农产品，是国民经济建设的需要，也是建设环境友好型社会，科学发展的需要。这就要求我们要重视各地独有的地理标志产品的保护和开发，充分发挥其多元价值。这样不仅可以促进当地经济的大力发展，还能使政府和群众自觉积极地保护当地生态环境，有利于特色农业发展和品牌建设，有利于绿色环保农产品的推广和保护，有利于地理标志产品知识产权的保护，突破贸易壁垒，扩大出口；有利于提高农民收入和生产积极性，有利于保护人文环境、传承优秀文化，进而发展当地生态旅游；以地理标志产品为载体对国民进行法律教育、环保教育、生态教育等。

9.3.2　开展地理标志产品六元价值研究的思路和方法

9.3.2.1　开展地理标志产品六元价值研究的思路

在研究保护、培育和开发地理标志产品的时代背景、理论依据之后，研究其经济价值、生态价值、法律（知识产权）价值、旅游价值、教育价值及文化价值等多元价值的内涵，探讨如何加以充分开发和利用，研究人类对地理标志产品的多元价值的认识规律；以科学发展观、中国梦等理论为指导，借鉴国内外先进经验，探讨保护开发地理标志产品的相关政策及发展环境；分析其现状及问题；构建出保护体系和开发体系；与主管工商、农业的政府部门以及各地政府尤其是县乡村合作，对农产品资源进行大量实地调研，选取其中几类农产品为代表，因地制宜设计不同方案，使原有的地理标志农产品步入规模化、品牌化、名牌化，积极培育开发具有浓郁地方特色、具有较好经济价值或旅游价值、有利于当地生态和资源良性发展的农产品，使其获得认证，使当地不以牺牲生态和环境为代价实现科学发展。以这些成功案例为基础，在全国推广实施，使地理标志产品为功能区建设、生态文明、区域经济做出独特贡献。

9.3.2.2　开展地理标志产品六元价值研究的方法

由于本研究是一种跨学科的边缘性研究，应当综合采取自然科学和社会科学的研究方法，主要研究方法有：文献检索阅读法，搜集国内外研究现状及指导理论；实地调研法，搜集部分典型地区的地理标志产品资料、地方政府的规划及措施等；案例分析法，研究国内外的先进经验和教训，对比国内同类地区和产品；数量分析法，通过构建数理和计量模型，对试点中农户、企业和政府三方行为主体及其相互关系进行分析，系统研究政策性保障体系等；仪器监测法，对土壤、大气、水、微生物等进行长期的监测和研究，相关数据和结果将直接服务于当地的环境治理和生态修复，服务于相关政策、法规的制定执行。

9.3.3　地理标志产品六元价值的内涵研究

人类对地理标志产品的多元价值的认识有一个渐进过程。在社会发展进程中，人们首先是发现并重视其经济价值，后来上升到法律层面，再后发现其生态价值，最后才重视其生态价值，将其列为首位。在长期的生产、经营、消费过程中，又相伴而生了其特殊的文化，它们互为影响、相得益彰。目前和今后都应把生态价值列为首位，突出挖掘开发宣传其文化价值，其经济价值、法律价值就会相得益彰，以这四种价值为基础开展教育和旅游活动。这六元价值以及我们尚未发现的其他价值构成了地理标志产品的综合价值。

9.3.3.1　地理标志产品经济价值的内涵研究

地理标志是一个质量标志，是国家对消费者的一种承诺和担保；地理标志是世界通行的国际品牌保护制度，产品具有增值和溢价效应，具有比较优势和竞争优势，潜藏着巨大的经济效益。对于地理标志产品而言，物以稀为贵，其供给决定其价格。当其供给超过一定总量，供给越多，价格就会下降。所以，要切实严格保证其产地范围，保证其优秀质量。培育、开发和保护地理标志产品，是提高地区知名度的新途径，有助于区域经济的产业结构的优化调整；能够提高和保证农产品质量、增加了中国农产品的国际竞争力、促进农民增收、进一步增加农业收入，能促进农业结构调整和推动当地特色农产品产业化发展，推动了中国农村区域经济的快速发展。

9.3.3.2　地理标志产品法律价值的内涵研究

地理标志来源于 TRIPS 协议，大多数国家还就地理标志制定了专门法律或者商标法或者其他相关法律（例如为保护消费者、规范市场等制定的消费者权益保护法、反不正当竞争法等）。我国主要依据《中华人民共和国商标法》（2013 修正）、《农产品地理标志管理办法》（农业部于 2008 年发布）、《地理标志产品保护规定对地理标志产品》（国家质量监督检验检疫总局于 2005 年公布）等对地理标志产品进行管理。所以它首先是一个法律概念，具有法律属性。地理标志是重要的农产品知识产权保护制度，目前已被世界很多国家所采用，是世界通行的国际品牌保护制度。可以这样理解，农产品地理标志就是我国知名的土产品、特产品的知识产权，是农民的知识产权。

9.3.3.3 地理标志产品生态价值的内涵研究

特殊的甚至是独一无二的地理环境造就了地理标志产品独特的品质及其出众的质量，赢得了消费者的高度喜爱和赞誉，使其得以高价出售，为相关产业和经营者带来了巨大的经济效益。地理标志产品能够美化环境、涵养水土、防风固沙、净化空气等；地理标志产品的质量及其质量变化反映着其生态环境的变化，地理标志产品已成为当地生态环境的"标志者"、"自动监测器"、"气象预报员"；地理标志产品保护能促进生物多样性保护，避免物种的减少和灭失；地理标志产品保护制度能在不同层次上保存当地的生态系统，促进产区自然生态环境的修复和保护。

9.3.3.4 地理标志产品旅游价值的内涵研究

旅游商品收入是衡量区域旅游业发展成熟与否的重要标志。一个成熟的旅游市场，其旅游商品收入在旅游总收入中所占比重的临界值应在 30% 以上。而地理标志产品具有食用、药用、保健、观赏、投资增值等多种价值，具有深厚的历史底蕴和丰富多彩的文化内涵，由于独特的地理环境、与众不同的品质使其具有特殊的品牌效应，足以成为优秀的旅游商品，是旅游商品的亮点、重点和潜力股。目前经国家质检总局批准保护的地理标志产品有 1900 多个，也就是说我国至少有 1000 多个地方拥有地理标志产品，拥有地理标志旅游的条件。大力保护和发展地理标志产品能促进当地旅游业发展。当地政府应该把地理标志产品作为当地的旅游资源加以宣传，把它纳入到旅游宣传的总体计划中，围绕该产品做好旅游景区、旅游商品、旅游线路、旅游美食等 4 篇文章。

9.3.3.5 地理标志产品文化价值的内涵研究

地理标志产品的特定质量、信誉或者其他特征，主要由该地区的自然因素或者人文因素所决定。人文因素主要表现为：产品生产历史；县志、市志等历史文献记载；诗词歌赋、传记、传说、轶事、典故等记载；民间流传的该类产品民风、民俗、歌谣、饮食、烹饪等；名人的评价与文献；荣获省级以上名牌产品获奖情况；媒体宣传、报道、图片等；在生产、加工、储运、包装甚至是销售、消费过程中应遵守的生产工艺、生产流程、生产标准、消费环境、使用程序、消费方式等。一般而言，工艺品类地理标志产品的质量主要取决于人文因素，食品类地理标志产品的质量及其特征则大多是自然因素和人文因素双重作用的结果。

9.3.3.6　地理标志产品教育价值的内涵研究

地理标志产品本身具有丰富的自然科学知识，可以在《自然常识》《植物学》《地理》《商品学》《中医药》等课程和相关专业中，就其使用价值及其实现开展教学和科普；可以开展以知识产品和商标为中心内容的普法教育；地理标志产品蕴含着大量的人文社会科学知识，我们可以以此为教育载体，采取多形式、多层次、多范围的教育和宣传，使包括学生在内的各类国民都能在学习中、旅游中、劳动中得到有关环保、人文、生态、美学、物种、忧患、科学消费等方面的"润物细无声"的熏陶，教育他们热爱自然、热爱祖国、热爱家乡、热爱中华文化，培养他们的民族自豪感，加强生态文明教育，增强全民的质量意识、品牌意识，产权意识、节约意识、环保意识、生态意识，传承发扬优秀的民族文化；形成合理消费的社会风尚，营造爱护生态环境的良好风气。这是践行社会主义核心价值观的有效途径和载体。

通过对地理标志产品六元价值的内涵研究，要进一步研究对地理标志产品进行保护、开发的政策措施和基层实际运作。以科学发展观、市场营销理论、产业化经营理论指导地理标志产品的培育、营销；完善地理标志产品保护和发展的社会环境，加大政府对其发展的支持力度，完善现行的工商、农业、质监"三权分管"模式；构建地理标志产品的保护体系（包含质量保护体系、生态环境监测保护体系和文化传承体系）和开发体系（包括构建商品学学科——地理标志农产品分编、以市场供求为基础的品质—价格体系、营销体系）；以具体地区的功能区规划和建设为例、以典型县域农业或者乡村农业为例开展实证分析。

9.3.4　结语

地理标志产品是大自然和先祖赐予我们的宝贵的物质财富和精神财富，应倍加珍惜。透过一滴水看世界。地理标志产品应引起我们的深思，资源、人和环境是经济社会发展过程中必不可少的因素，如何发挥人在商品生产、流通和消费中的主观能动性，最大限度地保护环境，在满足人类对商品基本需求的同时实现人与环境的和谐、有序、持续发展。在我国进行生态文明体制改革、进行功能区的规划和建设的大背景下，应认识并践行以下观点。

1. 以我国功能区的规划和建设为研究背景，探讨人们对地理标志产品多元价值的认识规律和利用规律，构建出地理标志产品的保护体系和开发体系。

2. 需要采用多种方法跨学科进行地理标志产品的六元价值研究。该研究涉及科学发展观、可持续发展、经济学、管理学、商品学、农学（植物保护）、分析化学、生物学、技术学、地理学等学科，应综合使用社会科学和自然科学的多种研究方法。

3. 本研究能够为各级各地的政府部门制定功能区规划、改革生态环境保护管理制度、加快农业现代化进程等的相关政策措施提供参考意见，为推进产业结构调整与优化、发展特色经济与区域经济提供重要的决策参考。

9.4 地理标志产品的"五品"品质研究

地理标志是一个舶来品，它的英文为"Geographical Indications"，有时候也译为"地理标记"。世界贸易组织框架内的《与贸易有关的知识产权协议》（即TRIPS）第22条对地理标志的定义是：指识别一商品来源于一成员领土或者该领土内一地区或地方的标记，该商品的特定质量、声誉或其他特征主要归因于其地理来源。地理标志是一个质量（尤其是农产品的质量）标志，是国家对消费者的一种承诺和担保；它明确宣告，该产品来自于得天独厚的地理环境，产品质量与所处环境息息相关。

同工业发达国家的驰名商标、专利制度等知识产权保护相比，地理标志是中国知识产权的长项和强项。我国地域辽阔，气候多样，物产丰富，各地分别拥有得天独厚的地理环境，特色农产品多种多样，加上世代相传的传统工艺与技术，具有丰富的地理标志农产品资源。各地政府、行业协会、专业合作社、农民等逐渐认识到其重要性，纷纷挖掘、培育、注册和发展本地的地理标志，并取得了巨大效益。某些农产品如"安溪铁观音""偃师银条""章丘大葱"等在注册地理标志前后平均价格相差 3 倍，最高的上涨 28 倍。

9.4.1　地理标志产品的"五品"

地理标志产品的"五品"，是指按照质量高低和产地不同而把地理标志产品分为五个等级，不同等级赋予不同的称谓，依次分别是极品、珍品、正品、劣品、伪品。笔者在此以 3 个典型案例加以阐释。

案例 1：茅台酒

茅台酒被誉为国酒，它"采天地之灵气，集日月之精华"，是中国众多贵重物产中的典型代表，是我国第一个受到地理标志产品保护的白酒产品，是当代中国的文化符号之一。茅台酒就等同于高质量、高身价、高文化，妇孺皆知，驰名全球。

茅台酒之所以举世无双、质量无可比拟，根本原因在于它的自然环境：赤水河（水质、取水时间）、土质、独特气候（温度、湿度、风力、风向）、微生物群落、仁怀市生产的红高粱等等。茅台的环境与资源的不可复制构成了它的核心竞争力。国家质量监督检验检疫总局和国家标准化管理委员会发布的 GB/T18356—2007《地理标志产品：贵州茅台酒》对其酿造环境、材料、工艺、地域等作了硬性规定，界定贵州茅台酒是以本地优质糯高粱、小麦、水为原料，并在贵州省仁怀市茅台镇的特定地域范围内，按照贵州茅台酒传统工艺生产勾兑的酒。我国曾经在遵义做过实验，把茅台酒厂的工程技术人员全部请到遵义，连茅台镇的沙子、石头、水甚至是房屋里的灰尘都搬过去了，生产出来的酒虽然质量上乘，却唯独缺少了一种"茅台味"。茅台酒的当家人曾经坦言，中国也好，世界也好，要建造（或者找到）一个同茅台一样的自然环境，是不可能的。换言之，离开茅台镇，就造不出茅台酒。

2001 年，原国家质量技术监督局发布公告，批准了茅台酒的地理标志产品保护名称和保护范围。对生产茅台酒的 7.5 平方公里核心地域进行保护。2013 年，国家质量监督检验检疫总局发布了第 44 号公告，调整茅台酒地理标志产品的保护名称和保护范围。保护名称由原来的"茅台酒"调整为"贵州茅台酒"，地理标志产品保护地域面积延伸约 7.53 平方公里，总面积共约 15.03 平方公里。这是我国首次对获得地理标志产品保护名称的保护范围的调整。

据此，笔者推论，排除自然因素、人为因素、不可抗力等因素，现存世的极品茅台酒应该是上世纪 50 年代及以前生产的（尤其是 1952 年生产的）存放了五十年以上的陈年老酒，无论出价多高，市面上根本买不到；茅台酒厂最古老的一车间和二车间，位于茅台镇的最低处，它们所生产的酒应该属于珍品；除了一、二车间，根据国家质量监督检验检疫总局 2013 年第 44 号公告，茅台酒地理标志产品保护范围内生产的酒，应该都是正宗的茅台酒，是谓正品。如果以茅台大桥为分界线，把赤水河分为上游和下游。则下游数十公里所聚集的众多"平民酒厂"所生产的白酒，如果冠以"贵州茅台酒"，则是伪品。据知情人士透露，一瓶价格在168 元左右的 500ml 茅台镇酒，流入市面后，价格约在 600 元至 700 元不等。这也是市面上流通最广的"茅台酒"，即假酒。如果这些酒厂使用自己的品牌进行经营，那么他们所生产的白酒，是劣质的"茅台"酒。

笔者认为，2001 年质量技术监督局公布并保护的 7.5 平方公里核心地域所生产的茅台酒，应该与 2013 年国家质检总局公布并保护的 7.53 平方公里延伸地域所生产的茅台酒有所区别。假设可以表现在生产车间，那么一、二车间所产的酒为珍品；第三车间到十九车间所产的酒为正品，应该与 2012 年之后所扩建的二十车间等所产酒（也是正品）有所区别。虽然，国家质检总局组织的专家现场论证，认为新增保护区域具有酿造茅台酒的优良环境，有利于贵州茅台更好更快发展；虽然这是我国首次对获得地理标志产品保护名称的保护范围的调整；虽然这是支持茅台酒产业发展的迫切需要。受地域范围、赤水河流量、当地高粱产量的因素的限制，茅台在扩张中是否会遭遇原材料和地域瓶颈呢？其质量能否保证呢？

另一方面，假冒伪劣产品一直对贵州茅台酒构成巨大的威胁，造成了不可估量的经济损失和名誉损失。1995 年有报道称，全国每年流入市场的假茅台酒不少于1200 吨（而当年茅台酒厂年产量 1800 吨），标值近 4 亿元。贵州茅台在其 2011 年年报中提到"茅台镇至习酒厂的赤水河沿岸（下游）聚集有大小酒厂 500 多家"。而全国各地那些或明或暗的生产厂家、经销商家又有多少？市面上的真假茅台究竟有多少？贵州茅台在一次股东会议上回应，目前市面上真茅台的占比约在 70%，假茅台 30%。企业之间相互倾轧、相互诋毁的恶性竞争局面早已存在，未来也很难避免。

案例 2：茶中珍品——大红袍

大红袍是茶中名品，其真正的原产地是在福建省的武夷山市，是武夷山风景区的代表岩茶。大红袍之所以是茶中珍品，受到追捧，得益于这个区域特定的生态环境、湿度、温度以及特殊的工艺。它最初源于武夷山天心岩九龙窠岩壁上的6 棵茶树。它们产量极低，年产不到 7 两，被视为稀世珍宝，20 克干茶曾经拍出

20.8 万元的天价，堪称国宝，是大红袍中的极品，2006 年以后已经停止采摘，市场上根本买不到。当地将武夷山风景区核心区所产茶称为正岩茶，将在风景区内但并不在核心景区的周边高山区所产茶称半岩茶，将武夷山风景区以外但归属武夷山市所辖行政区域所产茶（多产于河岸两旁沙质土壤的平地茶园）称洲茶，武夷山市以外所产茶称为外山茶。所以，当前市面上所流通的茶叶中，正岩茶品质最佳，堪称珍品；半岩茶质量次之，可以称之为正品；洲茶又次之，可以称之为劣品；所有的冠名以大红袍或者武夷岩茶的外山茶都是假冒商品。

武夷岩茶的核心产区，即人们常常提到"三坑两涧"，指的是慧苑坑、牛栏坑、倒水坑（也叫大坑口）、流香涧和悟源涧。"三坑两涧"的岩谷之间，植被状态和遮阴条件较好，谷底有甘泉细流，夏季日照时间短，昼夜温差大；冬季岩谷可抵挡冷风，气温变化小。岩谷峡缝间的茶园土壤均为风化岩石，通透性好，有丰富微量元素，土壤酸度适中，茶品岩韵明显。"三坑两涧"是正岩（指在九曲溪内生长环境好的山岩）产区的代表，其所产之茶称为大岩茶或者正岩茶，茶叶品质最好。2001 年，"武夷山大红袍"地理标志证明商标注册成功。国家地理标志产品保护《武夷岩茶》标准文本中将武夷岩茶产区划分为名岩区和丹岩区，2006 年该标准文本中将武夷岩茶地理标志产品保护范围限于武夷山市所辖行政区域范围，保护范围有所扩大。据调查，2007 年，武夷山原属地的茶园面积为 4 万亩，2011 年达到 11.5 万亩，2013 年武夷山市茶叶种植面积达 14.8 万亩。按照武夷山市政府的规划，要把茶叶的种植面积控制在 15 万亩以内。另一方面，茶叶只要冠名以武夷山大红袍、安溪铁观音，都能卖出高价钱。受高额利润诱惑，假冒伪劣产品充斥着全国市场，其仿制成本不及正宗武夷岩茶一半，而仿制茶上市时间较正品快一步。2011 年武夷山市茶叶产量 6000 多吨，每年市场实际销售额达 23 亿元；2011 年，安溪原属地的茶园面积达 60 万亩，茶叶产量 6 万吨，每年市场实际销售额达 80 亿元；而当年全国市场武夷山岩茶和安溪铁观音的销售额却高达 200 亿元，假冒伪劣产品对正品大红袍的冲击可见一斑。

当年的普洱茶、龙井茶、温县"铁棍山药"、莆田桂圆、原阳大米、金华火腿等，也都曾有过类似的市场发展经历，应引起我们高度重视。炒作者牟取了暴利，经营正品者损失惨重，最终导致一个产业的萎靡，买单的是当地的农民，损坏的是当地农业和一个知名农产品。

案例 3：偃师银条

银条是一种一年生草本植物，其地下茎可盐渍、酱制、凉拌、炒食、煮食等，尤其是凉拌菜，鲜脆爽口、风味独特，其色洁白如玉、晶莹透亮，因形状和颜色酷如"银条"而得名，是各种宴席上的著名美食。银条在我国种植比较广泛，但优质银条对生长环境有较为苛刻的要求，例如土壤、水量、气候、光照等。银条喜光照，耐潮湿，在"说土非土，说沙不沙，有水不湿，湿而不水"的土壤环境下生长最好。偃师市伊河和洛河交汇处所形成的冲积平原，恰好符合这些条件，种植条件得天独厚，非常适合银条生长。而在偃师市，又以城关镇的东、西寺庄村和后庄村附近方圆两公里的区域为银条的最佳产地。银条作为偃师市的名特蔬菜，也是河南省的名贵蔬菜资源之一，有着深厚而广远的历史背景。2005 年，偃师银条被列为国家原产地保护产品。2011 年，农业部开始对其实施农产品地理标志保护。

笔者在《地理标志产品偃师银条的最佳产地和种植范围考》（洛阳理工学院学报，社会科学版，2015 年 6 期）一文中曾探讨了银条在不同产地的不同质量，现总结如下：伊河、洛河两岸的寺庄村、后庄村等所产银条质量最好，堪称极品；城关镇沿河两岸其他地方所产的银条可谓珍品，偃师市的李村镇、山化乡、翟镇镇等地所产优质银条可谓正品，偃师市以外、其他地区所产银条可谓劣品。

相对于大红袍和茅台酒，银条在全国乃至全球并不特别知名，甚至在河南省还有不少消费者对它一无所知。但是在商标品牌效应的带动下，银条在市场上仍供不应求，销售市场遍及全国各大中城市，并远销到多个国家，年创收上亿元。偃师农民真真正正把银条变成了"金条"。近年来，偃师银条的种植范围日益扩大，而其原产地的种植面积和产量有逐年减少趋势，产品质量有待进一步提高。

9.4.2　保证地理标志产品优质高价的对策

近年来，不少地方看中商标立竿见影的拉动作用所产生的品牌效益和社会效益，对地理标志趋之若鹜，盲目申报，缺乏长远规划和科学管理；申报成功后，忽视了市场准入、标准管理、退出机制、打假维权、品牌保护、市场营销等工作，致使不法商人唯利是图，假冒伪劣产品充斥市场、消费者无所适从，正宗的优质农产品低价出售，假冒伪劣产品冲击市场，导致正品的品牌价值大打折扣。地理标志农产品的从业者丰产不丰收，有时甚至血本无归。为此，应采取多种措施，保护地理标志产品的健康发展。

9.4.2.1　树立优质高价、共生共荣的经营理念

企业要树立合法经营、共生共荣的经营理念，要认识到一荣俱荣、一损俱损，

避免陷入公地悲剧中。在生产经营中要严把质量关，不以次充好，不用外地的原材料生产地理标志产品；对企业的商标和地理标志给予同样的重视、宣传、使用和保护；一致对外，防止某些企业"搭便车"，抵制假冒伪劣商品对地理标志产品的伤害；不打价格战，自觉维护地理标志产品的高品位。

由于地理标志产品的产地有限，有时产地甚至是唯一的，所以它的产量有限甚至稀少。地理标志产品中的极品应该是独一无二的，珍品应该是产量稀少的。物以稀为贵，在理性的消费状况下，它的供求规律是供给决定价格，按质论价，优质高价。地理标志产品价格高或者高于其他产地的同类产品是符合价值规律和市场规律的。

9.4.2.2 切实保护地理标志产品的生态环境

生态环境是影响地理标志产品质量的最根本、最主要、最直接的因素。工业、旅游业、房地产业等行业的繁荣和发展在大量占用地理标志产品赖以生存的土地、水源的同时，也不可避免地污染了土壤、空气和水质，致使其生态环境恶化，必须引起我们的警觉。各地应在严格保证地理标志产品现有区域保护范围的前提下，恢复并扩大其种植范围，保护和改善其生长或者生产环境。

9.4.2.3 严控产地和产量，提高产品质量

多数地理标志产品在申报时即扩大了产地范围，少数是申报成功数年后才申请扩大保护范围的。截至2015年4月，国家质检总局共批准了3个地理标志保护产品扩大产地范围，分别是茅台酒、贺兰山东麓葡萄酒、四川的朝天核桃。其中，茅台酒扩大了2倍，朝天核桃扩大了近7倍。

高价的前提是优质。在产业化和规模化的政策引导下，生产规模或者种植范围的扩大无论是从主观上还是从客观上，都有可能出现质量下降、名不副实的情况，影响地理标志产品的美誉度、知名度和长久发展。我们要严格控制地理标志产品的生产规模和种植范围，绝不盲目扩大产地或产量，而应采取各种措施提高产品的质量；政府、企业、协会和农户应联手互动，加强营销和管理，防止假冒伪劣产品对金字招牌的冲击，防止出现"温县山药""原阳大米"等地理标志产品曾经历过的毁灭性冲击。

9.4.2.4 加大宣传力度，培育消费偏好

地理标志产品的品质和相关特征主要取决于自然生态环境和历史人文因素，标示该产品来源于特定地域，该地域以外的同类产品就名不副实了。为此，应从多

方面采取应对措施，保护和发展壮大地理标志产品，措施之一就是加大对消费者的宣传教育力度，使广大消费者具备有关地理标志产品的基础知识，提高消费者识别其质量高低的能力，了解地理标志产品的"五品"。这样才能培育顾客对地理标志产品的需求，刺激顾客消费，逐渐形成良性循环。

此外，还要充分发挥政府职能，系统分析影响商品质量的因素；借鉴国际经验，熟悉国际规则，参与国际竞争，加大研发力度；结合本地的地理标志产品和历史文化特点，科学制定功能区发展规划，在规划中要强调前瞻性和突显特色，实现可持续发展；挖掘和整理地理标志产品的文化内涵，以地理标志产品推动当地旅游业发展；加强营销和管理，促使政府职能部门、协会、专业合作社或者企业重视品牌的开发、保护工作；围绕地理标志产品开展低碳、环保、生态、品牌等主题教育，践行社会主义核心价值观，等等。

9.5　地理标志产品的文化内涵研究

9.5.1　地理标志简介

地理标志（Geographical Indications）起源于 TRIPS，是世界通行的国际品牌保护制度，是重要的农产品知识产权保护制度。根据《中华人民共和国商标法》（2013 修正）规定，地理标志是标示某商品来源于某地区，该商品的特定质量、信誉或者其他特征，主要由该地区的自然因素或者人文因素所决定的标志。

在地理标志产品的形成和市场中的地位的确立过程中，有着长期的历史传统背景，投入了大量的人文和经济因素。所以，地理标志产品不仅具有经济价值，而且也代表了一个地区、一个民族甚至一个国家的文化形象，具有文化价值等多元的综合价值。

9.5.2　地理标志产品的文化内涵及文化功能

9.5.2.1　地理标志产品的文化内涵

文化是人类精神生活与物质生活的总和。地理标志产品的内涵的文化属于非规范性文化。千百年以来，我国各地的人民群众以当地的地理标志产品为对象，形成了千姿百态的文化：有农业文化、工业文化、商业文化、牧猎文化、渔盐文化；有园林文化、饮食文化、医药文化、养生文化、诗词文化、民俗文化、工艺文化；有灯谜、歇后语、诗词曲赋、神话故事、戏曲音乐、考古、图画、书法、对联；有园林文化、名山文化、茶文化、丝绸文化、酒文化，还有刚刚兴起的广告文化（例如茅台酒、冬虫夏草在 CCTV 的广告）等等。

地理标志产品的特定质量、信誉及其他特征主要由其产区的自然因素或者人文因素所决定。其中人文因素包含社会因素和文化因素，例如特有的生产工艺、操作流程、产品配方、当地的风俗民情和历史传统等。大部分农产品地理标志的质量及其特征主要由自然因素决定；工艺品类地理标志产品的质量主要取决于人文因素；而食品类地理标志产品的质量及其特征大多是自然因素和人文因素双重作用的结果。

人文历史因素包括地理标志产品形成的历史、人文推动因素、独特的文化底蕴以及产品登记时所提交的说明性和证明性材料等内容，主要表现为：产品生产发展史；方志、县志等历史文献；诗词歌赋、传记、传说、轶事、典故等记载；民间流传的该类产品民风、民俗、歌谣、饮食、烹饪等；名人的评价、名人与之相关的活动、书法、绘画、碑刻等；荣获省部级以上驰名商标、名牌产品等获奖情况；媒体的相关宣传、报道和图片，等等。人文因素还包括地理标志产品在采购、生产、加工、储藏、运输、包装甚至是销售、消费过程中应遵守的生产工艺、生产流程、生产标准、消费环境、使用程序、消费方式等主观因素。

9.5.2.2　地理标志产品文化价值的功能

1. 宣传和促销功能

地理标志产品大都有独特的文化内涵。游客如果尊崇或好奇某个地区的民族文化，则该地的地理标志产品的较易畅销。例如冬虫夏草的采收、茅台酒的酿造等都是当地居民经过长期的历史经验和实践凝聚而形成的独特酿制技艺和加工技术。可以让消费者实地参观或亲身体验其生长环境和制作过程，更多满足消费者对该产品的期待和好奇，赢得消费者对产品质量信服和口碑。通过深入发掘地理标志产品的人文价值，可以达到宣传推广的作用，同时增加产品的纪念意义和消费需求，助推当地旅游经济的发展。

2. 溢价功能

和普通农产品相比，地理标志产品经常代表着一个国家、一个地区、一方民众

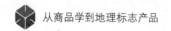

的文化形象，具有传承地域特色文化的价值和功能。正因为地理标志产品具有丰富的文化内涵，使其拥有巨大的增值空间和品牌影响力。地理标志产品普遍比同类产品的价格高出几倍甚至十几倍，其经济效益是倍增的。

9.5.3 洛阳市地理标志产品发展概况

洛阳是华夏文明的重要发祥地、丝绸之路的东方起点，是一座风光秀美、独具魅力的优秀旅游名城，曾经荣膺国家知识产权示范城市等荣誉称号。

洛阳地理条件优越，地处东经 111° 8′ 至 112° 59′、北纬 33° 35′ 至 35° 05′ 之间，位于暖温带南缘向北亚热带过渡地带，四季分明，气候宜人。境内山川丘陵交错，地形复杂多样；河渠密布，分属三大水系，有 10 余条河流蜿蜒其间；可谓是物华天宝、人杰地灵，加上世代相传的传统工艺与技术，具有丰富的地理标志资源。洛阳市在国家质检总局申请成功了 2 个地理标志保护产品（不包含 2005 年以前国家质检总局公布的 6 个原产地域产品或原产地标记产品，即洛阳唐三彩、洛阳牡丹、栾川白土无核柿子及其制品、汝阳杜康系列白酒、伊川杜康酒、伏牛山连翘，这 6 个产品现在都不是地理标志产品），在农业部申请成功了 8 个农产品地理标志，在国家工商总局注册了 6 件地理标志商标。如果不重复计算，截至 2015 年，洛阳市共有 13 个地理标志产品（商标），即洛宁金珠果、上戈苹果、孟津葡萄、偃师银条、伊川平菇、宜阳韭菜、孟津梨、孟津西瓜、嵩县柴胡、洛阳牡丹红、栾川豆腐、孟津黄河鲤鱼、水沟庙大蒜。

9.5.4 洛阳市地理标志产品的文化特色

洛阳市的 13 个地理标志产品（商标）中有丰富的文化内涵，其中以洛阳牡丹、偃师银条最为突出。

9.5.4.1 牡丹文化

洛阳市被命名为"中国牡丹花都"。洛阳牡丹作为地理标志产品，已经入选国家非物质文化遗产名录，举办了 30 多年的牡丹文化节成为了洛阳扩大对外开放、展示城市形象的重要平台。牡丹花会和牡丹产业为洛阳文化的传承发扬和洛阳经济特别是旅游业的发展做出了巨大贡献。

若从牡丹进入《诗经》算起，牡丹文化已有约 3000 年历史。牡丹文化是我国民族文化的一个独特方面，是几千年来围绕着牡丹而产生的物质文化与精神文化的总和，以文字、饮食、音像、绘画、石刻以及大量的无形的、口头的或展览等形式表现出来。

牡丹象征着富贵、幸福、和平、繁荣、昌盛，各族人民将其视为吉祥物。这正是中华民族的美好愿望。牡丹发展在盛世，太平盛世喜牡丹，牡丹文化也如此。牡丹文化是民族文化的一部分，与其他类型的文化相比，牡丹文化有以下特点：浓重的生物学特点，浓重的药物学特点，浓重的园艺学特点，浓重的美学特点，浓重的文学特点，浓重的乡土气息，浓重的富贵之感，浓重的人生回味，浓重的生活氛围，浓重的旅游氛围等特点。

牡丹文化属于上层建筑，兼容多门科学，其构成非常广泛，几乎涉及到包括哲学、宗教、文学、艺术、教育、医药、风俗、民情等所有文化领域。诸如学术文化、语言文化、民俗文化以及实物文化等不同层次不同方面的文化。按其内容，主要包括科技领域的牡丹文化与文艺领域的牡丹文化两大部分。20世纪末本世纪初，洛阳市的偃师发现了巧夺天工的牡丹石，洛阳人李学武发明了牡丹瓷，牡丹石和牡丹瓷逐渐成为了观赏佳品和馈赠礼品，也成为牡丹文化一道亮丽的风景。

9.5.4.2　偃师银条的文化内涵

1. 偃师银条的使用价值及其取名

银条是一种根茎蔬菜，其凉拌菜洁白如玉、鲜脆爽口、风味独特，是当地宴席上的著名美食。银条不仅营养丰富，而且还有保健、医疗作用，对便秘、肠胃炎等病症有明显疗效。银条是河南省偃师市的著名土特产，先后得到了国家质检总局、农业部、国家工商总局的保护，具有丰富的重要的文化内涵。

关于银条名称的由来，自古以来至少有唐太宗赐名天竺特产说、伊尹姓名说、外形说、唐太宗赐名偃师特产说、唐僧取经带回屈支国特产说、银条经济价值说、清乾隆吟诗取名说等7种说法。以上各种说法或为神话、或为传说、或为诗歌、或为期盼，赋予银条以绚丽的文化色彩，但当地多数人倾向于"外形说"。

2. 偃师银条的饮食文化

偃师银条有着深厚而广远的历史背景，其种植始于夏，兴于唐，盛于明清，名于今，长期以来一直是当地著名的土特产，是洛阳水席的经典菜，也是各种宴席上的著名凉拌菜，如今更是具有洛阳地域特色的各大酒店和饭馆的必备佳肴。在偃师市，当地的县志和民间有很多关于银条的传说和佳话，历代文人骚客留下了无数吟咏歌唱银条的诗歌。商代的伊尹、唐代的李世民和玄奘给银条的诞生赋予了某种神话色彩，周恩来、刘少奇等国家领导人留下了赞美银条的佳话。玄奘故里的男人们喝酒，就离不开银条。尤其是大年初一全家团圆宴，银条更是第一道菜，因为有"吃了银条赚金条"的说法，乡亲们除了饱口福，还有对新年的期盼。

千百年来，关于伊尹与银条的传说最多。一则是他借助美味的银条灭掉了夏桀，再者是他把银条的生长习性、种植技术和烹调技艺传授给老百姓，后代人尊称伊尹为厨神。人类从夏代开始有了祭祀活动，供奉天地先人。而祭祀时，要摆放供品以示虔诚。菜品讲求颜色，要红若丹阳、黄若灿金、绿若翡翠、白若洁玉。银条作为白色蔬菜当仁不让。据说这一标准便是伊尹当年给定下的。因此可以说，华夏的饮食文化始于伊尹所处的夏末商初，而伊尹是中国饮食文化的开拓者。

除了上述产品，洛阳的土特产品也是远近闻名，主要有偃师的泡桐、孟津的梨和黄河鲤鱼、新安的柿子和樱桃、洛宁绿竹和猕猴桃等等，是广大游客馈赠亲友的佳品。这些产品也都具有厚重的文化内涵。

9.5.5　开发地理标志产品的文化内涵的若干建议

把地理标志产品作为重要的旅游资源进行保护和开发。一方水土孕育一方产品。外地游客大都会在观赏著名景点时购买旅游商品，品尝和购买当地的土特产，了解产品背后的故事。游客知晓了产品和产品背后的故事，也就了解了当地文化，对产品从慕名到爱慕，无意中就会主动传播当地文化，该产品和地方的知名度就会得到提升。各地要正确引导，完善相应的配套设施，有计划、分步骤地组织游客参观、游览产品和产地，使当地的无形价值提升。

具有一定文化内涵的地理标志产品是当地旅游宣传的一个很好的亮点，当地政府应该把它纳入到旅游宣传的总体计划中。我们要高度重视地理标志产品的文化内涵，充分发挥其文化价值。我们要采取多种形式、利用多种媒体和手段、挖掘、继承、构建地理标志农产品的文化内涵，遵守生产工艺、生产流程、生产标准等主观因素，搜集整理宣传相关的故事、传说、名人、画作，编辑出版相关诗词、戏剧、歌曲、民谣甚至是小说，制作电影、电视剧、卡通、动漫等，并通过商标、广告、邮票、包装装潢、CIS、表演等把这些文化符号融入到商品经营中、加以宣传。

9.6 地理标志产品偃师银条的最佳产地和种植范围考

银条是一种一年生草本植物，其地下茎可盐渍、酱制、凉拌、炒食、煮食等，尤其是凉拌菜，鲜脆爽口、风味独特，其色洁白如玉、晶莹透亮，因形状和颜色酷如"银条"而得名，是各种宴席上的著名美食。银条学名银苗，又名银条菜、螺丝菜、草石蚕、罗汉菜、地笋、地藕、地参、一串紫等，也有人称其"唐僧肉"、长生不老菜等，在西北地区俗称"地灵"。银条在我国种植比较广泛，但历代以来均以河南省洛阳市偃师所生产的产品质量为最佳。银条作为偃师市的名特蔬菜，也是河南省的名贵蔬菜资源之一，2005 年被列为国家原产地保护产品；2009 年，偃师市农产品行业协会在国家工商总局注册了"偃师银条"地理标志商标；2011 年农业部开始对其实施农产品地理标志保护。至此，偃师银条成为洛阳市唯一的同时受到三个国家行政主管部门批准予以保护的地理标志产品。在各地纷纷重视地理标志产品，争相宣传、报道、研究地理标志的热潮中，笔者发现各种媒体上对银条的介绍、宣传和研究存在不同的说法或观点，例如在银条的原产地和种植范围方面，众说纷纭，有时存在较大的矛盾和争议。这就需要我们多方调研求证，保护地理标志产品中的这枝奇葩，继承并发扬光大华夏文明。

9.6.1 银条的生长规律和产地

9.6.1.1 银条的生长规律

银条属浅根系，喜光照、耐潮湿，其叶、茎的适宜生长温度为 20℃—28℃，根茎生长适温为 20℃—25℃，夏季主要生长地上部分；立秋后，地上部分生长缓慢，同化养分积累，地下块茎开始膨大生长；霜降前地上部分枯死，地下块茎形成，地下茎可越冬。银条一般在春分前后播种，谷雨前后苗齐，6、7 月份进入生长旺盛期，11 月份至次年春可以持续采收。播种前应施足底肥，以优质农家肥为主，辅以草木灰、磷肥和二铵等；近年有农民在播种前后施化肥，虽然产量增加了，但是对其品质不利。银条生育期约 300 天，一般情况下亩产 1800—2500 公斤。

9.6.1.2 银条的产地

银条在我国具有悠久的种植和食用历史，在一些江河、湖泊附近的田野里种植较为广泛，尤其适宜在有机质含量丰富、上层深厚、疏松肥沃、排水和灌溉条件良好的沙壤土栽培，其中以河南省洛阳市的"偃师银条"最为有名。

关于银条的生长地和种植地，有以下记载。钟先锋、黄桂东等人撰文指出，银条原产于中国，栽培历史悠久，零星种植遍及全国，其中以洛阳偃师所产最有名，19世纪传入日本，后又引至欧美。天天饮食网在介绍酱银条的做法时，提到"银条又称地笋、地藕、地参，生于华北、东北地区"。河南省偃师市西银绿色食品有限公司在其网页上有一文，题为"舌尖上的中国特色小吃——银条菜"，其中有银条"为蔬菜中罕见的珍品，而且只有介休一地出产，被誉为介休县"八珍"之一"。文中所提到的介休县，即现在位于山西省中部的介休市（县级市）。在百度贴吧里有一贴名为"银条菜新考＿转温馨日志"，其中有如下文字"……介休人食用银条菜历史久远，早在民国《介休县志》里已有所记载。因其对土壤要求较高，一般在pH值偏酸性的沙土中才得以生长，所以只有在我市的少数地区可以采集到银条菜，而周边县市基本没有野生银条菜生长……银条菜并非我市所独有：河南偃师人早在80年代就开始尝试将银条做成罐头，并远销海内外。近几年，随着市场经济的发展，以及农业科技化进程的加快，除河南偃师外，还有山东郓城县以及我市的近邻平遥县都已经开始了人工种植银条菜"。陈泰轩在《偃师银条》一文中指出："偃师是银条的唯一产地……银条的原产地就在偃师市南郊，伊洛河交汇处北岸东寺庄、西寺庄、后庄和许庄一带……其他地区如商丘仅有小面积种植，但质量远不如偃师银条。因偃师银条名贵，不少人想引种他乡……但因土质、气候等条件不适应，所产银条的质量差……据1960年农业出版社出版的《蔬菜栽培学》记载，'银条在北京少有栽培，但品质较差'"。另外，在我国西部某些地方，如果其土壤半干旱、半沙化，也适合种植银条。

9.6.2　偃师银条的发展渊源和种植历史

9.6.2.1　偃师银条的发展渊源

河南省偃师市地处伊洛河冲积平原，气候温和、水量适中，是银条的原产地域。优质银条对生长环境极为挑剔，需要土地有水而不湿，有沙而不松，而偃师市伊洛河交汇之处的寺庄一带就正好为银条提供了这样的最佳生长环境。

银条在偃师市具有深厚悠久的种植、加工及食用历史，始于夏，兴于唐，盛于明清，如今扬名海内外。关于银条的起源，在当地主要有以下两种传说。

一说是出身"庖厨"的商朝宰相伊尹，在"帝喾"（今偃师境内）庙南的寺庄发现了一种草茎，经烹煮调味后，成为绝代美味菜肴。伊尹为让老百姓得到更多实惠，便将银条的种植和烹制方法教给了大家。当地百姓感念伊尹的恩德，便将这种植物称为"尹条"。后来，偃师周围的老百姓种植此菜，用它换回白花花的银子，因此又称它为"银条"。

一说是唐代高僧玄奘在西行取经途中，发现屈支国（今新疆维吾尔自治区库车境内）的老百姓身体健康并且普遍长寿。仔细询问，才知道当地人经常食用一种名叫地灵的蔬菜。当地人坦言，常吃地灵具有延年益寿的作用。唐僧将地灵的种子带回了家乡洛阳种植，并将其作为贡品献给当时的皇帝李世民。李世民品尝后龙颜大悦，赞赏不已，并且赐名"银条"，把它定为宫廷贡品。

9.6.2.2　偃师银条的种植历史

偃师银条的种植经历了一个曲折过程。成百上千年来，偃师农民多在房前屋后种植银条作为自家的蔬菜，个别农民以专门种植和出售银条为生计，但总体上种植规模很小，产量较低，除个别达官贵族外，外地人很少知道银条，银条养在深闺人未识。新中国成立后一直到1970年代，我们的指导思想始终是"以粮为纲"，银条的种植和产量更少。改革开发后特别是近10年，偃师市的政府、企业、农民都认识到了银条的经济价值，银条的种植和加工走上规模化、产业化道路。经过不断探索，偃师银条种植逐步形成了产业化的发展格局，成为当地农业增效、农民增收的一大亮点。目前，当地银条种植面积上万亩，占全国银条产量的95%以上。在农业龙头企业带动下，当地银条产业实现了产供销一条龙，偃师人真正把"银条"变成了"金条"。

银条的生长对土壤有特殊的要求。河南省偃师市西银绿色食品有限公司在其网站的"公司简介"里提到："高僧玄奘在偃师家乡择地而种，只有洛北岸寺庄堡四平方公里内土地能种，此地块，有水而不湿，有沙而不松，此块土地不能重茬栽种，休养一年方可再种。"郑军伟、别志伟在《河南偃师银条无公害优质高产栽培技术》一文中认为："银条菜连作2—3a后应换茬轮作，以防病虫害蔓延。前茬作物以胡萝卜、白菜、菠菜、葱蒜类为好。"崔艳红在《偃师银条无公害栽培技术》一文中认为："银条要实行2a以上的轮作倒茬，清洁田园，清除杂草，降低病虫基数"。韩富团在《偃师银条》一文中谈到，"萝卜、大白菜都可为其前作，也可与小麦、甘蓝套种、间作。"

9.6.3 偃师银条的种植范围与最佳产地

9.6.3.1 关于偃师银条的种植范围及经济效益

为了求证偃师银条原产地及其产地的变迁，笔者从学术论文、官方网站、网络贴吧、民间传说、政府文件、古籍文献等六个方面寻找了相关线索。

2015 年 2 月，笔者在中国知网（http：//www.cnki.net/）的期刊论文中检索，在"篇名"中检索"银条"，共找到 62 篇论文，其中有 13 篇论文涉及到了偃师银条的种植范围及经济效益，现具体分析如下。

1983 年，李顺兴在《银条》一文中提到"现在全县银条栽培面积 500 多亩，总产 100 多万斤。仅东寺庄银条栽培面积就有 100 多亩，年产二三十万斤。行销多地，深受食用者欢迎"；1988 年，韩富田在《偃师银条》一文中提到"其主要产地在偃师县的东、西寺庄和后庄，而以后庄产的最驰名，质量以该地为佳，在潼关、兰州、北京、天津等地市场久负盛名。……栽培银条其经济价值也很可观，市售每公斤 0.8—1 元，一般亩产 700—1000 公斤，年收入可达八九百元"；1989 年，张云山、韩富团在《偃师银条》一文中介绍，"其主要产地在豫西偃师县的城关镇、洛河北岸的东、西寺庄和后庄，种植面积约 60 余亩。而以后庄产的最为驰名，质量以该地为佳"；1993 年，李顺兴、杨德焕在《偃师银条》一文中介绍，"银条菜在全县栽培面积 500 多亩，年产银条 55 万多公斤，亩产 1250—1750 公斤，亩产值 3700—5000 元。其中以城关镇东寺庄、西寺庄、后庄沿洛河一带生产的银条菜质地最佳"；1997 年，张云山在《偃师银条驰名中外》一文中说，"以伊、洛河交汇处三角地带东、西寺庄、后庄、安滩等村生产的银条质量最佳。现今偃师每年种植银条约 500 余亩，亩产 1800—2500 公斤，年总产 90 多万公斤，亩产值达 2500—3500 元"；2006 年，崔艳红在《偃师银条无公害栽培技术》一文中介绍，"偃师银条……一般产鲜银条 $3.0 \times 10^4 kg$ ／ hm^2，最高可达 $4.5 \times 10^4 kg/hm^2$，经济效益在 6.0×10^4—9.0×10^4 元 $/hm^2$ 之间"；2007 年，陈泰轩撰文指出，"偃师是银条的唯一产地……银条的原产地就在偃师市南郊，伊洛河交汇处北岸东寺庄、西寺庄、后庄和许庄一带……偃师市 2003 年种植银条 2000 多 $667m^2$，产 1250—1750 $kg/667m^2$，亩产值达 3250—5000 元（按当年银条市场价 3.0 元 /kg 计算），银条在城关镇、李村镇、山化乡、府店镇、翟镇镇等地均有种植，其中以城关镇东寺庄、西寺庄、后庄沿河一带生产的银条质地最佳"；2006 年，韩高修、刘爱霞在《偃师银条的栽培要点》一文中指出，"目前，偃师市银条种植面积达 666.7 公顷，年产量 2000 万 kg 以上，拥有银条罐头加工厂 20 多个"；同年，钟先锋、黄桂东等人撰文指出，"目前，偃师银条产量占全国银条产量的95%以上，种植面积1万多亩，年产量2000万kg以上，拥有银条罐头加工厂20多个"；2008年，徐睿撰文指出，"偃师银条现种植面积400hm²，产量1万t，占国内银条产量的95%以上，每667m²银条能为当地农民带来4000—6000元收入。偃师银条种植面积受市场销售量影响较大，产品销售旺盛时，种植面积达700hm²，产量2万t，常年种植面积400hm²左右，产量1.1万t左右。偃师银条集中种植在城关乡、山化乡，城关乡的后庄、东寺庄、西寺庄等沿河一带生产的银条质量最好，被定为"河南省无公害农产品种植基地"……有1000多户农民成为技术熟练的种植专业户，有15个村成为银条种植专业村……在提高偃师城关乡主产区生产规模的基础上，依据银条生长特性和生物学特点，进一步向偃师市的山化乡、邙岭乡和孟津的会盟镇、白鹤镇等扩大种植规模。做好科学规划和技术指导，为银条产业化生产建立稳定、规模化的原料生产基地"；2012年，付鹏钰、李杉等人在《银条研究概述》一文中对偃师银条的产地、产量的介绍和徐睿的介绍几乎一致；2010年，杜纪松、黄晓红等撰文指出，"目前，偃师银条栽培面积达600hm²……种植辐射到周边的孟津、伊川、宜阳等县，成为增加农民收入的新兴产业"；2011年，李惠文在《一根茎蔬成伊尹偃师银条身价增》一文中指出，"银条盛产于伊洛河两岸，分布范围遍布偃师市辖区，尤以偃师市城关、山化和首阳山等镇的银条质量最好"。

另外，光明网所载一文中介绍到，偃师市"2011年种植面积达8000多亩，占全国银条种植面积的95%以上，辐射1镇15个村，1000多户农家。其中10个村被定为"河南省无公害农产品种植基地"。另据《洛阳日报》《洛阳晚报》等报纸报道，在2005年、2010年和2011年，偃师银条的种植面积分别是4000亩、1500亩、8000亩。2010年收购价是每公斤4元，2011年收购价是每公斤3.4—5元。当地农民说，在地里随便抓起一把银条，都能卖两元多，一亩地算下来收入近万元。

2010年5月20日—27日，在百度贴吧"偃师吧"里，网名叫"偃师※龙龙"、"心碎了老疼""超平凡小草""进喜""偃师飞龙""邓黑猫"等的几位吧友有如此交流：

吧友123.9.249.*…：银条完全能成为偃师的支柱产业、特色产业、品牌产业、富农产业、环保产业，可惜新区建设银条种植面积将大量减少。

心碎了老疼——吧友61.54.32.*：偃师银条产地只有东西寺庄的好，这次规划估计没有了。

吧友211.138.172.*：马上就把地占完了，银条快绝产了。

超平凡小草：银条快绝种了。唯一能种银条的西寺庄村的土地快被 ZF 强行收购了。悲哀啊……

进喜：赶紧买点吃吧。过两年都木了。

偃师飞龙：种植银条的地马上被占完了。

吧友 222.141.8.*：强烈建议保护东西寺庄原产地银条，领导们，留点种银条的地吧，谢谢你们了。

偃师※龙龙：不过，银条真的不错，好像没好好利用。

9.6.3.2　关于偃师银条的最佳产地的考证

笔者查阅了相关期刊杂志、报纸、古籍和国内外会议论文集，在网络上搜索浏览了相关公司网页、个人博客和论坛等，查找了农业部等政府文件，发现在偃师银条的原产地和种植范围等问题上存在以下疑议和不同观点。

《偃师县志》记载道："银条作为历代宫廷贡品，寺庄一带银条最为上乘"；在偃师市人民政府官方网站，有一篇题为《说不完道不尽的"偃师三绝"之一"银条"》的文章，文中提到"……所以自古以来便有'只偃师一地才能长好'的说法。目前，偃师银条产量占全国银条产量的95％以上，分布区域在偃师市城关镇的东、西寺庄村和后庄村等地。……让偃师人引以自豪、也让外地人遗憾无奈的是，这天下稀罕之物乃偃师独有，虽历经千年而不衰，但古往今来，别的地方始终引种不成。而偃师又只产于伊洛川，伊洛川又只以伊洛河交汇处上古五帝之一、帝喾高辛氏建都之地所产为最佳，故洛阳、郑州、开封等地的美食家们直接将银条这道素菜佳肴命名为'偃师一绝'"；阿里巴巴网的食品农业栏目里有"洛阳市涧西区阿华特产店"的介绍，其中有"……只有洛河北岸寺庄堡 4 平方公里内土地能种"的文字；旅游特产网（博雅特产网）的"河南特产"栏目"河南地理标志产品"中这样介绍偃师银条，"……唯洛水北岸寺庄堡方圆四里内最佳……"；2007年 8 月 10 日，《洛阳晚报》在 A20 版的"经典洛阳"栏目发表了陈淑真和高朝欣的文章《吃道渊源话偃师》，文中有"这银条，东走一里不长，西走一里不生，便是它的主贵了"；2011 年 11 月 29 日的《河南科技报》有一篇题为《偃师农民把银条变"金条"》文章，现摘录部分内容如下："偃师市银条行业协会会长苗爱叶说，偃师市银条种植户主要分布于城关镇和山化乡。"2011 年 8 月 17 日，农业部决定对"偃师银条"实施农产品地理标志保护，准予登记，颁发了中华人民共和国农产品地理标志登记证书（质量控制技术规范编号为 AGI2011-01-00568）。根据农业部第 1635 号公告，偃师银条的保护范围为偃师市城关、首阳山、山化、岳滩、顾县、佃庄、翟镇等七个乡镇，地理坐标为东经 112° 26′ 15″ —113° 00′ 00″，北纬 34° 27′ 30″ —34° 50′ 00″。成文出版社于 1968 年 8 月（中华民国五十七年八月）出版的第一版（影印版）《河南省偃师县风土志略（全）》（乔荣军等撰，民国二十三年石印本），在第二编"物产"的第二款"蔬果之属"里提及银条，在 49 页"附特产及土货类表"介绍到"名称：银条；地址，后庄；状态：白色修长"；在 53 页"农产统计表"里记载，当时偃师县"农作物数亩共 4941 顷 49 亩"，其中种植"银条 5 亩，亩产 300 斤"等文字介绍。

综合以上诸多文章、网页所述，可以得出以下结论：

关于偃师银条的产地，概括如下：先是东寺庄、西寺庄，再是后庄村，后来又有许庄、安滩村，2003 年在城关镇、李村镇、山化乡、府店镇、翟镇镇等地均有种植；2006 年有 1 万亩产地；2008 年偃师银条集中种植在城关乡、山化乡，栽培面积达 600hm^2，……种植辐射到周边的孟津、伊川、宜阳等县；2011 年，银条的种植范围遍布偃师市辖区；近 10 年左右，西寺庄村的产量很小，种植几乎绝迹。

关于银条在偃师的最佳产地，从"寺庄一带银条最为上乘"到"唯洛水北岸寺庄堡方圆四里内最佳"，从"以城关镇的东、西寺庄村和后庄村附近方圆两公里的区域为银条的最佳产地"到"只有洛北岸寺庄堡四平方公里内土地能种"，从"这银条，东走一里不长，西走一里不生"到"银条种植户主要分布于城关镇和山化乡"再到"农业部第 1635 号公告，保护范围为偃师市的七个乡镇"都可以看出，在我国诸多银条产地中，河南偃师所生产的银条质量最好，而偃师银条又以城关镇寺庄村、后庄村所产的为优。

银条在我国的种植较为广泛，但优质银条对生长环境有较为苛刻的要求，例如土壤、水量、气候、光照等。银条喜光照，耐潮湿，在"说土非土，说沙不沙，有水不湿，湿而不水"的土壤环境下生长最好。偃师市伊河和洛河交汇处所形成的冲积平原，恰好符合这些条件，种植条件得天独厚，非常适合银条生长。而在偃师市，又以城关镇的东、西寺庄村和后庄村附近方圆两公里的区域为银条的最佳产地。"非偃师一地不长"的说法过于夸张，正确的说法应为"偃师一地所产质量最好"，偃师是银条的最佳生长地域。银条在我国其他地方也有种植，只是没有偃师的生长环境好而已。那种"古往今来，许多别的地方也都想方设法引种，但始终引种不成，这稀罕之物竟然成了偃师独有之物，虽历经千年而不衰"的说法显然欠妥，或许是当地百姓自豪之余所做的发挥而已。

总之，偃师银条是当之无愧的地理标志产品和名牌产品。在商标品牌效应的带动下，银条在市场上供不应求，价格由过去的每公斤 0.5 元上涨到每公斤 5 元，销

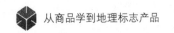

售市场遍及全国各大中城市，并远销到多个国家，年创收上亿元。偃师农民真真正正把银条变成了"金条"。

9.6.4 保护和发展偃师银条的建议

仔细研究，就会发现银条在当地的社会发展进程中，不仅具有经济价值、法律价值、文化价值，而且还有更为重要的旅游价值、生态价值和教育价值。所以，必须对银条及其产地进行保护，保护其原产地、保护其生态环境、保护其质量、保护关于银条的人文瑰宝，使银条在保护中得以发展广大。

9.6.4.1 科学制定偃师市主体功能区发展规划

根据《全国主体功能区规划》（国发［2010］46号）和《河南省主体功能区规划》（豫政［2014］14号）文件精神，各市、县级政府应根据全国或省级主体功能区规划对本市、县（市、区）的主体功能定位，对本市、县（市、区）国土空间进行功能分区，明确本市、县（市、区）各功能区的功能定位、发展目标和方向、开发和管制原则等；主体功能区要突出主要功能和主导作用，同时不排斥其他辅助或附属功能；重点开发区域的主体功能是集聚经济和人口，但其中也要有生态区、农业区、旅游休闲区等；同时各地的功能区规划在实施中要根据形势变化和评估结果适时调整修订。偃师市被划为国家级重点开发区域，将成为本地乃至全国的经济重要增长极，但是在规划中也要强调前瞻性和突显特色，结合偃师历史文化特点，着力构建生态宜居、现代田园和文化城市。物华天宝的"偃师三绝"（银条、含消梨、牡丹石），是当地的一张靓丽名片，应高度重视和倍加珍惜。银条作为地理标志产品，虽然不是偃师未来发展的主力和动力，但古往今来都是偃师文化的精华，必将是若干年后偃师转型发展的突破口之一。北京市门头沟区军庄镇在编制总体规划时，对当地地理标志产品"京白梨"无比珍爱，政府和百姓形成了"即便是寸土寸金、京白梨的地是绝对不能动的"的共识。偃师市应以此为鉴，紧紧围绕银条规划伊洛河两岸的生态农业、旅游业、文化创意产业和绿色休闲产业。

9.6.4.2 切实保护银条的生态环境和耕地数量

从1988年至今的文献和相关媒体报道可以看出，30年来，偃师银条的种植范围逐步扩大、亩产逐年提高、总产量稳中猛增，市场收购价稳步攀升，相关加工企业稳中有增，并且以上各个指标有愈演愈烈之势，而最负盛名的寺庄村、后庄村的种植面积和产量却有逐年减少趋势。究其原因，主要在于经济社会发展中出现的城镇建设规模的扩大、速度的加快以及环境污染等。改革开发以后，偃师县大力发展工业经济，成为全国综合实力百强县之一，并于1993年升格为县级市，如今是中原经济区郑洛工业走廊上的重要节点城市。工业的繁荣和发展占用了耕地，不可避免地污染了土壤、空气和水源，部分土地不再适合耕种，致使银条的生态环境质量下降。随着该市城镇化进程的加快，偃师市城区不停地向伊河岸边挺进，占用了原来郊区的耕地；自古以来，人类一直逐水而居，现在的伊河岸边修建了滨河公园，也建起了越来越多的高楼大厦，城关镇西寺庄的耕地面积随之锐减，附近的东寺庄等几个村的耕地面积也在逐渐减少。相对于房地产业，银条的短期收益较低，城关镇部分农民放弃了耕种，而其他乡镇开始大规模种植银条。国内外沿河岸修建滨河公园对河流生态造成的负面影响、沿河岸建造高楼大厦对河流水质的污染已经屡见不鲜，必须引起我们的警觉。银条的千年产地——寺庄村正面临着异常严峻的考验和威胁。当地应在严格保证原产地现有种植规模的前提下，恢复并扩大银条的种植范围，防止城镇建设中侵占沿河两岸本已不多的耕地，保护和改善银条的生长环境。

9.6.4.3　加强营销和管理，提高产品质量

目前，有三大因素影响着银条的质量，使我们无法品尝到上世纪60年代以前的银条的绝世美味。首先是银条生长环境的恶化影响其质量（至少是其生长环境发生了变异），而银条对生长环境有较为苛刻的要求，例如土壤、水量、水质、气候、光照等。其次是近50年来，化肥和农药的使用日益频繁和增多，在加工过程中又使用了食用柠檬酸、焦亚硫酸钠等食品添加剂。虽然其产品质量仍然是同类中的精品，取得了绿色食品认证和无公害农产品认证，但这个绿色食品标志仅是A级标志，还没有被认定为AA级绿色食品和有机食品，所以当地的"三品一标"工作有待进一步加强。虽然银条可以较为广泛地种植，但毕竟是一方水土养一方人。如果说后庄和寺庄一带所产为银条的极品、城关镇其他地方所产为珍品、偃师市其他乡镇所产为正品，则偃师以外各地所产却以偃师银条名义出售的银条就可以称之为劣品、伪品。在农业产业化和规模化种植的政策引导下，种植范围的扩大无论是从主观上还是从客观上，都有可能出现质量下降、名不副实的情况，影响偃师银条的美誉度、知名度和长久发展。我们要严格控制银条的种植范围，绝不盲目扩大产地，围绕以上三个因素采取措施提高产品的质量；政府、企业、协会和农户联手互动，加强营销和管理，防止劣品、伪品对偃师银条这个金字招牌的冲击，防止出现"温县山药""原阳大米"等地理标志产品曾经历过的尴尬局面。

9.6.4.4　以地理标志产品推动当地旅游业发展

银条叶绿花紫、深不过膝，能够美化环境，具有一定的观赏性。如果能够在伊洛河沿岸大规模种植，形成旅游景区，每年的 5—10 月份都可吸引游客前来观光，11 月到 12 月都可使游客参与到收获银条的劳动中，亲临遍地洁白的场面。大力保护和发展地理标志产品能促进当地旅游业发展。地理标志产品作为旅游商品具有以下特点：具有特色；具有纪念意义；具有一定的实用价值；具有比较优势，即产品与客源地相比，具有质量出众或同等质量下价格低廉，地理标志所标识的产品由于具有特殊的品牌效应，产品独特的地理环境，与众不同的品质和人文底蕴都反映了地理标志产品是优秀的旅游商品。地理标志和旅游就像抱在一起的筷子，很难被人一起折断。我们可以充分利用偃师的文化资源、农业资源和美丽风光，开发银条的旅游价值，围绕银条做好旅游景区、旅游商品、旅游专线、旅游美食等 4 篇文章，推动当地大力发展以独特的田园风光、体验式劳动、风味小吃及特有的风土人情为内容的旅游业。我们要对偃师的旅游发展进行整体策划，围绕玄奘故里、七朝古都、客家祖源、丝绸之源、名人文化等各类文化资源，突出银条文化，设计银条旅游专线推动当地旅游业发展。

9.6.4.5　加大银条作为地理标志产品的宣传和教育

根据《中华人民共和国商标法》（2013 修正）第十六条第二款的规定，地理标志是标示某商品来源于某地区，该商品的特定质量、信誉或者其他特征，主要由该地区的自然因素或者人文因素所决定的标志。与一般的农产品相比，地理标志产品往往代表了一个地区、一个民族的文化形象，具有传承地域特色文化的价值和功能。地理标志产品的文化内涵普遍存在于一般民众中的生产方式、生活方式，人与人的种种关系，风俗、习惯、信仰、追求、日常心理、潜在意识及形形色色的成文或不成文制度中的文化。千百年以来，我国各地的人民群众以当地的地理标志产品为对象，形成了千姿百态的文化。

偃师种植银条的历史悠久，形成了独特的种植栽培工艺、烹饪技巧及习俗，当地的县志和民间有很多关于银条的传说和佳话。历代历史名人给我们留下了众多的吟诵赞美银条的诗篇，商代的伊尹、唐代的李世民和玄奘更给银条的诞生赋予了某种神话色彩。所有这些形成了银条文化。我们要高度重视地理标志产品的文化内涵，充分发挥其文化价值。我们要采取多种形式、利用多种媒体和手段，挖掘、继承、构建地理标志农产品的文化内涵，申报国家级非物质文化遗产，遵守生产工艺、生产流程、生产标准等主观因素，搜集整理宣传相关的故事、传说、名人，编辑出版相关诗词、戏剧、歌曲、民谣甚至是小说、电影、电视剧等，并通过商标、广告、包装装潢、CIS、表演等把这些文化符号融入到商品经营中，加以宣传，扩大其知名度和美誉度。

开展围绕地理标志产品的低碳、环保教育。采取多形式、多层次、多范围的教育和宣传，使包括学生在内的各类国民都能在学习中、旅游中、劳动中得到有关环保、人文、生态、美学、物种、忧患、科学消费等方面的"润物细无声"的教育和熏陶，培养他们热爱自然、热爱祖国、热爱家乡、热爱中华文化，产生民族自豪感，传承发扬民族文化；加强生态文明宣传教育，增强全民节约意识、环保意识、生态意识，形成合理消费的社会风尚，营造爱护生态环境的良好风气。这是践行社会主义核心价值观的有效途径和载体。

9.6.4.6　实现银条经济价值和生态价值的互动良性发展

地理标志产品不仅可以提高经济效益，还能带动所在地区生态环境的开发与建设。在获得地理标志保护之后，随着当地种植规模的扩大，政府会主动大力进行生态建设。地理标志的经济发展需求带动了环境开发需求，当地会积极改变环境，实现环境开发与经济发展的对接。以资本的集中投入带动当地环境开发、建设及扩大生态生产基地，促使环境价值向经济价值转化。对主产区实施更为严格的生态要求，要求针对特定地理范围进行原生态环境的保护。地理标志保护影响着城市生态建设，改善了当地城市人居环境，实现资源的高效利用。获得地理标志保护的城市是以可更新自然资源为主导产业的城市。地理标志保护积极促进城市向生态城市发展，使得城市规模控制在生态承载能力和环境容量之内，鼓励企业发展绿色产品实现生态城市的可持续发展。

9.7　地理标志农产品的生态价值研究

9.7.1　引言

地理标志起源于世界贸易组织框架内的《与贸易有关的知识产权协议》（即TRIPS），其英文为"Geographical Indications"，有时候也译为"地理标记"。TRIPS

第 22 条对地理标志的定义是：识别一商品来源于一成员领土或者该领土内一地区或地方的标记，该商品的特定质量、声誉或其他特征主要归因于其地理来源。我国地域辽阔，气候多样，地理环境千变万化，物产丰富，各地分别拥有得天独厚的地理环境，特色农产品多种多样，可谓是物华天宝、人杰地灵，加上世代相传的传统工艺与技术，具有丰富的农产品地理标志资源。2008 年，我国农业部发布了《农产品地理标志管理办法》。截至 2014 年 12 月，农业部公布的农产品地理标志共有 1588 个。

但是，由于人们盲目、过度或无先见之明地开发和建设，与这些产品争夺生存空间和环境；工业革命以来各国人民现代化的生产和生活对以大气、水、土壤、微生物为代表的生态环境造成的污染和破坏越来越广泛、严重且深远，其不利影响使得人类和地理标志产品的生存环境越来越恶化、脆弱且艰难。地理标志产品的生态环境未得到有效保护，有的已经遭受破坏，其产品质量、销售规模、市场竞争力日益减弱。另外还有很多地理标志资源农产品尚未开发。

保护、培育和开发地理标志农产品，是国民经济建设的需要，也是建设环境友好型社会，科学发展的需要。这就要求我们要重视各地独有的地理标志产品的保护和开发，充分发挥其生态价值。这样不仅可以促进当地经济的大力发展，还能使政府和群众自觉积极地保护当地生态环境，有利于特色农业发展和品牌建设，有利于绿色环保农产品的推广和保护，突破贸易壁垒，扩大出口；有利于提高农民收入和生产积极性，有利于保护和传承生态资源和人文环境，进而发展当地生态旅游。

9.7.2　对地理标志农产品生态价值的认识历程及研究概况

9.7.2.1　对地理标志农产品生态价值的认识历程

地理标志产品具有多元综合价值，包含生态价值、经济价值、法律价值、旅游价值、文化价值、教育价值等。地理标志的多元性、综合性与其区域性、长久性和群体性相关联。地理标志首先具有法律属性，又具有明显的经济属性。所以国内外学术界主要研究地理标志及其产品的法律价值和经济价值。

我国于 2013 修正的《中华人民共和国商标法》、农业部于 2008 年发布的《农产品地理标志管理办法》和国家质量监督检验检疫总局于 2005 年公布的《地理标志产品保护规定》都明确规定，地理标志农产品的品质和相关特征除了历史人文因素，主要取决于其独特的自然生态环境，即影响产品品质特色的形成和保持的独特产地环境因子，如独特的光照、温湿度、降水、水质、地形、地貌、土质、生物群等以及由以上因素综合形成的生态圈。它们明确宣告，该产品来自于得天独厚的地理环境，产品质量与所处环境息息相关，所以地理标志农产品还具有生态价值。

地理标志农产品的生态价值是指该类产品的功能及其角色。具体而言，其功能有产品的高质量、生物多样性、涵养水源、改良土壤、保持水土、净化空气、反映环境质量、反映生态圈变化、防风固沙、恢复生物链、减少泥沙、恢复植被、园林绿化、调节生态平衡等，其角色是当地生态环境的"标志者""自动监测器"和"气象预报员"。

人类对地理标志农产品的生态价值有一个渐进的认识过程。在社会发展进程中，人们首先是发现并重视其经济价值，后来上升到法律层面，再后来发现其生态价值，最后才重视其生态价值，将其列为首位。在长期的生产、经营、消费过程中，又相伴而生了其特殊的文化，它们互为影响、相得益彰。目前和今后都应把生态价值列为首位，突出挖掘开发宣传其文化价值，其经济价值、法律价值就会相得益彰，以这四种价值为基础开展教育和旅游活动。总之，地理标志产品的综合价值远远超越其经济价值，而生态价值是其中的隐性部分。从某些角度分析，地理标志产品的隐性价值要远远大于其显性价值。

地理标志农产品具有特殊的生态价值。各级政府都应把其所在地及周边地区列入限制开发或禁止开发的重点生态功能区。从保护生物多样化出发，如果地理标志产品彰显不出其经济价值或者其经济价值没有被人们认识到，那么就极容易在人类开发改造自然的过程中遭到破坏、伤害或者忽视，其生态环境可能得不到政府和居民的保护甚至受到人类社会活动的破坏，该物种可能消失或者濒危，也就很难发挥其生态价值等；相反，如果人类认识到了其经济价值，那么就会对其进行合理的开发和利用，从而间接地保护其生态环境，这一物种从而得以生存和发展。

9.7.2.2　地理标志农产品生态价值的研究概况

国内外学术界对地理标志农产品的研究先后集中在法律、经济、管理、技术层面，且多集中在单一问题的现状、成因、阐释、对策、中试等层面上，而对于挖掘和发挥其生态价值的研究则少之又少。近年来，反映和呼吁重视地理标志产品生态价值的报道不时见诸报端。翟玉强探讨了地理标志产品的生态价值的内涵，认为特殊的甚至是独一无二的地理环境造就了地理标志产品独特的品质及其出众的质量。地理标志产品能够美化环境、涵养水土、防风固沙、净化空气等；地理标志产品的质量及其质量变化反映着其生态环境的变化，地理标志产品已成为当地生态环境的"标志者""自动监测器"和"气象预报员"；地理标志产品保护能促进生物多样性保护，避免物种的减少和灭失；地理标志产品保护制度能在不同层次上保存当地的生态系统，促进产区自然生态环境的修复和保护。徐雯婷认为地理标志保护产品有助于主产地优势种植农业规模扩大，加快生态建设的步伐，促进当地生态旅游；地理标志保护产品对生产种植过程的影响，是实现农产品规模化、产业化和安全化的根本途径，同时促进生态科技发展，减轻经济增长所面临的环境压力，最终摆脱当地生态承载能力限制，实现更大程度上的福利增加；地理标志保护促进区域发展中生态效益与经济效益达到最佳结合。安诣彬提出，要探讨在城镇总体规划中如何体现地理标志产品的价值，如何利用现有资源实现转型发展、如何实现资源节约环境友好的目标、如何打造特色宜居的城镇风貌。

我国已经基本建立了社会主义市场经济体制，但该体制未能体现出生态文明的理念和原则。建设生态文明，是关系人民福祉、关乎民族未来的长远大计。党的十八大和十八届三中、四中全会对生态文明建设做出了顶层设计，提出要紧紧围绕建设美丽中国，深化生态文明体制改革，加快建立生态文明制度，健全国土空间开发、资源节约利用、生态环境保护的体制机制，推动形成人与自然和谐发展的现代化建设新格局，实现资源—环境—人的可持续发展。2015 年 5 月，中共中央、国务院正式公布了《关于加快推进生态文明建设的意见》，全面部署了生态文明建设。在此大背景下，对地理标志农产品生态价值的研究将日益受到重视。

9.7.3 地理标志农产品生态价值的内涵研究

9.7.3.1 地理环境造就了地理标志农产品及其优秀质量

特殊的甚至是独一无二的地理环境造就了地理标志农产品及其出众的质量，赢得了消费者的高度喜爱和赞誉，使其得以高价出售，为相关产业和经营者带来了巨大的经济效益。以以下 2 个典型产品为例加以阐释。

1. 冬虫夏草的生长环境造就了其独特的神奇药性并限制了其产量

冬虫夏草是一类著名的珍贵药材，自古以来一直被视为我国中药中的瑰宝，与人参、鹿茸一起被称为中国三大补品，是中外闻名的滋补保健珍品，还可用作食用。冬虫夏草具有极其独特的生长环境，生长在海拔极高的森林草甸或草坪上（近年仅生长在海拔 3800—5000 米的高山草地灌木带上面的雪线附近的草坡上），即使在海拔高度适宜的地方，也只生长在阴坡或者半阴坡，坡度在 15 到 30 度之间阴湿草场。这里地处高原，气候严寒，紫外光照强烈，而且高山草甸中蓼属植物丰富，提供了足够的昆虫食源，这是完成虫草生活史的基本保证。菌、虫、草三者缺一不可。虫草生长过程的严格的寄生性，采收时间的限制（因地理位置不同，每年的5—7月，但各地的持续时间都不超过50天）以及采收的不易，再加上气候寒冷、昼夜温差大、降雨量少、沙尘暴多、日照充足、紫外线强烈、空气干燥、空气含氧量很低等因素，形成了青藏高原雪域高寒草甸冬虫夏草产区极为恶劣的环境和气候条件，才造就了冬虫夏草独特的神奇药性。目前全球只有四个国家（尼泊尔、不丹、中国、印度）出产。虫草在我国产于四川、云南、贵州、甘肃、青海、西藏等地，其中以青海省的玉树和果洛州、西藏的那曲和林芝的产品最为珍贵。由于资源的稀缺（至今无法人工培养）、地域的垄断，虫草的产量稀少，价格昂贵。虫草在我国有黄金草之称，在尼泊尔则被称为雪山印钞机。由于产量有限，已满足不了国内外日益增长的需求，成为稀世之珍，出现了货源奇缺、价格昂贵、供不应求的局面。

2. 原阳大米的品质与其生态环境的良性循环发展

《人民日报》曾经把河南省原阳县的地理标志产品——原阳大米誉为"中国第一米"。原阳大米饱满如珠、晶莹剔透、莹润如玉，吃起来口味醇厚、软筋香甜。原阳县地处黄河中下游冲积平原，北面是黄河故道，南面是黄河高滩，原阳县水稻生长区就是在这一长60公里、宽15公里的狭长背河洼地带中。更难能可贵的是，这里濒临黄河，地势低于黄河底部5—9米，黄河水可以自流入田，黄河水积年淤灌出来了肥沃的土地，土壤中钙、镁、铁等含量丰富。当地属暖温带季风型大陆性气候，日照充足、四季分明、昼夜温差大；当地的盐碱地又赋予其先天的碱性，使原阳大米煮饭时香味和韧劲十足。经国家权威部门化验对比，原阳大米营养成分丰富，蛋白质、淀粉以及硒、铜、铁、钙等微量元素含量均高于国际有名的泰国大米。近年来，原阳县探索出了稻鳅、稻蟹、稻鸭等多种形式的立体生态种植模式和循环经济模式，不仅提升了原阳大米的品质，让消费者吃到安全放心的大米，为当地群众增收致富开辟了一条新路，还保证了当地的生态环境。

由于地理标志农产品的产地有限，有时产地甚至是唯一的，所以它的品质卓尔不群甚至是独一无二。同时，它的产量有限甚至稀少。物以稀为贵，在理性的消费状况下，它的供求规律是供给决定价格，按质论价，优质高价。地理标志农产品价格偏高或者高于其他产地的同类产品是符合价值规律和市场规律的。地理标志农产品所具有的强烈的地域性特点，使其质量、特点和声誉与其产地有着紧密关联，正因如此，消费者才愿意以高价购买地理标志产品。

9.7.3.2　地理标志农产品的质量及其质量变化反映着其生态环境的变化

农业生产需要在适宜的环境条件下进行，如果动植物生活和生长的环境受到污染，就会直接对动植物的生长造成影响，通过水体、土壤和大气等介质转移或残留于动植物体内，进而造成食物污染，最终危害人类。产地的生态环境质量是影响地理标志产品质量的最基础因素之一。因此，农产品的生产对环境条件的要求很高，产品品质受环境条件的影响很大。

1.地理标志农产品是当地生态环境的"标志者"和"自动监测器"

地理标志农产品是大自然和祖先留给我们的宝贵资源。春江水暖鸭先知，生态恶化草先知，它的兴衰存亡直接标志着一个地区的生态环境是否发生了变化以及变化的强度，这种变化直接影响着人类尤其是当地居民的生存环境和生活质量。地理标志产品的生存和发展是生态保护的一条红线；某地的生态环境如何、纵横对比结果如何，只需看看它们在当地的兴衰存亡就可判断出来，正所谓一叶知秋。所以，要透过一滴水看世界，通过地理标志产品的变化观察当地生态系统的变化，研究如何恢复或保护当地的生态系统，提出具体的可行性操作对策，为其他地区、其他产品提供参考。

地理标志产品与当地的生态环境互为影响、相辅相成、相得益彰。地理标志产品的质量也在一定程度上反映着当地生态环境的质量。其生态环境好，则其质量有保障，是同类产品中的佼佼者；反之则质量下降。气候的演变、生态环境的变化、政府和企业的人为因素等可能使得地理标志产品发生物种的变异或者灭绝，或者其种植地、生存地发生变迁。

生态环境是影响地理标志产品质量的最根本、最主要、最直接的因素。工业、旅游业、房地产业等行业的繁荣和发展在大量占用地理标志产品赖以生存的土地、水源的同时，也不可避免地污染了土壤、空气和水质，致使其生态环境恶化，必须引起我们的警觉。各地应在严格保证地理标志产品现有区域保护范围的前提下，或者恢复并扩大其种植范围，或者限制其种植范围，保护和改善其生态环境。

2.部分地理标志农产品的主产地的生态环境遭到人为破坏

2001—2011年，我国青藏高原的冬虫夏草生存的海拔高度从3500米移动到了4800米。10年前，海拔4800米地域几乎找不到虫草，现在海拔5200多米的地方都可以找到虫草，而3500米左右几乎找不到虫草。这一事实无可辩驳地警示我们，当地的气候变了！生态环境变了！定心观察，就会发现草场退化、水土流失、大气环境改变、雪线快速向高海拔上移等。究其原因，是我们人类的活动和过度掠夺式的采挖,对虫草资源带来了严重破坏;每年挖虫草的几十万大军,搭帐篷时践踏、破坏草原,砍伐灌木丛作为燃料破坏了植被,大量生活垃圾污染上游水源,对生态环境造成了严重的破坏。由于大量盲目不合理的采挖,导致冬虫夏草赖以生存的高山草甸遭到破坏,甚至有些地方的植被已经不具备形成冬虫夏草的条件;适合冬虫夏草生长的环境变得越来越窄小,这样做无异于"杀鸡取卵"。其结果就是主产地生态环境遭到人为严重破坏,资源日趋减少,产量逐年下降。

在河南省原阳县,桥北乡的一些稻田里已经用不上黄河水,开始用井水灌溉稻田,这比用黄河水费时费力费钱,一些会算经济账的村民,已经开始改稻田为旱田,改种玉米了。没有黄河水灌溉的原阳米还是原阳米吗?同时,受城镇化、工业化、房地产业的影响,昔日肥沃的稻米产区成为了开发区。近年,原阳大米的主产区正往东往北方向转移。

按照我国相关规定,当地理标志产品的"地域范围或者相应自然生态环境发生变化"时,应当按照规定程序提出变更申请,或者由主管部门予以撤销。换言之,当地理环境发生了量变,其产地范围应该缩小;当地理环境发生了质变,地理标志产品即不复存在,应该撤销。

9.7.3.3 农产品地理标志保护制度的应用能促进产区自然生态环境的修复和保护

地理标志农产品与该地区特定的地理环境有着紧密联系。当地的土壤、水质、气候等任何一个因素的改变都可能导致产品质量的下降。为保证地理标志产品的高品质和产业的可持续发展,产地农户、企业及地理标志产品产地政府都应积极采取措施,保护该地理标志产品所依赖的特定环境。保护地理标志产品可以在不同层次上保存当地的生态系统。

呼伦贝尔大草原是举世公认的无任何污染的天然野生资源宝库,这里的柴胡、防风、赤芍等药材品质居全国之首,在市场上很受欢迎,成为该地区珍贵独有的资源优势。然而,随着近年来收购价格的不断攀升,这些野生药用植物以及其他经济植物被人为大量地非法采集、收购,无度的乱采滥挖行为使草原受到严重破坏。防风、柴胡不仅药用价值很大,还具有很强的固沙的作用,是一种固沙力极强的伴生植物。呼伦贝尔草原上的土壤属于粒盖土,大部分是沙质土壤,这种土壤养分含量较低,有潜在的沙漠化趋势,一旦地表的植被和土壤遭到破坏,在风的作用下,很容易引起风蚀和沙漠化。天然防风在草原上扎堆生长,被成片挖掉了固沙作用也就起不到了。防风能保护生态,人需要它,草原也需要它,好药材、好环境兼得,才有草原的未来。

沙棘是一种落叶性灌木，可以在沙漠和高寒山区的恶劣环境中生存，因此被广泛用于水土保持。目前，世界上95%的沙棘在中国。中国沙棘种植面积广大，在西北部（新疆、青海、甘肃、内蒙古、陕西、山西、河北、四川西部）等大量种植沙棘，用于沙漠绿化。沙棘是西部大开发中生态环保价值最高的植物，是完全在无污染环境中生长的绿色植物，是一种集生态效益、经济效益、社会效益于一体的珍贵树种，具有药用、食疗、经济、美容、生态绿化等多种价值。黑龙江省的孙吴大果沙棘和新疆阿勒泰大果沙棘等先后被国家质量检验检疫总局批准为地理标志保护产品。

沙棘的特性是喜光、耐寒、耐酷热、耐干旱、耐风沙、耐贫瘠，对土壤适应性强，可以在盐碱化土地上生存，有极强的生命力和快速的繁殖能力。因此，便于迅速进行大规模种植，快速恢复植被；沙棘的灌丛茂密，根系发达，成林迅速，抗冲刷性强，能够阻拦洪水下泄、拦截泥沙，是治理沟壑的"有效武器"，是治理水土流失、减少泥沙的有效措施，是干旱地区和沙漠地区快速绿化、持久绿化、防风固沙、保持水土、改良土壤的优良树种。

大量种植沙棘在增加绿地面积的同时还能形成绿色屏障，对净化空气、防风固沙、阻止水土流失、增加水源涵养、防止环境污染、调节气候、美化环境将起到巨大的作用。充分发挥沙棘的生态效益，能对招商引资、发展旅游、搞活地方经济起到积极作用。新疆青河县和山西省的右玉县就是以大种沙棘改善生态、搞活经济的典型模范。

9.7.3.4 地理标志农产品具有教育价值和旅游价值，能促进生物多样性保护

地理标志农产品与特定自然条件联系在一起，这些自然条件被用来识别和保持产品的特性。保护地方特产，意味着在不同层次上保存地方的生态系统：动物、植物（品种和地方亚种）、植物群落、微生物生态系统，包括熟化干酪的场所和景观。这些因素依产品性质的不同而存在差异，而产品本身依赖于社会和环境条件。各种因素的结合，支撑并促成了不同层次的生物复杂性和生物多样性。生物资源，即使它不能为肉眼所见，也是特产地自然环境中一个不可缺少的组成部分。假如多数地理标志产品都是在广阔的系统中生产出来的，而这些系统与地方特有的实践和生物多样性联系在一起，那么，保护地方特产就会引发更多的关注。在某些情形之下这些产品将会消失，而在其他情形下那些让它们引人注意的东西会遭到剥除；这些都会对生物多样性产生可以预见的后果。对地理标志的保护，能够促使人们考虑或者甚至恢复这种文化生物多样性。为了实现这一点，不仅必须考虑生

物的特性，对乡土知识和实践的考虑也不可缺少。

我们可以围绕地理标志产品的生态价值开展生态旅游和低碳、环保教育。可以采取多形式、多层次、多范围的教育和宣传，使包括学生在内的各类国民都能在学习、旅游、劳动中得到有关环保、人文、生态、美学、物种、忧患、科学消费等方面的"润物细无声"的教育和熏陶；加强生态文明宣传教育，增强全民节约意识、环保意识、生态意识，形成合理消费的社会风尚，营造爱护生态环境的良好风气，这是践行社会主义核心价值观的有效途径和载体。

地理标志产品作为当地著名的土特产，它能提升特产附加值、促进行业增收，是不容忽视的无形资产。地理标志产品和旅游业就像孪生姊妹一样形影不离。地理标志保护能造就独有的优美的自然风景，促进当地生态旅游。充分利用农业资源，推动包括农村独特的田园风光、农事劳作及农村特有的风土人情为内容的旅游产业，围绕该产品做好旅游景区、旅游商品、旅游线路、旅游美食等的开发，发展集吃、住、行、游、购、娱于一体的生态游。

绿色旅游、文化旅游和工业旅游作为新的旅游形态，具有观光、度假、休养、科学考察、探险和科普教育等多重功能。它增加了旅游者与自然亲近的机会，深化了人们对绿色植被与人类唇齿相依的重要性的理解，加强了人们对与地理标志产品密切相关的普遍存在于一般民众中的生产方式、生活方式、人与人的种种关系、风俗、习惯、文艺、信仰、追求、日常心理、潜在意识及形形色色的成文或不成文制度中的文化的认识。

"返朴归真，回归大自然"已成为21世纪现代人的旅游新潮。观光旅游可以从育苗、播种、造林、科研到采摘收获、深加工、储存运输、品尝使用，形成一条产业链。绿色旅游提高了人们的环保意识，提高人们对绿色植物的固碳作用的认识。工业旅游可以和文化旅游、红色旅游相结合，陶冶人们的情操，增长人们的见识，开阔旅游者的视野。

9.7.4　发挥地理标志农产品生态价值的应对措施

进入21世纪，我国的地理标志制度日渐完善，多数地理标志产品逐步规模化、产业化，地理标志日益为广大消费者所熟悉，有关地理标志产品的国际交流和国际贸易日益增多。但是近年来，部分地理标志产品在发展中却出现了叫好不叫座甚至是名誉下跌的现象。不少地方重申报、轻管理，部分地理标志产品的生态环境受到了破坏，有进一步恶化的趋势。长此以往，千百年来无数人为之付出巨大

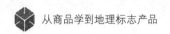

心血的地理标志产品及其相关行业、制度将面临一落千丈甚至是灭顶之灾。为此，社会各界必须采取多种措施，保护其健康发展。

9.7.4.1　保护主产地生态环境，完善管理机制

地理标志产品的质量和安全，既是生产出来的，也是管理出来的。要严把生产环境安全关，严格控制化肥、农药的使用，采取各种措施预防"工业三废"对大气、土壤、河水的污染，禁止在主产地进行工业开发和房地产建设等，严格管理游客对环境的污染及破坏，在主产地周边地区实施封山育林、退耕还草等措施，划定保护红线；要逐步建立和完善特色农产品生态补偿机制，实行环境监测制度，加强地方立法。

9.7.4.2　处理好地理标志产品质量与其生态环境的互动关系

地理标志农产品最核心的灵魂就是独特的品质，包括与之相关的独特地理环境、气候、土壤、水体、独特品种、工艺和生产方式等。如果其生长环境受到了破坏，那么其独特的品质特征也将丧失。要选择若干个地理标志产品，研究其生态价值，透过一滴水看世界，通过地理标志产品的质量变化观察当地生态系统的变化，研究如何恢复或保护当地的生态系统，提出具体的可行性操作对策，为其他地区、其他产品提供参考。同时，探索以农产品地理标志为代表的生态环境损害责任追究制，完善干部考核和政绩评价制度；强化属地管理责任，明确地方各级政府对主产地的生态环境总负责，将生态环境纳入县、乡人民政府绩效考核范围，明确考核评价、督查督办等措施。

9.7.4.3　准确划定保护范围，保证和提高产品质量

准确划定保护范围是实施地理标志保护的前提之一。划定地理标志产品的保护范围，最主要的目的就是要保持产品质量的卓越性和稳定性。因此，地理标志产品在划定保护范围时，要根据农产品情况，特别是产品品质状况来进行。但不少地方在申请时都是以行政区划简单地划定保护范围，有的地方甚至还无根据地将其扩大。甚至有的地方为了表示产品的知名度较大，把传统的产品名称中的地名扩大，这无疑也破坏了早已被广泛认知的产品名称，这样做的结果不是对特色产品的保护，反而引起了更大的混乱。

在产业化和规模化的政策引导下，地理标志产品的生产规模或者种植范围的扩大无论是从主观上还是从客观上，都有可能出现质量下降、名不副实的情况，影

响地理标志产品的美誉度、知名度和长久发展。我们要严格控制地理标志产品的生产规模和种植范围，绝不盲目扩大产地或产量，而应采取各种措施提高产品的质量；政府、企业、协会和农户应联手互动，加强营销和管理，防止假冒伪劣产品对金字招牌的冲击。

9.7.4.4　围绕商品、人和环境，开展生态文明体制改革

生态文明体制改革的提出在很大程度上反映了我国在长期的经济社会发展过程中，商品、人和环境这三个要素的相互关系，以及党中央引导这三方实现良性循环发展的决心和举措。商品、人和环境是经济社会发展过程中必不可少的因素，它们既紧密连接，相互促进，同时又有一定的矛盾。如何发挥人在商品生产、流通和消费中的主观能动性，最大限度地保护环境，在满足人类对商品基本需求的同时实现人与环境的和谐、有序发展，这也是我们实施生态文明体制改革的重要目标。

9.8　地理标志产品银条的取名考证及植物学特征

银条是一种根茎蔬菜，其地下茎可盐渍、酱制、凉拌、炒食、煮食等，尤其是凉拌菜，其色洁白如玉、晶莹透亮、鲜脆爽口、风味独特，因状如"银条"而得名，是各种宴席上的著名美食。古时候，菜农用它换回白花花的银子，于是直接称其为"银条"，视为宝菜。由于银条是河南省偃师市著名的土特产，它于2005年被列为国家原产地保护产品，农业部从2011年开始对其实施农产品地理标志保护。仔细研究，就会发现银条在当地的社会发展进程中，不仅具有经济价值、法律价值、文化价值，而且还有更为重要的旅游价值、生态价值和教育价值。然而，关于它的叶形、生长期等植物学特征以及名称由来，各种媒体上的介绍和宣传却有不同的说法或观点，尤其是在网络传播中，众说纷纭，有时存在较大的矛盾和争议。这就需要我们多方调研求证，发扬光大华夏文明尤其是河洛文化中的这枝奇葩。

9.8.1　关于银条名称的考证

关于银条名称的由来，有以下几种说法：

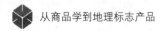

9.8.1.1 外形说

由于银条根部质地致密、晶莹透亮、洁白如玉、光亮似银，状如"银条"而得名。

9.8.1.2 伊尹姓名说

据河南省偃师县志记载，银条原名"尹条"。据说因商汤宰相伊尹培植而得名。伊尹擅长烹饪，更喜种植蔬菜，在帝都西亳（偃师古称谓）的南郊培植出了一种紫花绿叶高不过膝的根茎蔬菜。经烹煮调味后，成为绝代美味菜肴。伊尹为让老百姓得到更多实惠，便将银条的种植和烹制方法教给了大家。当地百姓感念伊尹的恩德，便将这种植物称为"尹条"。后来，偃师周围的老百姓种植此菜，用它换回白花花的银子，因此其名称逐渐俗称为银条。

9.8.1.3 唐太宗赐名天竺特产说

相传大唐贞观十九年（公元645年），高僧玄奘从天竺取经归唐，带回一种无名蔬菜，将其作为贡品献给当时的皇帝李世民。李世民品尝后大加赞赏，赐名"银条"，定为宫廷菜肴，嘱玄奘带回家乡种植。玄奘在偃师择地而种，发现种植在洛水北岸寺庄堡方圆四里内的质量最佳。因为玄奘种植之功，还有人称其为"唐僧肉"。

9.8.1.4 唐太宗赐名偃师特产说

大唐贞观年间，家居偃师缑氏陈河的高僧玄奘，将银条作为贡品献给大唐皇帝李世民。李世民原以为这是玄奘从西域带回来的，后来听说是玄奘老家的特产，便笑道："偃师这地方真是人杰地灵！"从此以后，这银条又有了"地灵"之称，后来"地灵"这个名称被载入了《中国蔬菜栽培学》。

9.8.1.5 唐玄奘取经时带回屈支国特产说

据说唐代高僧玄奘在西行取经途中，发现屈支国（今新疆维吾尔自治区库车）的老百姓身体健康并且普遍长寿。仔细询问，才知道当地人经常食用一种名叫地灵的蔬菜。当地人坦言，常吃地灵具有延年益寿的作用。唐僧将地灵的种子带回了家乡洛阳种植。后来，这种绿叶、紫花、根茎洁白如玉、光亮似银的植物成了当地进贡朝廷的贡品。出于对玄奘的敬仰和怀念，当地百姓中又把其称为"唐僧肉"，这就是《西游记》里"唐僧肉"长生不老的出处！

9.8.1.6　银条经济价值说

由于银条对生长环境极为挑剔，需要土地有水而不湿，有沙而不松，而符合这些要求的地方有限，故其总产量一直较低，价格昂贵，有"白菜九畦，难抵银条一席"之说。古时候，菜农用它换回白花花的银子，便称它为"银条"，视为宝菜。

9.8.1.7　清乾隆吟诗取名说

平生喜好游历的乾隆皇帝到偃师缑山游玩时，对着银条吟咏一番："南芽荀尖美，北蔬银条鲜，南北成一统，银荀代代传。"这样，银条便又有了"银荀"这个名字。

9.8.2　银条的植物学特征

银条是以地下茎作为食用部分的一种草石蚕类一年生唇形科水苏属草本植物。银条学名银苗，又名银条菜、草石蚕、罗汉菜、螺丝菜、地笋、地藕、地参、一串紫等，也有人称其"唐僧肉"、长生不老菜等，在西北地区俗称"地灵"。

银条以水平生长的匍匐根为主。地上茎直立，株高50—80cm。地上茎方形四棱，棱角有倒生刺毛，易脱落。茎上部红褐色，下部绿色，分枝较多，以花芽封顶。地下有匍匐茎，匍匐茎顶端发育成膨大的产品器官根状茎。根状茎具节，每节有两个芽眼；顶端节间短缩，芽眼密集，有顶端优势。其叶子呈卵圆形或者剑型，单叶、深绿色、对生，网状叶脉，腹背皆有刺毛，叶缘锯齿状，不耐干旱，遇霜枯死。轮伞花序腋生，多花密集组成穗状花序，着生于主茎顶端及上部侧枝顶端。花冠白色或淡紫色，花无柄，唇形，四强雄蕊，子房上位。花期7—9月。其果实为小坚果，种子长圆状三棱形，千粒重1.0—2.0g。

银条的叶、茎的适宜生长温度为20℃—28℃，根茎生长适温为20℃—25℃，夏季以地上部分生长为主；立秋后，地上部分生长缓慢，同化养分积累，地下块茎开始膨大生长；霜降前地上部分枯死，地下块茎形成，地下茎可越冬。

9.8.3　关于银条植物学特征的考证

关于银条的植物学特征存在有以下不同说法。

9.8.3.1　关于银条的生长期

一种说法是 300 天左右，持此说的有李顺兴（1993）、韩高修（2006）、陈泰轩（2007）、付鹏钰（2012）等；宋晓宁（2012）认为是 210 天；郑军伟、别志伟（2006）认为是 180 天。

对于某种作物来说，生长期是指作物从播种到成熟的时期，是一个微观的量。例如水稻，由于南方水热条件好，水稻成熟可能只需要 2—3 个月，而东北地区水热条件不如南方，水稻成熟需要 4 个月或者更久。此时，水稻在我国东北的生长期比南方长。对于某地区而言，生长期是指某种作物在此地可能生长的时期，是一个宏观的量。南方的水稻就有两到三个生长时期，就是 6 个月或者 9 个月，而北方一年一熟，所以只有 4 个月的生长期。此时，水稻在我国东北的生长期比南方短。所以，对于同一地区的同一作物来说，其生长期特指作物从播种到成熟的时期。

在洛阳市，银条一般在春分（3 月下旬）前后播种，谷雨前后苗齐，6、7 月份进入旺盛生长期，11 月份至次年春可以持续采收。结合银条的实际种植和采收情况，笔者认为其生长期应为 300 天左右。

9.8.3.2　银条的学名

一种说法是其学名为草石蚕，持此说的有李欣（2005）、易军鹏（2005）；还有人认为其学名为银苗，持此说的有上官兵（2007）、付鹏钰（2012）、张书芳（2014）等，还有一说是其学名为地灵。

河南省疾病预防控制中心的付鹏钰、李杉等人在《银条研究概述》（《河南预防医学杂志》，2012 年 6 期）一文中，认为"偃师银条与江苏、宁夏等地生产的草石蚕（Stachys sieboaibi Miq.）有很大不同，偃师银条地下有膨大的根状匍匐茎，匍匐茎顶端无螺旋型如蚕蛹的块茎，草石蚕地下匍匐茎顶端有螺旋型如蚕蛹的块茎。"

笔者查阅了《中国蔬菜栽培学》等编著后，认为银条的学名应为银苗。

9.8.3.3　银条叶子的形状问题

一说是其叶子呈长圆披针形或剑形，持此说的有钟先锋（2006）、郑军伟（2006）、陈泰轩（2007）、杜纪松（2010）、付鹏钰（2012）等人；一说是其叶子呈卵圆形，持此说的有韩富团（1989）、张云山（1989）等。笔者认为，不能一概而论银条叶子的形状。人们在长期的培育种植过程中，不同人在不同时期选种了不同的品种，而不同品种的银条，其叶子形状不一；实地考察发现，以上形状的叶子都可见到。

9.8.3.4 银条是一年生还是多年生草本植物

认为银条是多年生草本植物的有韩富团（1989）、张云山（1989）、李欣（2005）、易军鹏（2005）、陈泰轩（2007）、郭香凤（2007）、徐睿（2008）、杜纪松（2010）、付鹏钰（2012）、李慧文（2011）、徐海霞（2012）等人，认为银条是一年生草本植物的有钟先锋（2006）、谢兵（2010）、王雪（2010）、张晓伟（2011）、李伟杰（2012）、兰金旭（2013）等人。

一年生植物是指当年内完成全部生活周期的植物，如大豆、花生和水稻等。多年生植物是指能连续生活多年的植物，如乔木、灌木和车前草等植物。多年生这个术语经常被理解为多年生木本植物，因为所有木本植物根据定义都是多年生的。多年生植物也并非所有部位都长生不老，而是不断地新陈代谢，一年一度地萌发新芽，这就像人的指甲和头发一样。多年生植物有不同分类。在季节变化明显的地区，植物在温暖的季节生长开花，到了冬天，木本植物的树叶会枯黄掉落，称为落叶植物；草本植物则是仅保留地下茎或根部分进入休眠状态，称为宿根草。结合前文材料和观点，虽然所有文献和作者对银条的生长期存有不同说法，但没有一个是超过 300 天的说法或者观点。据此，笔者认为，银条是一年生植物。

9.8.4 结论

综上所述，笔者认为，在关于银条名称由来的几种说法中，"外形说"和"银条经济价值说"较切合实际也较为令人信服；银条是一年生植物；银条的学名为银苗；银条的叶子呈长圆披针形或剑形，部分呈卵圆形；银条的生长期为300 天左右。

第十章　通过教改和创新造就名牌课程

导读：我国的高等教育经过 20 世纪 90 年代末以来的高速外延式发展，使得我国进入了高等教育大国行列，但我国的高等教育在全球仍处于较低层次，亟待提高质量，走内涵式发展道路。根本的、主要的措施是提高教学质量。而教学质量的提高，归根结底要落实在每门课程的讲解和学习上，要看教师的教学水平和科研实力，要看学生的学习效果，还要看不同高校间同一课程的教学质量的高低。这就需要我们根据国家建设、社会需求、市场走向、学生愿望和教育规律进行教学改革，创新教学的思路、体系、内容、方法、手段，在全国乃至全球范围内共享优质资源，创建名牌课程，进行传帮带，培育良师、名师、大师，培育英才。本章以《把〈商品学〉做成名牌课程》《高校间〈商品学〉课程教学质量的比较和提高》《高校间优质教学资源共享的必要性及存在问题研究——以〈商品学〉课程为例》《高校间优质教学资源共享的对策》《围绕市场和质量进行〈商品学〉授课》《〈商品学〉中的大学生忧患教育》和《〈商品学〉课程中开展大学生消费教育的若干思考》七节内容阐述了笔者的以上观点。

10.1　把商品学做成名牌课程

10.1.1　商品学在我国高校的现状

10.1.1.1　商品学的地位及作用未得到应有的重视

在 2005 年召开的中国商品学会第八届学术研讨会暨学会成立 10 周年庆祝大

会上，冀连贵教授和邓旭明教授分别对商品学课程在世界各国高校尤其是我国各高校中开设的历史、现状及面临的困境做了详细、深入而全面的介绍。两年多来，商品学的地位和作用并未得到相关各方的重视，反而有进一步弱化的趋势。

10.1.1.2 《商品学》课程教学中存在的困难与问题

没有合适的教材及辅助资料，教材内容对于国内外商品的市场情况、生产工艺涉及较少，在商品成分、性质、结构等方面涉及较多；原来的教学目的与要求不适应培养目标和新情况；课时少，资金严重匮乏；闭门造车，缺乏基本的必要的硬件；师资匮乏，教师实践水平有待提高，教师须具备较高的综合素质，教学难度较大；学生实践机会少，学习兴趣变化大；学生生活经验不足；没有或不能立足学校、地区及行业实际，不能充分利用优势；涉及外贸少，较少考虑到进出口商品质量；部分领导和老师认识不到《商品学》重要性，没有把它放在其应有的位置上。

10.1.1.3 《商品学》课程与名牌

名牌是指企业在市场竞争中创造出来的，得到社会承认的，并与同种产品比较具有高质量、高市场占有率和高效益的品牌。名牌课程是指以一流的教师、教材、授课和科研提高教学质量，从而培养出优秀的学生，在全国或者同行业中享有较高知名度、美誉度并获得高度认可的课程。要想把《商品学》创建成名牌课程，就需要以这几个要素为切入点，对《商品学》进行建设、营销和保护。

10.1.2 精心安排教学内容，理顺教学思路

10.1.2.1 紧紧围绕培养目标和学生未来的职业特点选择教学内容

国内外高校中开设有《商品学》课程的专业大约有物资管理、贸易经济、工商管理、市场营销、物流管理、国际贸易等，其毕业生多在企业从事市场营销、国际贸易、企业管理等工作或者到工商、商检部门工作。作为从事商业、在市场大潮中搏击的职业人员，不一定要成为技术专家，但必须知识广博、信息灵通，做到什么都晓得一点，是百事通，是通才。只有这样，才能在瞬息万变的商战中捕捉对己有利的信息，迅速作出决断并积极行动。

很显然，我们的培养目标不是把学生培养成在某一类商品领域具有技术特长的专家、行家。在授课过程中，我们可以若干类商品为代表，对每类商品从不同角度进行分类，进一步深入研究其产地分布、质量高低、可能有哪些新品种；分析影

响其质量的因素有哪些，在国内外贸易中，对其质量分别有哪些不同要求；其成分有哪些、哪些成分对其质量有利，哪些不利？该类商品有哪些物理、化学、生物学性质？对其质量有利或者不利的性质分别有哪些？在商品的生产、采购、储藏、运输、销售和使用过程中，应采取哪些措施保护、提高商品质量？商品的宏观结构、微观结构、内部结构是什么？对其质量有何影响？其商品标准有哪些，分别是什么？该商品的检验方法有哪些，检验程序依次是什么，检验内容有哪些，各国对检验人员、检验工具、检验标准、检验环境和检验方法有哪些不同要求，影响检验结果客观、公正、准确的因素有哪些，检验依据有哪些？不同国家、不同地区对该种商品质量的要求是什么，有无差异？近期该种商品的市场情况如何（国际、国内），市场趋势是怎样的？商品的成分、结构、性质以及产地等在商品检验中的地位是怎样的，在商品检验中起着什么样的作用？如何通过检验商品的包装来判定内装商品的真假优劣？如何结合市场成功地经营该商品？消费者如何选购、储藏、使用、处理该商品，等等。通过上述分析，让学生初步了解和掌握商品学课程的学习内容、学习方法、学习思路，要求学生在掌握所讲解的几类商品的基础上触类旁通，举一反三。让学生初步了解如何成为对商品进行经营管理的行家里手，从而公平交易，保证质量，取得成功。

10.1.2.2 自然科学商品学与社会科学商品学的选择及应用

截至目前，已经出版的《商品学》教材可以分为两类。第一类以社会科学为主，市场营销、贸易经济、工商管理、物流等专业主要使用该教材；另一类以自然科学为主，国际贸易等专业使用该教材。由于上述各专业的学生在高中阶段大部分或全部是文科生，物理、化学、生物学等知识欠缺，毕业后多从事市场营销、国际贸易、企业管理等工作，我在教学思路和教学内容的取舍上逐步形成以下观点：要想成为优秀的营销人员或专家，必须先对自己所经营的商品的原材料来源、成分、结构、性质、工艺、包装、检验等了如指掌，这就必须下车间、进实验室、到田间地头，广泛阅览与所经营产品相关的各种书籍杂志，关注该产品的最新科技成果，学习自然科学，熟悉技术；然后再掌握商品的分类、商品标准、商品供求、行业状况、商品美、商品与环境、商品营销、商品消费心理等与市场密切相关的知识，体现出商品学学科的综合性、实用性特征。

10.1.2.3 内贸专业和外贸专业的教学应一致要求

21 世纪，我国社会主义市场经济将逐步成熟，全球经济一体化趋势将日趋明显，特别是我国加入 WTO 后，我国经济建设将面临前所未有的巨大发展机遇，国内贸易与国际贸易的界限将日益模糊并呈现你中有我、互为一体的局面，从事内贸工作的还要熟悉外贸，从事外贸工作必须以内贸为基础。无论是上述哪个专业的学生，在学习《商品学》时，学习内容应该是相同的，老师对他们的要求既可以各有侧重也可以一视同仁，而学生的学习效果、应用能力和综合素质则决定了学生毕业后从事什么类型和层次的工作。因此在授课时应对这两个专业采用完全相同的教学内容和教学手段及方法。此外，既要以教材为依据，让学生掌握本课程的理论体系、知识构架，又不能照本宣科，应适时把市场上新变化、新科技、新工艺传达给学生，同时也增强了教与学的趣味性、创新性。

10.1.3 利用课程优势打造新亮点，进行社会主义荣辱观教育

10.1.3.1 在《商品学》中开展荣辱观教育的优势

《商品学》中蕴涵着丰富的荣辱观教育资源，是对大学生进行思想教育的有效载体，也是全员育人、全过程育人、全方位育人的重要组成部分。在教学中进行荣辱观教育，既能使课程富有生机和灵性，又寻求到了思想政治教育创新的突破口，使大学生在获得专业技能的同时得到思想和人格的提升。从教育形式上看，《商品学》教学中所进行的思想政治教育属于无意识教育、隐性教育，论道而不说教，述理而不生硬，是靠学生自身的体验、感受来接受教育的，教师"润物细无声"，学生是在"着物物不知"的情境中受到教育的。这样就避免了传统说教方式的弊端，消除了学生的逆反心理，收到良好的教育效果，弥补了思想政治理论课程的不足和缺憾。

10.1.3.2 在《商品学》课程中开展荣辱观教育的内容

在《商品学》教学中可以密切结合市场动态进行授课，开展荣辱观教育的基本内容包括以下几点：爱国主义情感和忧患意识、辛勤劳动和诚实守信、服务人民和艰苦奋斗的献身精神、实事求是的科学精神、遵纪守法和忠于职守的敬业精神、创新精神和创新能力、超前意识、科学消费、诚实守信、动手能力和团结协作精神等。

在我国发展社会主义市场经济过程中，出现了许多由产品质量引发的社会问题。我们可以围绕教材，结合实际，引导学生予以关注。《商品学》至少要涉及到数十种具体商品，每种商品的工艺、成分、检验、包装、更新换代等或与新科技有关，或直接影响到人们的健康甚至生命安全，或影响到企业、部门、地区、行

业、国家的经济利益及声誉，或直接危害到生态环境，或影响到广大消费者在使用、购买、运输、处理商品时的便利程度，这些都是很好的进行思想政治教育的素材。例如无氟冰箱、废旧电池、一次性筷子、果冰布丁的包装及其食用、豪华包装、绿色食品标志及使用、商品条码、三大国宝（茶叶、陶瓷、景泰蓝）的现状及出路、B 瓶啤酒、服装型号的统一、食品添加剂的使用、玻璃工艺的变革、国旗标准、无磷洗衣粉、转基因食品、可降解塑料等；我国产品质量上长期存在的"原料是金子，半成品是银子，成品是沙子"，某国"一等产品卖欧美，二等产品卖本国，三等产品卖亚非拉"等；CCTV 栏目先后涉及到的"黑心棉"、"石粉充豆粉"、"国产品牌的尴尬"等等，都是很好的教育素材。通过让学生自己分析，分组讨论，增强学生们的爱国意识和社会责任感，呼唤学生们的忧患意识，培养学生的超前意识和信息意识。

还应该通过不同形式的实习和调研进行荣辱观教育。

10.1.4 振兴和发展《商品学》的其他建议

10.1.4.1 联手进行教材建设，打造国家级精品课程

好的教材对学科、专业和课程建设的作用及意义无须作过多论述，它对授课和学习的重要性更勿庸置疑。然而，我们缺少一本这样的《商品学》教材：既能简明扼要、全面系统地介绍商品学科及其理论，又能紧密结合经济管理类专业特点，综合运用经济学、管理学、市场营销、消费学、经济法等理论知识进行深入浅出的阐述；既将专业特点与培养实践性、操作性、应用型人才的要求有机结合起来，全面、系统地结合学生实际介绍《商品学》，又能使学生积极、主动地学习；既考虑到学生的知识背景和就业方向，又能紧密结合国外市场情况；既有理论教学，又有实践教学；既以自然科学为基础和本源，又以社会科学为导向和趋势；既有参考资料又有多媒体资料；既便于教师教学和科研，又便于学生自学，师生同时受益；既可作高校教材，又可供其他相关人员尤其是广大消费者学习，受到多方的喜欢。这个目标绝非几个人、几个学校所能达到，需我们全体同仁联起手来，齐心合力地工作。

精品课程可以带动和引领学科建设及发展，促进教学水平提高，提高学科地位和影响力，发展示范辐射作用，鼓舞同行的自豪感、上进心、荣誉感和竞争力，凝聚同行的力量，实现优质资源的共享。我国教育部自 2003 年至今推出了众多的国家精品课程，多家高校、多个学科和专业都榜上有名，然而所有上网的 1727 个

国家精品课程中，有的同一名称的课程能出现4—5次甚至更多，却找不到商品学的踪影。这不能不说是我们的缺憾，更应成为我们的努力方向。

10.1.4.2　结合地区、行业实际发展商品学

教育和科研必须结合地区、行业的优势及特色，为地区和行业发展尤其是经济发展服务。例如河南是一个农业大省、建材大省，在河南省委、省政府建设农业强省、工业强省、旅游强省的大背景下，我们可以有重点地研究和教授农产品、食品行业、建材、旅游商品等，根据实际情况开设食品学、旅游商品学和以水泥、玻璃为主的材料学，并讲解这些商品的经营与管理。

10.1.4.3　校企联合，共育英才

商品学是一门实践性强的综合性应用学科，是市场学的三大支柱之一，是管理学的三大学科之一。这就要求广大老师和学生深入到工厂、商店、田野去参观调研和学习；邀请各行业（如工商、商检、海关）各企业的技术专家和管理精英为学生授课、与学生交流。还可以定点实习，培养学生相关的知识、能力等综合素质，为企业服务，为企业建言献策，从而实现学校、企业和学生的共赢发展。

10.1.4.4　创办相关学术刊物、网站、博客

从事商品学研究、教学或工作的同仁们可以发现，国内可供我们学习交流的报纸、杂志太少，相关网站和博客也较稀少。在信息交流发达便利的今天，这不能不是商品学界的一大缺憾。要振兴和发展商品学，包括中国商品学会在内的广大组织和个人就必须从全局和长久出发，为同仁提供较多的机会和平台，创办特色明显的报纸、杂志、网站和博客。

10.1.4.5　重视和加强队伍建设

正如冀连贵教授所指出的，这些年来整个商品学师资队伍及从事商品经营管理的专门技术人才存在着严重的青黄不接和断层问题；商品学术讨论、理论研究活动等深入建设方面的活动减少，新学科发展目标、研究方向以及教学研究等没有统一认识，也没有形成共识。这就需要我们着手"传帮带"工程，迅速为商品学科培养一大批"留得住、素质高、出成绩'的队伍，培养和构建"人师——良师——名师"梯队，老中青结合形成"集团式"的队伍和研究力量，形成合力，避免出现各自为政的分散状态，实现商品学的振兴和繁荣。

10.1.4.6　壮大学会力量，充分发挥学会作用

中国商品学会作为高等院校、科研院所、相关行政部门和单位参与的全国性学术组织，应义不容辞地担负起推动商品学发展和繁荣重任，推动其基础理论研究和应用研究，为相关行政部门的决策和行动作参谋，更多举行咨询和培训活动，积极宣传自己，广泛吸收会员，广泛开展国内、国际学术交流，为企业、高校、科研院所、广大群众和政府部门服务，为社会服务。

创新学术年会的举办形式，如各地、各高校、科研单位分别承办等，拓展学会的议题，等等。

10.1.4.7　其他建议

积极呼吁各级决策者充分重视并提高商品学的地位和作用，特别是教育主管部门、学校领导、学科负责人、专业带头人；丰富和完善教学手段、教学方法及教学工具，改革考试办法；积极进行教研和科研，提高教师自身水平和能力等。我们学校对《商品学》课程进行了长期的教研、科研和改革，取得了较好的成效，愿意与大家交流学习。

以上是笔者对如何把《商品学》做成名牌课程的一些粗浅的探讨，以期与同仁们交流，盼望得到各位专家和同仁的批评指正，从而提高自己，为商品学的发展略尽微薄之力。

注：2008 年，"中国商品学会第十届学术论坛——深化学科理论研究，服务企业发展实践"在辽宁省友谊宾馆（沈阳）成功举行。论坛就消费与责任、中国认证认可制度与企业认证实务、企业产品与健康安全、专利制度的热点问题、产品质量评价原理与企业产品质量策略操作实务、走产学研相结合的道路，建设创新型企业、商标文字与商品名称的辨析及其对驰名商标创立与保护的影响等论题进行了大会演讲和讨论。笔者携本文参加了 2008 年中国商品学会第十届学术论坛的交流，本文被本次论坛的论文集收录，被中国重要会议论文全文数据库CPCD（国内统一刊号：CN 11-9251/G，国际标准刊号：ISSN 1671-6787）收录。本次论坛把商品学的基础理论研究与企业发展的实际业务相结合，使理论研究得到深化、提高和应用，使企业提升了理论水平和管理层次，促进了企业发展。

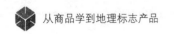

10.2　高校间《商品学》课程教学质量的比较和提高

教学质量的提高，归根结底要落实在每门课程的讲解和学习上，要看教师的教学水平和科研实力，要看学生的学习效果，还要看不同高校间同一课程的教学质量的高低。比较教学质量的高低不是我们的初衷，我们的最终目的是通过共同努力，共同提高教学质量，实现师生间、课程间、专业间、学科间、高校间的共赢，共育英才，共同发展。笔者以《商品学》课程为例，建议依次组建各高校内部和高校间的《商品学》联合团队，探讨如何实现不同高校间同一课程的教学质量比较和共同提高，希望能进一步推广到课程之间、学科之间、高校之间甚至是国内外高校之间，为提高高校教学质量做出微薄贡献，并起抛砖引玉之效。

10.2.1　商品学前沿领域发展现状

现代商品学是一门以研究商品质量为中心内容的边缘性、交叉性学科。它围绕商品——人——环境系统，从技术、经济、社会等多方面系统地、综合地和动态地研究商品的使用价值和商品质量及其管理。在我国开设有经济学或者管理学的高校里，无论是研究生教育还是本科教育或者是高职高专教育，大都在其专业课或者专业基础课中开设有《现代商品学概论》《外贸商品学概论》《商品包装与检验》《商品储运》等课程，它主要适用于工商管理、市场营销、国际贸易、商品检验、物流管理、电子商务、企业管理、商品零售等专业。众所周知，马克思就是从最普通、最常见的商品（德文 ware）着手研究，著成了鸿篇巨著《资本论》，揭示了资本主义社会的发展规律，提出了实现共产主义的美好理想。我们生产、营销、买卖、管理、使用的主要对象是商品，欲培养造就优秀的工人、营销员、经理，欲提高我国商品和企业的国际竞争力，欲打造一流的知名企业，欲提高我国公民的消费素质，就必须从人们最熟悉、最频繁使用、但最容易忽略的商品着手，加强学习，对自己生产、经营、管理、使用的商品了如指掌，科学生产、科学经营、科学管理、科学消费，充分发挥商品的使用价值，适应资源节约型、环境友好型社会的要求，从小处、从自身践行科学发展观。

我国的商品学教育始于 20 世纪初期，建国后借鉴原苏联模式进行了商品学的学科建设和专业建设，广泛开展了理论研究和应用研究，培养了大批国民经济建设急需的人才，为商品学的发展作出了重要贡献。世纪之交，"入世"和"奥运"

给商品学学科注入了新的活力，搭起了更大的舞台，带来更大的发展机遇和挑战，商品学在国民经济各个领域的应用也更加广泛和深入，商品学教育从本科教育向高职高专教育、成人教育、社会教育广泛拓展。据中国商品学会 2006 年的不完全统计，全国开设《商品学》课程的院校有 300 多所。商品学研究领域也从传统的食品、纺织品服装、日用工业品、生产物资，不断向中药、汽车、房地产等有形商品和无形商品新领域扩展。这一切告诉我们，商品学学科不仅发展了，也更加务实了。

伴随着全球经济一体化、科学技术的突飞猛进和我国社会主义市场经济的发展，假冒伪劣商品、绿色国际贸易壁垒、商品品牌、商品条码、商品标准、商品包装、商品检验检疫、消费者权益保护等成为政府、企业、普通消费者、科研机构不得不学习和重视的课题。党和国家领导人高度重视商品生产和商品流通，特别是高度重视商品质量，以及与提高商品质量相伴生的保护资源、保护环境、保护国家安全问题。在这些问题的解决过程中，商品学及其教育扮演着举足轻重的角色。

近年来，不少高校为了适应新产业、学科综合和市场急需的要求，都面向市场、淘汰了一些过时的专业，主动新增或调整专业结构，使学生和教师的知识和能力与市场对路。例如四川大学把学做买卖的专业列入了课程表，其中有房地产、商品学、广告、市场营销、装饰等专业。以前设置的专业，其毕业生背离供需实际，"产销"脱节，就业困难。而现在新开设的这些专业，学生还没毕业就有单位来预定。

然而，我国商品学远远没有发挥出其应有的作用，无论是在教育界还是社会上都没有得到相应的重视，其地位亟待提高，商品学的研究、教育、宣传和应用亟须上一个新的台阶，需要得到商品学界、教育界和社会各界有识之士的重视、行动和支持。作为教师，应按照党和政府的要求，以《教高〔2007〕1 号》和《教高〔2007〕2 号》文件为指导，切实贯彻质量工程，从授课、教研、科研做起，提高教学质量和学生综合素质，既提高商品学的知名度和美誉度，又为学校发展作出贡献。

10.2.2 目前商品学及其教育存在的问题

10.2.2.1 学科分类与学科地位方面

国内外相关组织和部门所划分的学科分类虽然不一致，但都把商品学列为三级学科。国家技术监督局 1992 年 11 月 1 日批准并于 1993 年 7 月 1 实施的《学科分类与代码表》（GB/T13745-92）中，商品学为三级学科（包括商品包装与技术，代码是790.6340），其一级学科是经济学（代码是790），二级学科是商业经济学（代码是790.63），这与国际学科代码相同；而全国教师资格认定管理信息系统任教学科对照表中，研究生专业、高职高专、中等职业学校学科中，均没有商品学，在本科专业中，商品学为三级学科（代码是B110207），其一级学科是管理学（代码是B11），二级学科是工商管理类（代码是B1102）。这样易造成教学与科研脱节，不重视商品学的作用和地位。由于师资匮乏和教学硬件缺乏，部分高校甚至把经济学和管理学中的商品学课程砍掉。

10.2.2.2 教学方面

没有合适的教材、辅助设施及多媒体资料，教材内容对于国内外商品的市场情况、生产工艺涉及较少，在商品成分、性质、结构等方面涉及较多，缺乏以培养学生综合素质为目标的权威性、创新性教材，各校的教学内容差异较大；原来的教学目的与要求不适应培养目标和新情况，由于办学历史、办学层次、办学特色、学校重点发展学科、师资不尽相同，本课程的地位在各校不尽相同；课时少，资金严重匮乏；闭门造车，缺乏基本的必要的硬件；学生实践机会少，学习兴趣变化大；学生生活经验不足；没有或不能立足学校、地区及行业实际，不能充分利用优势；涉及外贸少，较少考虑到进出口商品质量；部分领导和老师认识不到《商品学》重要性，没有把它放在其应有的位置上；教学方法和教学手段需要创新。

10.2.2.3 教研科研方面

同绝大多数高校的绝大多数老师一样，同一学校乃至不同学校教授商品学的众多老师，基本都是独自备课、上课、改作业、处理试卷，很少主动就某一话题交流、商榷，更少久违的学术争论。从事商品学教学但进行商品学科研和教研的老师较少，科研缺乏前瞻性探索，不能结合全球发展大势和未来发展趋势进行学科发展方向探求，同时也缺乏能切实解决地区、行业发展难题的研究，较少主动深入到企业中为企业出谋划策，对政府决策的影响较小；由于资金等因素，普通教师很难进行国际间的学术交流；地方性和全国性的学术组织较少、较松散；商品学术讨论、理论研究活动等深入建设方面的活动减少，新学科发展目标、研究方向以及教学研究等没有统一认识，也没有形成共识。

10.2.2.4　考评方面

过多采用传统的考试方法，但同时又不能用一张试卷区分出不同老师、不同学校教出的学生对本课程的认知度和综合能力，不能从学生的考试成绩反映出每位教师的学术水平、教学水平、创新能力、人品道德。有的课程，例如数学，其教学内容可以几十年不变化，易于统一、量化，其试题答案及评价标准是客观的甚至是唯一的，影响各个老师、各个学校评比结果的外界因素较少，老师或者评委很少能施以主观影响。有些课程例如语文、"两课"和企业管理等，其教、学、考、评均分别与教师、学生、评委的主观因素密切相关，有时甚至起决定性影响。历年来，同一高考考生的作文，不同阅卷教师给出悬殊很大的分数就是一个有力证明；有些学生的"两课"成绩很好但品德败坏，甚至违法犯罪；评价教企业管理课老师的水平，要等十年之后他的学生的工作业绩，还要考虑有些学生德才兼备但生不逢时以至于终生平庸无名。最典型的当属我国的英语教学，学生学了十几年，每年都花费大量的时间和精力，但多数人依然是聋子或者哑巴或者文盲。在国人眼中分量很重的 CET4、CET6 虽然在逐步解决"听"的问题，但依然不能通过全国统考解决"说"的问题。如何做到既在同一平台上客观地反映出不同学校、不同教师的教学质量，又使教师充分发挥积极性形成自身特色；既不以应试教育为教育理念和教育目标，又能生动灵活地传道、授业、解惑，是我们必须深入思考的问题。

10.2.2.5　师资培养方面

商品学的研究内容决定了其授课教师必须有扎实的理科基础或出身于理工学科，而商品学的学科性质又决定了其研究目的和研究方向的经济学特征，所以，授课教师必须是文理兼备的复合型人才并且经受过一定程度的行业锻炼，培养一名合格教师的难度较大；这些年来整个商品学师资队伍及从事商品经营管理的专门技术人才存在着严重的青黄不接和断层问题；师资匮乏，教师实践水平有待提高，教师须具备较高的综合素质，教学难度较大。

10.2.3　组建商品学联合团队，提高教学质量，推动学科发展

鉴于以上情况，各高等院校、科研院所、相关行政部门和单位、各级各地的学术组织，应联手行动，依次组建本单位内部和国内本学科统一的联合团队，密切联系并进行交流合作，以提高商品学的教学质量为切入点，严密组织，合理分工，

义不容辞地担负起推动商品学发展和繁荣重任，推动其基础理论研究和应用研究，为相关行政部门的决策和行动作参谋，更多举行咨询和培训活动，积极宣传自己，广泛吸收会员，广泛开展国内、国际学术交流，为企业、高校、科研院所、广大群众和政府部门服务，为社会服务。

10.2.3.1 联合团队的工作任务

联合团队应着力开展以下工作和研究：商品学在国际、国内学科分类中的学科归属及在经济和管理类学科中的地位；商品学在 21 世纪的发展趋势、研究重点；如何改进商品学的教学内容、教学方法、教学手段，初步形成统一的教考评机制，提高教学质量；如何加强全国各高校商品学教学交流合作；商品学的师资培训工作，重视和加强队伍建设；如何与企业、行业、政府密切合作；利用课程优势打造新亮点，进行社会主义荣辱观教育；筹建各具特色的商品学实验室；如何充分发挥教研室在开展教学讨论、交流教学经验、研究教学改革中的作用，加强教学团队建设；如何提高学科地位和知名度等。

10.2.3.2 联合团队的工作方案

1. 指导思想和方法

以《教高〔2007〕1 号》和《教高〔2007〕2 号》文件为指导，充分利用国家、省、市、自治区、部门、行业以及学校的优惠政策，以中国商品学会、中国高教学会等为依托，联合兄弟院校和相关单位组成《商品学》的教学和科研课题组，采取实地调查、解剖麻雀、以点带面、由下而上、学术交流、教师培训、产学研结合等方法开展上述内容的研究和实践。

以拟举办的中国商品学会青年教师培训班为中心，加强各高校间的教学交流，使学员能够了解不同高校商品学课程教学内容的设计思路，借鉴不同高校对于商品学课程中的难点内容的讲解方法，交流提高教学质量的方式方法，从而能够更好地在本校主讲商品学课程，提高教学质量，扩大商品学的影响。

2. 联合团队的进度安排

初期工作：以中国商品学会为依托平台，联系各高校，拟定调研方案，进行分组分地分阶段调研，开展课题研究；筹办中国商品学会第一届青年教师培训班；准备培训材料，出版一本高质量的商品学教材。

中期工作：以中国商品学会和中国高教学会为平台，探讨和实践如何初步形成统一的教考评机制，开发网上考试系统，打造安全、便捷、高效的考试平台，提高教学质量；参加国际商品学会年度大会，开展国际学术交流；国内、国际高校间的学术交流、师资培训经常化、制度化。

远期工作：与企业、行业、政府进行合作，以科技服务社会；建设各高校各具特色的商品学教研室和实验室；先后依次在高校、省部委和国家进行科研、教研立项，建设精品课程，出优秀成果；形成业务精良、素质过硬、结构合理，老中青教师的传帮带能良性循环发展的教学科研团队；商品学成为一级学科或二级学科，设置有经济学、管理学等学科、专业的高校普遍开设该课程；社会各方人士普遍重视、认同和了解商品学；中国商品学会成为国际知名、影响较大的学术组织，等等。

需要说明的是，以上各阶段的工作并非截然分开，可以根据实际情况互相交叉进行。

10.2.4　我校《商品学》教学、教改的实践及现有的工作条件

10.2.4.1　我校《商品学》教学及教改实践

近年来，我校开展了《商品学》的教学改革研究和科研工作，并已经通过结项，效果优良，深受学生喜爱，受到了省教育厅的表彰，在同行内有较大影响。共发表相关论文5篇，编写了《商品学概论》《商品包装与检验》讲义3本，出版教材1部，完成了校级教研项目《〈商品学概论〉课程改革研究》和《商品包装与检验》课程教学改革研究，已通过我校鉴定；制作多媒体课件1个，制作教学用胶片10张，自己录制了7盘录像，刻制了4张教学用多媒体光盘，编制了15份试卷库，编制了1套试题库，已经多次在市场营销、国际贸易、工商管理等专业使用多次；与建工系、机械系密切合作，连续3年带领学生进行了钢材的抗拉和抗压试验，深受学生欢迎；请洛阳市商检局、工商局的专家为学生授课；请洛阳市百货大楼、郑州百货文化集团洛阳分公司的总经理为学生授课，带领学生到以上单位进行有偿实习，指导学生调查洛阳市的建材市场、化妆品市场、胶卷市场、饮料市场等，厂商、学生、学校、老师多方受益；该课程教改项目主持人和参与人在10多年时间里每年都带领学生到工商企业和工商局实习；主持人在学校负责过商品采购工作，同上百家企业发生过业务联系，实践经验丰富；主持人是中国商品学会、中国高教学会、河南省素质教育研究会的会员，其科研、教研多次获得省、市、学校的奖励。

2008年元月，我们参加了中国商品学会第十届学术论坛，笔者提交的论文《把商品学做成名牌课程》和《实施名牌战略，振兴洛阳经济》被2008年中商

品学会第十届学术论坛论文集收录，获优秀论文奖，并被中国重要会议论文全文数据库收录，教研成果得到了国际商品学会会长的高度肯定，他在大会开幕式上特别表扬了我们学校，还有意把下届大会的地点选在我们学校，并同时举办商品学会青年教师培训班，要求笔者做好准备，把我校的教学经验加以推广。我们向学院领导汇报后，领导表示一定给予大力支持。这是一次宣传学院、宣传河南高教、提升教师水平、提高教学质量、学习交流的良机，我们一定要紧紧把握，做好周密的准备。

10.2.4.2　我校现有的主要工作条件

我们将继续利用工科院校的优势，利用兄弟院系的实验室，利用与建材企业联系密切的优势，开展教学和科研。以中共河南省委高校工委、河南省教育厅在全省教育系统开展"教师培训年"活动为契机，充分利用中国商品学会、中国高教学会、河南省素质教育研究会提供的平台，开展本课程的教学、科研及教研工作。

我校从事商品学教学和科研的老师，都有多年的教学和科研经验，能抽出很多时间进行调查研究；部分老师来自企业，有丰富实践经验；我们与工商企业、政府部门有良好的合作；还可以充分利用我校图书馆大量藏书、中国期刊全文数据库、中国优秀博硕学位论文等现代化工具和手段进行研究；学校大力支持、积极鼓励教师从事关于教育教学的科学研究，出台了一系列管理办法和优惠措施，将在经费上给予重点扶持，等等。

我校升本后，学校的工作重心之一是整合学科专业，全面提高教学质量，以提高学院科研水平提高人才培养质量为目标，建立一支知识结构和年龄结构合理的科研队伍，营造良好的科研环境。学校强调要建设学科交叉的科研团队，为商品学提供了难得的发展机遇。作为一门边缘性、交叉性学科，商品学具有广阔的发展空间。

10.2.5　联手提高商品学教学和科研质量的关键领域

10.2.5.1　教师要热爱商品学，要立志做专家

从事商品学研究和教学的人员，对商品学有较深、较多的了解，都希望商品学能够繁荣昌盛，都希望商品学能够为科学研究和社会发展作出重要贡献。这就要求我们经常深入地熟悉它、学习它，喜欢它、热爱它，宣传它、光大它。我们都

应明白一个道理，"皮之不存，毛将焉附"。作为教师，立身之本是授课，一定要想方设法提高教学质量，但不能仅仅满足于当教书匠，还要进行科学研究和社会服务，从而沿着"人师——良师——名师——大师"的方向不断努力。只要每个从业人员都有这样的志向和实际行动，商品学必然迎来全新的繁荣局面。

10.2.5.2 逐级提高教学质量，形成本课程全国统一的教学、培训体系

切实贯彻教育部质量工程，从基层（课程）、细小（教师）做起，在取得教研室、系部、学院、学校的肯定和大力支持下，先在本校组建联合团队，对商品学进行试点：任课教师和其他专业教师、学生、专家充分研讨，确定统一的教学大纲，编制各自的教学计划，教师自主选择教材，每学期至少组织 3—5 次教师研讨、教学观摩，统一试卷，流水批卷；共同查找教学中问题，寻求解决措施。然后可以在本课程相关专业、学科推广，再推广到其他专业、学科。其次是组建国内本学科统一的联合团队，可以把某校商品学教改的先进经验与国内兄弟院校分享，借助于中国商品学会、中国高教学会寻求全国性的科研和教学的交流合作，逐步在全国高校范围内建成本课程统一的科学的教学、培训体系。最后影响到政府决策，进行全局性的改革。这是一种以点带面、由下而上、逐步逐级进行教学改革的做法。

10.2.5.3 借鸡下蛋，借船出海，共育英才

充分发掘校内外资源，借助于国内外学术组织、民间机构、相关企业和政府机构，充分利用国际商品学会、中国商品学会、中国高教学会、中国消协等平台，突破资金、师资瓶颈，校企合作，寻求政策支持，积极采取各种措施"请进来，走出去"，积极学习、交流与合作，从而获得发展和提高。充分发挥各高校自身特色和资源，积极利用理工学科的试验设备；聘请以上组织的专家讲课；为各类企业诊断疾病，出谋划策等。

10.2.5.4 敢做、巧做业界"领头羊"

按照《教高〔2007〕1 号》和《教高〔2007〕2 号》文件的精神，以教研室为基本单位，充分发挥教研室在开展教学讨论、交流教学经验、研究教学改革中的作用，加强教学团队建设，建设一支教学质量高、结构合理的教学团队，建立有效的团队合作的机制，推动教学内容、教学方法的改革和研究，大力推进启发式教学、讨论式教学和案例教学等教学方法改革，不断取得高水平教学改革成果，促进教学研讨和教学经验交流，开发教学资源，推进教学工作的老中青相结合，

发扬传、帮、带的作用，加强青年教师培养。鼓励、支持及聘请校内外著名专家学者和高水平专业人才承担教学任务或开设讲座，推动双语教学课程建设，探索有效的教学方法和模式，积极鼓励教授、副教授投身教学改革，改进教学内容和教学方法。

10.2.5.5　联手打造国家级名牌课程

名牌课程是指以一流的教师、教材、授课和科研提高教学质量，从而培养出优秀的学生，在全国或者同行中享有较高知名度、美誉度并获得高度认可的课程。要想把商品学创建成名牌课程，就需要以这几个要素为切入点：对商品学进行建设、营销和保护；紧紧围绕培养目标和学生未来的职业特点精心选择教学内容，理顺教学思路，合理处理自然科学商品学与社会科学商品学的关系，内贸专业和外贸专业的教学应一致要求；利用课程优势打造新亮点，进行社会主义荣辱观教育；联手进行教材建设，打造国家级精品课程；结合地区、行业实际发展商品学；重视和加强队伍建设；校企联合，共育英才；创办相关学术刊物、网站、博客；壮大学会力量，充分发挥学会作用等。

10.2.5.6　统一考核、评价应具体问题具体分析

并非所有课程都适合统一考评，应选择合适的课程逐步地进行本校内、学校间的统一考评。统一考评时要掌握主观试题、客观试题的比例，应注意所聘请评委的专业性、人品、单位等。商品学课程兼具文科和理科特点，比较适合统一考评，建议在实施过程中先按 70% 的基本知识、30% 的主观题操作，以后可以逐步过渡到对半开。

此外，经常组织教学大纲的研究和编制，多组织编写讲义、教材、试题库，有助于理清教学思路、探讨问题、统一认识，通过求同找异，增强学术气氛；条件具备时还可以实行同一课程多数教师上课、学生选择老师的办法；积极参与精品课程建设，充实、美化商品学网站，开设商品学讲座，通过电视、报纸、广播、网络等宣传报道商品学，在"中国学术会议在线"上发布会议信息等，都是比较和提高高校间商品学教学质量、繁荣发展商品学的途径。

注：本文探讨了我国商品学的教学、科研及师培研究，着重探讨了如何提高商品学的教学质量，所以也曾考虑把题目定为"组建商品学联合团队，提高教学科研质量"或者"同一课程不同授课教师的教学质量的比较和提高——以商品学为例"，或为"不同高校同一课程的教学质量的比较和提高——以商品学为例"。

10.3 高校间优质教学资源共享的必要性及存在问题研究
——以《商品学》课程为例

教学质量的提高，归根结底要落实在每门课程的讲解和学习上，要看教师的教学水平和科研实力，要看学生的学习效果，还要看不同高校间同一课程的教学质量的高低。比较教学质量的高低不是我们的初衷，我们的最终目的是通过共同努力，共享优质教学资源，共同提高教学质量，实现师生间、课程间、专业间、学科间、高校间的共赢，共育英才，共同发展。对于一线教师而言，除了提高自身素质和能力外，还要善于利用校内校外一切资源，勇敢地走出去、拿进来，实现高校间优质教学资源的共享。

本文以《商品学》课程为例，探讨如何实现高校间优质教学资源的共享，希望能起到抛砖引玉之效。

10.3.1 开展商品学优质教学资源共享的必要性

10.3.1.1 国家建设和市场经济的需要

伴随着全球经济一体化、科学技术的突飞猛进和我国社会主义市场经济的发展，食品安全、假冒伪劣商品、绿色国际贸易壁垒、商品品牌、商品条码、商品标准、商品包装、商品检验检疫、消费者权益保护等以商品质量为核心的经济和社会问题成为政府、企业、普通消费者、科研机构不得不学习和重视的课题。党和国家领导人高度重视商品生产和商品流通，特别是高度重视商品质量以及与提高商品质量相伴生的保护资源、保护环境、保护国家安全问题。在这些问题的解决过程中，商品学及其教育扮演着举足轻重的角色。

近年来，不少高校为了适应新产业发展、学科综合和市场急需的要求，都面向市场、淘汰了一些过时的专业，主动新增或调整专业结构，使师生的知识和能力能够符合市场需求。例如四川大学把学做买卖的专业列入了课程表，其中有商品学、房地产、广告、市场营销、装饰等专业。以前设置的专业，其毕业生背离供需实际，"产销"脱节，就业困难。而现在新开设的这些专业，学生还没毕业就有单位来预定。

10.3.1.2 学科发展和学校自身发展的需要

现代商品学是一门以研究商品质量为中心内容的边缘性、交叉性学科。在我国开设有经济学或者管理学的高校里，大都在其专业课或者专业基础课中开设有《商品学》课程，它主要适用于工商管理、市场营销、国际贸易、商品检验、物流管理、电子商务、企业管理、商品零售等专业。它围绕商品——人——环境系统，从技术、经济、社会等多方面系统地、综合地和动态地研究商品的使用价值和商品质量及其管理。众所周知，马克思就是从最普通、最常见的商品着手研究，著成了鸿篇巨著《资本论》，揭示了资本主义社会的发展规律，提出了实现共产主义的美好理想。我们生产、营销、买卖、管理、使用的主要对象是商品，欲培养造就优秀的工人、营销员、经理，欲提高我国商品和企业的国际竞争力，欲打造一流的知名企业，欲提高我国公民的消费素质，就必须从人们最熟悉、使用最频繁、但也最容易忽略的商品着手，加强学习，对自己生产、经营、管理、使用的商品了如指掌，科学生产、科学经营、科学管理、科学消费，充分发挥商品的使用价值，适应资源节约型、环境友好型社会的要求，从小处、从自身践行科学发展观。

然而，我国商品学远远没有发挥出其应有的作用，无论是在教育界还是社会上都没有得到相应的重视，其地位亟待提高，商品学的研究、教育、宣传和应用亟须上一个新的台阶，需要得到商品学界、教育界和社会各界有识之士的重视、行动和支持。国内外相关组织和部门所划分的学科分类虽然不一致，但都把商品学列为三级学科。现行的《学科分类与代码表》（GB/T13745-2009）中，商品学为三级学科（包括商品包装与技术），其一级学科是经济学（代码是790），二级学科是商业经济学（代码是79063），这与国际学科代码相同；而全国教师资格认定管理信息系统任教学科对照表中，研究生专业、高职高专、中等职业学校学科中，均没有商品学，在本科专业中，商品学为三级学科（代码是B110207），其一级学科是管理学（代码是B11），二级学科是工商管理类（代码是B1102）。这样易造成教学与科研脱节，不重视商品学的作用和地位。由于师资匮乏和教学硬件缺乏，部分高校甚至把经济学和管理学中的商品学课程砍掉。国务院学位委员会和教育部于2011年3月8日发布的《学位授予和人才培养学科目录（2011年）》中，更是见不到商品学的踪影。

所以，我们应大力普及和发展商品学，加强学校间的联系和合作，共享优质资源。作为教师，应按照党和政府的要求，以《教高〔2007〕1号》和《教高〔2007〕2号》文件为指导，切实贯彻质量工程，从授课、教研、科研做起，提高教学质量和学生综合素质，提高所授课程的知名度、影响力和美誉度，为高等教育和学校发展作出贡献。

10.3.2　高校间共享优质教学资源的障碍及问题

10.3.2.1　思想认识不到位

部分领导和教师认识不到老师间、学科间、学校间共享优质教学资源重要性；有的老师珍惜自己的研究成果、教学经验，不愿与同事交流；有的领导认为开展交流费时费力费钱，没有立竿见影的效果，不愿意组织或批准教师的此类活动；有的老师抱有学科偏见，认为学科之间尤其是文科与理科之间，不存在优质资源共享的前提，更无共享的必要。

10.3.2.2　对学生和教师的考评有待多样化或统一化

对某些课程进行教学评价，例如评价教授企业管理的老师的水平，笔者认为要等十年之后他的学生的工作业绩及综合表现，还要考虑有些学生德才兼备但生不逢时以至于终生平庸无名。

10.3.2.3　师资匮乏，教师培养难度较大

商品学的研究内容决定了其授课教师必须有扎实的理科基础或出身于理工学科，而商品学的学科性质又决定了其研究目的和研究方向的经济学特征甚至是管理学特征。所以，商品学授课教师必须是文理兼备的复合型人才并且经受过一定程度的行业锻炼，培养一名合格教师的难度较大；这些年来整个商品学师资队伍及从事商品经营管理的专门技术人才存在着严重的青黄不接和断层问题；教师实践水平有待提高，教师须具备较高的综合素质，教学难度较大等也导致了师资匮乏。

此外，教学条件有待改善，教研、科研有待深入和合作。如何做到既在同一平台上客观地反映出不同学校、不同教师的教学质量，又使教师充分发挥积极性形成自身特色；既不以应试教育为教育理念和教育目标，又能生动灵活地传道、授业、解惑，是我们必须深入思考的问题。

10.4　高校间优质教学资源共享的对策

笔者曾在《高校间优质教学资源的共享—以商品学为例》一文中探讨了高校间

开展优质教学资源共享的必要性、存在的障碍及需要解决的问题，现就对策问题做深入探讨。

10.4.1 组建高校间教学科研联合团队

教学资源的共享首先要做到校内资源的共享、学科之间的共享，应引导广大教师形成这个共识并开展切实行动，为边缘性、交叉性学科的诞生创造学术氛围和成长环境；应明确教学资源的广泛性，它包含教学方法、教学内容、实验室、实习基地、图书资源、网络资源、教学名师、教学经验、学术讲座、培训班、教案、多媒体课件、试题库、试卷库、案例库等；应协商优质教学资源共享的方式、内容、目标、进度、配套措施等；应充分借助学术会议交流、BBS、QQ 群、教师网等先进的社会资源。

鉴于以上情况，各高等院校、科研院所、相关行政部门和单位、各级各地的学术组织，应联手行动，依次组建本单位内部和国内本学科统一的联合团队，密切联系并进行交流合作，以提高商品学的教学质量为切入点，严密组织，合理分工，义不容辞地担负起推动商品学发展和繁荣重任，推动其基础理论研究和应用研究，为相关行政部门的决策和行动作参谋，更多举行咨询和培训活动，积极宣传自己，广泛吸收会员，广泛开展国内、国际学术交流，为企业、高校、科研院所、广大群众和政府部门服务，为社会服务。

联合团队应着力开展以下工作和研究：商品学在国际、国内学科建设、专业建设中的地位及在经济管理类学科中的地位；商品学在 21 世纪的发展趋势、研究重点；如何改进商品学的教学内容、教学方法、教学手段，初步形成统一的教考评机制，提高教学质量；如何加强全国各高校商品学教学交流合作；商品学的师资培训工作，重视和加强队伍建设；如何与企业、行业、政府密切合作；利用课程优势打造新亮点，进行社会主义荣辱观教育；筹建各具特色的商品学实验室；如何充分发挥教研室在开展教学讨论、交流教学经验、研究教学改革中的作用，加强教学团队建设；如何提高学科知名度、美誉度等。

明确指导思想和方法。以《教高〔2007〕1 号》和《教高〔2007〕2 号》文件为指导，充分利用国家、省、市、自治区、部门、行业以及学校的优惠政策，以中国商品学会、中国高教学会等为依托，联合兄弟院校和相关单位组成《商品学》的教学和科研课题组，采取实地调查、解剖麻雀、以点带面、由下而上、学术交流、教师培训、产学研结合等方法开展上述内容的研究和实践。

以拟举办的中国商品学会青年教师培训班为中心，加强各高校间的教学交流，使学员能够了解不同高校商品学课程教学内容的设计思路，借鉴不同高校对于商品学课程中的难点内容的讲解方法，交流提高教学质量的方式方法，从而能够更好地在本校主讲《商品学》课程，提高教学质量，扩大商品学的影响。

10.4.2　联手打造国家级精品课程、名牌课程

精品课程可以带动和引领学科建设及发展，促进教学水平提高，提高学科地位和影响力，发展示范辐射作用，鼓舞同行的自豪感、上进心、荣誉感和竞争力，凝聚同行的力量，实现优质资源的共享。我国教育部自 2003 年至今推出了众多的国家精品课程，多家高校、多个学科和专业都榜上有名，然而所有上网的 2000 多个国家精品课程中，有的同一名称的课程能出现 4—5 次甚至更多，却找不到商品学的踪影。这不能不说是我们的缺憾，更应成为我们的努力方向。

名牌课程是指以一流的教师、教材、授课和科研提高教学质量，从而培养出优秀的学生，在全国或者同行中享有较高知名度、美誉度并获得高度认可的课程。要想把商品学创建成名牌课程，就需要以这几个要素为切入点：对商品学进行建设、营销和保护；紧紧围绕培养目标和学生未来的职业特点精心选择教学内容，理顺教学思路，合理处理自然科学商品学与社会科学商品学的关系，内贸专业和外贸专业的教学应一致要求；利用课程优势打造新亮点，进行社会主义荣辱观教育；联手进行教材建设，打造国家级精品课程；结合地区、行业实际发展商品学；重视和加强队伍建设；校企联合，共育英才；创办相关学术刊物、网站、博客；壮大学会力量，充分发挥学会作用等。

10.4.3　精心安排教学内容，理顺教学思路

紧紧围绕培养目标和学生未来的职业特点选择教学内容；不同专业所开设的同一课程在教学内容、教学进度等方面应有所区别但又基本一致；利用课程优势打造新亮点，进行社会主义荣辱观教育。例如开设商品学课程的专业大约有国际贸易、贸易经济、工商管理、市场营销、物流管理、物资管理等，其毕业生多在企业从事市场营销、国际贸易、企业管理等工作或者到工商、商检部门工作。作为从事商业、在市场大潮中搏击的职业人员，不一定要成为技术专家，但必须知识广博、信息灵通，做到什么都晓得一点，是百事通，是通才。只有这样，才能在瞬息万

变的商战中捕捉对己有利的信息，迅速作出决断并积极行动。我们的培养目标不是把学生培养成在某一类商品领域具有技术特长的专家、行家。学生初步了解和掌握商品学课程的学习内容、学习方法、学习思路，要求学生在掌握所讲解的几类商品的基础上触类旁通，举一反三。让学生初步了解如何成为对商品进行经营管理的行家里手，从而公平交易，保证质量，取得成功。所以内贸专业和外贸专业的教学应一致要求，根据具体情况选择自然科学商品学或者社会科学商品学的教材。

商品学中蕴含着丰富的荣辱观教育资源，是对大学生进行思想教育的有效载体，也是全员育人、全过程育人、全方位育人的重要组成部分。在商品学教学中可以密切结合市场动态进行授课，开展荣辱观教育的基本内容包括以下几点：爱国主义情感和忧患意识、辛勤劳动和诚实守信、服务人民和艰苦奋斗的献身精神、实事求是的科学精神、遵纪守法和忠于职守的敬业精神、创新精神和创新能力、超前意识、科学消费、诚实守信、动手能力和团结协作精神等。

10.4.4　逐级提高教学质量，形成本课程全国统一的教学、培训体系

切实贯彻教育部质量工程，从基层（课程）、细小（教师）做起，在取得教研室、系部、学院、学校的肯定和大力支持下，先在本校组建联合团队，对商品学进行试点：任课教师和其他专业教师、学生、专家充分研讨，确定统一的教学大纲，编制各自的教学计划，教师自主选择教材，每学期至少组织 3—5 次教师研讨、教学观摩，统一试卷，流水批卷；共同查找教学中问题，寻求解决措施。然后可以在本课程相关专业、学科推广，再推广到其他专业、学科。其次是组建国内本学科统一的联合团队，可以把某校商品学教改的先进经验与国内兄弟院校分享，借助于中国商品学会、中国高教学会寻求全国性的科研和教学的交流合作，逐步在全国高校范围内建成本课程统一的科学的教学、培训体系。最后影响到政府决策，进行全局性的改革。这是一种以点带面、由下而上、逐步逐级进行教学改革的做法。

10.4.5　联手进行教材建设

好的教材对学科、专业和课程建设的作用及意义无须作过多论述，它对授课和学习的重要性更勿庸置疑。然而，我们缺少一本这样的商品学教材：既能简明扼

要、全面系统地介绍商品学科及其理论，又能紧密结合经济管理类专业特点，综合运用经济学、管理学、市场营销、消费学、经济法等理论知识进行深入浅出的阐述；既将专业特点与培养实践性、操作性、应用型人才的要求有机结合起来，全面、系统地结合学生实际介绍商品学，又能使学生积极、主动地学习；既考虑到学生的知识背景和就业方向，又能紧密结合国外市场情况；既有理论教学，又有实践教学；既以自然科学为基础和本源，又以社会科学为导向和趋势；既有参考资料又有多媒体资料；既便于教师教学和科研，又便于学生自学，师生同时受益；既可作高校教材，又可供其他相关人员尤其是广大消费者学习，受到多方的喜欢。这个目标绝非几个人、几个学校所能达到，需我们全体同仁联起手来，齐心合力地工作。

10.4.6　借鸡下蛋，借船出海，共育英才

充分发掘校内外资源，借助于国内外学术组织、民间机构、相关企业和政府机构，充分利用国际商品学会、中国商品学会、中国高教学会、中国消协等平台，突破资金、师资瓶颈，校企合作，寻求政策支持，积极采取各种措施"请进来，走出去"，积极学习、交流与合作，从而获得发展和提高。充分发挥各高校自身特色和"资源"，积极利用理工学科的试验设备；聘请以上组织的专家讲课；为各类企业诊断疾病，出谋划策等。

10.4.7　彻底改变教研室不教研的现状，充分发挥其教研作用

长期以来，多数高校的各类教研室名不副实，除了安排和执行教学任务外，几乎很少有计划、有目标、有组织、有效地进行教学研究和科学研究，没有发挥其指导青年教师、凝聚学术力量、研究教学内容、研究教学方法、研究教学理论的作用，形同虚设。有的教研室，数位教师同时教授一门课多年，竟然没有互相听过课，更没有在一起交流授课心得，不能互相取长补短，共进共勉。如此势必造成同一课程的教学大纲、计划、内容、方法、手段、作业、考试等标准不一而足，教学质量参差不齐，较难进行教学水平的纵横对比，或井底之蛙，夜郎自大，或故步自封，保守残缺，难以提高教学质量，阻碍了学科的发展。

此外，还要敢作、巧作业界"领头羊"；统一考核、评价应具体问题具体分析；结合地区、行业实际发展商品学；校企联合，共育英才；创办相关学术刊物、网站、

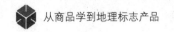

博客；重视和加强队伍建设；充分发挥各级各类学会尤其是全国性学会这个高校间共享优质教学资源的有益平台，应壮大学会力量，充分发挥学会作用，等等。

10.5 围绕市场和质量进行《商品学》授课

10.5.1 《商品学》课程的性质、目的和任务

《商品学》是研究商品使用价值及其实现的科学，是为我国工商企业的经营管理、商业流通服务的科学。它既是商学重要组成之一，又是构成企业营销管理不可分割的一部分。具有商品使用价值方面的科学知识和社会经济知识，是从事工商企业经营管理、商业流通、市场营销等工作的人员必备的业务条件之一。提高商品使用价值的科学知识及社会经济知识水平是提高这些领域的工作人员素质的内容之一。该课程是市场营销、工商行政管理、企业管理、贸易经济等专业的专业基础课。

通过本课程的学习，使学生获得商品使用价值及其实现的基本知识，从理论上掌握研究使用价值及其实现的方法、途径及基本技能，为今后在工作中进一步研究和掌握商品使用价值及其实现奠定基础，进而提高工作能力和业务素质。

10.5.2 部分高校没有开设或者取消《商品学》的原因

近年来，很多高校开设了《商品学》课程。但部分开设有市场营销、工商管理、企业管理、贸易经济、国际贸易等专业的高校在其课程设置中取消了或者没有开设《商品学》课程，原因较多，可归纳为以下几点：部分老师及领导认为商品学偏自然科学尤其是偏理科，对经济管理类专业不合适，部分学生学起来吃力，部分学生不感兴趣；没有师资，以前的授课教师退休或外流，没有人可以讲授本课程，也招聘不到理想的教师；中国人民大学和其他知名高校的商品学系不复存在了，商品学研究生也停招了；由于旗帜没有了，某些本来就对商品学不了解的人就有了取消该课程的借口，于是上行下效或者一哄而散；在现行的《学科分类与代码表》（GB/T13745-2009）和全国教师资格认定管理信息系统任教学科对照表中，商

品学均是三级学科，在专业课总体课时有限的情况下，如果没有哪个老师强烈要求开设，学校就不会开设；授课教师的学术水平有限、没有潜心钻研教学、教学效果不佳，使领导及同事认识不到商品学的重要性，于是取消该课程。

以上原因，有客观方面的也有主观方面的，但笔者认为关键是主观原因，商品学的授课质量较低，授课效果较差，既没有先天优势进行技术论商品学的授课，也没有发挥后天优势去钻研经济商品学的授课之道。商品学同仁应加大宣传，增进了解，改进方法，使那些对商品学知之甚少或者抱有偏见的老师尤其是领导对商品学重新认识、加深认识，力争他们的理解和支持，使商品学获得应有的地位，发挥其应有的作用。

10.5.3　高校应结合自身情况选择授课侧重点

笔者认为，在部分高职高专院校（偏重营销方向）、应用型本科院校、教学型本科院校中开设的商品学课程，在授课时应贯彻社会科学商品学的体系和特点，以恰当的方法讲授相关内容；在部分高职高专院校（偏重技术类）、研究型本科院校特别是招收商品学专业研究生的高校，所开设的商品学课程可以偏重自然科学。

从事自然科学商品学（技术论商品学）讲授或研究，到一定程度时，就涉及到了物理、化学、生物学等自然学科，主要讲解每种商品的成分、结构、性质、检验等，可以围绕市场上各种商品的真假优劣等热点话题，讲解其识别、鉴定、使用、保管、仓储等内容。教学时，采用适当方法，依然可以做到引人入胜、老少皆宜、大受欢迎。例如为了使节目更加贴近百姓，并且让大家增长更多的消费知识，中央电视台新闻频道《每周质量报告》于2007年推出了五一特别节目"消费者学校"，其中数次由中国农业大学的胡小松教授主讲（可参看http：//221.13.149.212/2008/01/08/46880984f23411709c95c1162ec545da.flv）。这是一档专门为消费者解疑释惑的节目，与广大消费者共同关注蜂蜜、果汁、茶、红酒、桶装水、牛奶等商品的质量问题，《消费者学校》还向观众传授简便易行的方式，对产品进行鉴别、分辨，为消费者解读必要的法规、标准、工艺等。除此之外，有关专家还为消费者详细讲解产品的功能和消费误区，为人们提供假日消费指南。这个节目，是一个普及自然科学商品学的典型，值得我们深思并大力推广。

社会科学的商品学，应与市场营销、管理学、物流、环保、美学等紧密联系，突出市场调研、产品分类、商场管理、店铺经营、商品标准、商品包装、商品信息的搜集、预测及管理等，围绕市场经济发展中政府、企业、员工等普遍关心的企业定位、产品开发、产品定位、货架管理、商品的国内外贸易法规及惯例、商品消费的风俗习惯、商品消费常识等进行讲解，使听众领悟经营之道、增长见识、开阔思路、大受裨益。因为商品学的定位是营销学、管理学的核心课程，而营销、管理的主要对象就是商品（或者说是物资），直接为培养营销人才、管理人才服务，所以授课过程中每节内容、每个问题都要尽量与营销、管理挂钩。

笔者在此重点探讨社会科学商品学授课中的授课指导思想和授课内容的选择问题。

10.5.4　讲授社会科学商品学时的切入点及结合点

笔者认为，即便是社会科学的商品学，也要以自然科学商品学为研究和学习的基础。由于该课程涉及理化知识较多，在对文科学生讲解时应结合具体商品进行深入浅出的介绍，突出重点，多举实例，结合国内外不同时期不同市场的商品行情，穿插一些资料、案例，进行具体生动的爱国、超前、忧患、信息意识教育。要求学生在生活中勤于观察和思考，经常深入到商店、工厂或其他企业参观、实习，有条件时可组织一些模拟训练、实物参观或者实验，适当布置作业、思考题、参考书目、就某类商品写小论文、进行课程设计等。

市场上的商品成千上万，无论是老师还是学生都没有可能也没有必要去讲解、学习每种商品，我们只需要选择那些有代表性的商品为例进行深入讲解、学习，从而做到举一反三、触类旁通。无论是自然科学商品学还是社会科学商品学，无论是哪位老师在哪个出版社出版的教材、专著，其概论部分都要涉及商品质量、商品分类、商品成分、商品性质、商品标准等章节。笔者在此重点从社会科学商品学角度探讨这几个章节的授课内容、授课思路、授课资料、授课方法等。

10.5.4.1　《商品质量》的授课

以《商品质量》一章中"影响商品质量的因素"为例，我重点讲解了影响茅台酒质量的因素。之所以选择茅台酒，一是因为它的质量、品牌蜚声国内外，妇孺皆知，美誉度高；又因为它是工业品，同时它以农产品、赤水河的河水为原材料；还因为它所处特殊的自然环境以及工艺、配方，该企业与众不同的管理等；更因为1998 年 CCTV-2 推出的《商界名家》节目曾播出《话说神秘茅台》，该节目记者曾经实地采访了茅台酒厂，采访了茅台的当家人季克良，邀请三位知名专家做了专谈。该节目声情并茂，具体、生动、形象地介绍了影响茅台酒一流质量的外因和内因、自然因素和社会因素。我设法取得了该节目的录像，多次在我校进行多媒体教学，深受学生欢迎。在授课时，我还以茅台酒的生产流程为线索，分析了在生产、流通、使用等环节影响其质量的因素。

又以该章中"对商品质量的基本要求"为例。由于80后、90后学生的生活经验和社会实践普遍较少，我选择了每个人每天都要用到、接触到并且不得不关心的食品、日用工业品、服装为例进行授课，安排2—4个学时，具体以近年来的热点、焦点商品如双汇的"瘦肉精"、三鹿的"三聚氰胺"、手机致癌、无磷洗衣粉、购物塑料袋、彩色棉等为例，详细讲解对每种商品的自然质量和社会质量的基本要求。我告诫学生，当你们以后参加工作、走上领导岗位后，一定要以强烈的社会责任感合法经营，只有在满足了商品质量的基本要求即共性的前提下，才能追求差异化，才能追求个性化经营。

在该章教学中，还应就以上专题及"重视和提高商品品质的意义"等进行多媒体课和讨论课教学，要求学生作好充分准备，积极学习，老师精心备课，在课堂上开展多层次、大范围、多角度、经常性的提问。

10.5.4.2 《商品分类》的授课

该章的授课，要从市场营销角度强调分类的意义和目的。对商品进行分类，是进行统计工作的基础，是组织商品流通和物价管理的基础，有助于商品学的教学和科研，便于消费者选购商品，是现代化管理的基础。学习和讲解商品分类，一个重要目的就是联系市场营销学的市场细分理论，分析出未来新的商品和市场。商品分类要选择适当的分类标志，并且要尽可能多角度、多标志地分类，帮助企业经营者发现新产品、新市场。对商品进行科学分类，便于深入研究商品品质和商品性质，从而有利于解决商品保管、合理使用及鉴定等与商品使用价值密切相关的各项重要问题。

按照每个分类标志对商品分类时，都应涉及以下内容：总体上可以把该商品分作哪几类？这种分类的优点是什么？应要求学生（尽可能多地）从不同角度对同一商品进行分类。联系市场营销学中产品的长度、宽度及产品线理论，把该商品分得越细、越深、越宽，经营思路就会越开阔、越清晰。

在对每类具体商品进行分类时，都要紧紧围绕以下问题展开：该商品从商业经营（国际贸易、市场营销）角度如何分类？该类商品在全国、全球的产地集中在哪些地方，哪个地方、哪个企业的产品质量最好？每类产品的质量如何，哪类产品质量最好，哪类产品的质量其次，哪类产品质量最差？是什么原因导致了质量差异？等等。

通过商品分类，还有助于企业选择经营范围，有助于商业企业选择经营地址。以洛阳市南昌路上的商业企业为例。该道路是洛阳市市政建设的样板路，宽敞、美丽的道路两旁商铺林立，是洛阳市的一个繁华地段。在 2000 年之前，该道路两侧还没有营业面积超过 1000 平方米的大型零售商业企业。2001 年，一家台资企业在南昌路中段建起了大型超市——丹尼斯百货，开业不久，就对原来南昌路上最大的零售企业大张超市（其营业面积约 800 平方米）影响巨大，虽然相距仅有 500 米，但当年大张超市的营业额和利润就直线下降，3 年后撤出了南昌路。与丹尼斯百货一路之隔、相距仅 100 米的丽新超市（其营业面积约 200 平方米）在丹尼斯开业半年后就关门停业；另外一家商店（其营业面积约 10 平方米），同样与丹尼斯百货一路之隔、相距仅 100 米左右，惨淡经营了 3 年后也关门停业。而在丹尼斯方圆 1 公里内，有数百家营业面积在 5—15 平方米的小商店、小杂货铺，受丹尼斯百货的影响很小。究其原因，一是前三家离商场巨无霸丹尼斯太近，一是前三家经营的商品与丹尼斯同质、它们销售的商品丹尼斯都有，丹尼斯还具有优良的购物环境。而那些小商店，多分布于居民生活区，经营的是柴米油盐等生活必需品、便利品，满足了消费者方便、快捷的需求，价格上也几乎没有差异，所以能立于不败之地。

10.5.4.3 《商品成分》的授课

任何商品都是由一定种类和一定数量的成分所组成的。商品所含成分的种类和数量对商品品质、用途、营养价值、性质（或性能）或效用有着决定性的或密切的影响。在授课时，应通过众多商品的实物展示和案例分析，使学生明白作为商品的生产经营者，应该对商品的成分了如指掌：哪些是主要成分、次要成分、杂质成分？哪些是有益成分、哪些是有害成分？可以采取哪些有效措施增加其有益成分、降低其有害成分？这些措施对商品质量究竟是长期有益、绝对不会危害到商品质量，还是像某些奶制品企业在产品里添加了三聚氰胺那样会对消费者造成致命威胁？

作为从业人员，还应做到：全面掌握所经营商品中以成分为主要指标的商品所含成分的种类及定义、商品成分与商品品质及用途（或营养价值）的关系等方面的知识；在签订商品购销（仓储、保管等）合同时，在合同品质条款中应重点签订主要成分和杂质成分，次要成分应尽量不列入品质条款；当然，次要成分不一定是有害成分，反而可能是很重要的成分，这时应列出单独条款；应了解我国标准对商品成分的规定，了解我国不同种类商品的各种成分的实际含量情况；应了解贸易各方所在国家的商品标准、国际标准及其他国家商品标准对商品成分的规定，了解有关国家商品成分的实际含量情况。

10.5.4.4 《商品性质》的授课

商品的性质与商品的品质、合理使用、包装、储存和运输等有极为密切的关系。它是判断许多商品品质优劣的重要指标，是决定商品用途的主要因素，是制定商品感观指标和理化指标的依据，是判断许多商品的种类或者品种的依据，是研究和选用包装、储存及运输条件的依据。商品的性质因商品而异，极为复杂，对商品使用价值有密切影响。

在授课时，同样应通过对众多商品的介绍和案例分析使学生明白，作为商品的生产经营者，应该对商品的性质了如指掌：该商品在生产、运输、储存、销售、使用等各个环节可能（或者需要）发生哪些物理、化学、生物学反应（或者变化），从而导致其质量的变化（质量的提高或者降低）？在这些环节，影响其成分发生变化的因素有哪些？如何预防、处置这种变化，如何促进商品发生这种变化，等等。以茶叶为例，我们要了解它的三大特性，即吸湿性、陈化性、吸收异味性，并在各个环节采取多种措施防止茶叶的吸湿、陈化、吸收异味，进而防止茶叶质量下降。

10.5.4.5 《商品标准》的授课

商品标准是对商品的品质规格及其检验方法所做的技术规定，是对商品质量及有关质量的各个方面所规定的典范或准则。它是判断商品品质和等级的依据，也是签订贸易合同中品质条款和包装条件的依据，是从事工农业生产的一种共同技术依据，也是工商部门、贸易各方交接验收商品的共同准则。

作为商品的生产经营者，应该做到：掌握所经营商品的我国国家标准（强制性的或推荐性的）、行业标准、地方标准和企业标准；应了解贸易对方所在国家的商品标准；应了解其他国家有关的商品标准；应了解和熟悉相关的国际商品标准；应注意商品标准的版本，防止采用无效版本。

关于商品标准与企业管理的关系，可参见拙文《看商品标准，知企业管理》。作为商品的生产经营者，还应该做到：理解并掌握商品标准和商品标准化作用、概念、分类、内容、制定原则和程序后，掌握商品标准的分级及其表示方法，了解商品标准化的形式和发展概况，在生活和工作中如何正确运用商品标准，能够运用所学知识保护自己和企业的合法权益，积极参与国际标准的制定和修订工作，为企业、国家的科技进步和发展做出贡献。商品标准的统一是全球经济一体化的必然要求和发展趋势，表达了生产者、经销者、管理者和消费者对商品的共同要求，商品标准是通过商品标准化来实现目的、发挥作用的。

10.5.5 《商品学》分论的授课

某些高校，由于开设有商品学专业或者高度重视商品学课程，所以课时较多，安排了商品学分论。各高校开设的商品学分论，涉及到的商品有食品、纺织品、日用工业品、材料学、药材、汽车、房地产、饲料、医药器材、建筑材料等，以上商品又可以分作许多小类。不管哪类商品，在授课时都要结合其自然属性讲解它的经营之道，讲解该商品的经营特点、经营技巧、该商品的市场发展前景、商品消费的特点，讲解商品消费的结构、方式、变化趋势，还要讲解商品发展与环境保护、商品—人—环境之间的关系；如果可能，再向学生谈谈国家关于该类商品的生产政策、经营政策、消费政策、商品信息与预测、新商品开发等。

10.6 《商品学》中的大学生忧患教育

《商品学》是一门与物理、化学、生物学等多种自然学科以及市场学、质量管理学等社会科学发生广泛联系的综合性应用学科。它涉及到食品、日用工业品等众多种类的商品，以每种商品的质量为中心，研究与其质量密切相关的原料、成分、结构、性质、工艺使用方法等诸多问题，对指导商品的生产、经营和管理有重要作用，对提高商品质量、提高消费者辨别各种商品的真假优劣能力、正确使用和保养商品、满足消费者需要、维护消费者权益、保护生态环境具有重要指导意义。

10.6.1 《商品学》中开展大学生忧患教育的必要性和可行性

众所周知，商品发展瞬息万变，随时都有旧品种的淘汰，有新品种的诞生，随时会有这样那样的问题被了解，被发现，被解决。例如商品用途的拓宽，使用方法的改进，质量上的缺陷，消费者需求信息，加工工艺的改进等。课本毕竟只能提供一般性的知识与背景资料，教师如果照本宣科，就无法使学生时时感受时代的脉搏，真切地面对日新月异的商品世界。学生学到的只是些条条框框，了解一些或许过时的信息。同时，我国尚处于社会主义市场经济的初级阶段，难免存在许多不尽人意之处，这更需要学生这些未来的时代弄潮儿有所了解，有所思考。我在教学实践中，从素质教育的角度出发，讲解商品学基础知识的同时，结合国情和市场上纷繁复杂的商品信息，培养学生的忧患意识，潜移默化地教育学生热爱祖国、钻研科技、博闻广识，练就各种才能报效祖国。

本文即结合教学中的一些实例，重点谈一下忧患教育。

10.6.1.1 《洗涤剂》教学中的忧患教育

在日用工业品《洗涤剂》一节教学中，我首先给同学们提出了问题："什么是无磷洗衣粉？"由于课本上尚无涉及，同学们在日常生活中也很少接触这一话题，所以多数同学都面露迷茫不解之色，于是我先向同学们介绍：顾名思义，无磷洗衣粉即不含磷的洗衣粉，有磷洗衣粉就是含有磷。洗衣粉的主要功能就是去污，磷作为一种非常良好的助洗剂，就是为这一功能服务的。我又告诉同学们："磷能污染水质，使水生植物大量疯狂生长，导致水质缺氧而发黑变臭，大量的磷污染长此以往还会在海洋中形成'赤潮'"。

同学们马上意识到有磷洗衣粉有害于生态环境，而保护环境是我国的一项基本国策。我严肃地告诉大家："目前我国市场上的洗衣粉大多是含磷的，给环保带来了巨大压力。包括像'汰渍'这样的著名品牌，在我国生产的也是含磷洗衣粉。而在'汰渍'的故乡美国，生产销售的却是无磷洗衣粉。在国外，有磷洗衣粉的危害早已为人所重视。日本早在1990年就开始用沸石代替磷作洗涤助洗剂，美国10年前就明令'限磷'和'禁磷'。目前，美国和日本以及许多西欧国家已全面禁止洗涤剂中使用磷。由于我国环保工作起步较晚，科研能力有限，生产部门、流通部门以及消费者的环保意识都较差，仍然津津乐道地生产着销售着使用着有磷洗衣粉，对危害的浑然不觉已埋下了祸根，威胁着我们的健康和生命。以"汰渍"为代表的外国厂商，由于生产含磷洗衣粉在本国已无立足之地，而多数发展中国家对此没有限制，便在发展中国家投资设厂生产销售含磷洗衣粉。由于仍然用他们的品牌生产销售，产品售价较高，但人们仍然乐于接受。殊不知，外商来中国投资，不仅是因为这里有11亿人口的大市场，还因为可以高价出售过时技术。据统计，目前我国年产洗衣粉 300 多万吨，按 15% 含磷量计算，每年就有 45 万吨磷随废水排入地面及水中。而在这 300 多万吨洗衣粉中，有 1/3 是三资企业生产的。外商在品牌的保护下，进行着杀人不见血的生产经营。"

1996 年，新闻媒体先后报道的滇池污染严重，生态恶化问题以及渤海污染严重，多次出现大规模的赤潮，影响渔业和生态环境，有可能成为内海的问题证明我们前几年就提出的问题是颇有道理的。听到这里，同学们不禁愤然继而是深深地忧虑，我告诉大家："生产无磷洗衣粉要有高技术，成本高，加上国内环保意识薄弱，就形成了目前的局面。不过，北京的'梦彤'公司已经于 1997 年研制生产出无磷杀菌洗衣粉，向'汰渍'挑战了。宣传无磷洗衣粉，教育消费者，开发这个市场，就需要你们来贡献力量了。"同学们群情激越，纷纷表示要以"梦彤"为榜样，学习掌握先进技术，为国争光。

10.6.1.2 《茶叶》教学中的忧患教育

中国是茶叶的故乡，是世界产茶大国。中国人早在 3000 多年前就认识了茶，从药用到饮用，"茶文化"源远流长，茶叶出口具有悠久历史。1000 多年前，茶叶与丝绸通过水路、陆路传往世界。改革开放以来，茶叶一直是我国大宗出口产品，仅 1991—1993 年平均每年出口创汇就达 3.645 亿美元。

同学们从生活中到课本上，对中国茶叶的辉煌已经了解颇多，而中国茶叶的现状如何呢？如果不了解时势，是不会清楚险恶的现状的。

我告诉大家："现在整个茶界（产茶的、卖茶的、饮茶的、管茶的）都在喊'狼来了'，国外各色茶叶以其品种、质量、包装等正迅速占领着我国市场，中国茶叶已是四面楚歌。"一个在工艺和资源上都有绝对优势的传统产茶大国，怎么转眼间会陷入如此困境呢？同学们都很震惊。

这就是市场竞争的结果。任何一种产业，如果保守残缺，不随着社会的发展更新换代，就会被同行挤垮，中国的茶叶近几年来市场混乱，竞争激烈，质量下降，又不能开发研究新产品，外销困难重重，国内市场也很清淡。其他产茶国和地区趁机扩展市场，甚至将茶叶大量销入我国。像台湾统一集团的冰茶，就在上海刮起了热销旋风。市场竞争，有兴有衰，有成功也有失败，就是要看谁技高一筹。茶叶大国也面临严峻挑战，"不进则退"。

同学们纷纷各抒己见，为振兴茶叶这一国宝献计献策，也为食品学《茶叶》这一节画上了圆满而凝重的句号。

10.6.2　关于《商品学》教学中授课资料、授课内容、授课方法及授课手段

要使同学们自觉具备忧患意识绝不是靠老师一个人通过讲解一两种商品情况就能实现了的，为了使同学们对国内商品流通领域的现状有所了解，较清晰地认识到各种纷繁杂乱、耀眼夺目现象下掩盖的问题实质，认识到商品科研、生产、经营、管理、消费等流通领域所存在的种种问题，忧世人之所忧，忧国家之所忧，忧民族之所忧，忧前人、今人之所未忧，我具体采取了以下做法：

1. 长期从报纸、广播、杂志、电视等新闻媒体中搜集大量信息和资料，分析其价值，按其内容归入到商品的原料、成分、结构、性质、产地、品种、质量、生产、销售、消费、市场供求、政府态度等不同类别中，整理后用于教学。

2. 把《商品学》所涉及到的几十种商品分别归入食品、日用工业品、纺织品、家电、建材等若干类别，将所搜集到的资料分别归入这些内容。

3. 课堂上讲解基础知识的同时，给出大量资料，让学生自己分析讨论，得出形成某种商品现状的原因、影响因素、可能导致的后果、应对措施、未来市场走势等。

4. 作专题讲座。具体深入全面地讲解一种商品的分类、原料、成分、性质、结构、标准、包装、工艺流程、全球以及各国，主要是我国的市场情况（包括生产、销售、产地、市场需求、品质规格、价格、消费、竞争等），该商品的行业情况、市场走势、存在问题、应对措施、出路等。

5. 组织学生做实验。例如，通过钢材的抗拉实验和抗压实验，使学生更真切地认识到由于原料的成分、结构不同导致了同一商品的性质差异，从而导致质量差异，进而影响到用途、价格差异等。

6. 观看录像。通过观看有关报道，进一步熟悉商品市场的各种现象及存在的问题。主要是观看 1998 年 8 月初中央电视台经济频道对我国茶叶、陶瓷、景泰蓝、丝绸等的专题调查。

通过一学期的商品学学习，每一个上进的有民族自尊心、有全局长远意识、热爱祖国的学生都会对我国社会主义市场经济初期所发生的一些经济现象产生深深的忧虑，继而化这种情感为动力，去学习、去探索、去苦干。

诚然，忧患教育只是商品学教学的一个方面，需要我们不断地去探索。至于商品学教学里所涉及到的其他问题，这里就不再赘述了。

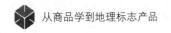

10.6.3　后记

　　为了总结近年来商品学发展及教学工作的经验，进一步推动商品学学科与教育工作的创新与发展，中国商品学会开始筹备举办"中国商品学会第十四届学术论坛"，向全国同行发出了邀请，邀请关心商品学发展的同仁积极撰写论文、积极参会。本届论坛以教育教学交流工作为主题，由两个部分构成。第一部分为教育教学交流研讨，由名师传教、精品课建设、一线案例、国外资讯四个板块组成。

　　收到通知，我倍感欣喜和激动。据我所知，从 20 世纪 90 年代至今，已经没有任何部门（官方的或者民间的）组织过此项活动，尤其是针对青年教师举行的培训活动。我既为自己刚刚踏上工作岗位、执教《商品学》课程时没有这样的机会而遗憾，也为现在的青年教师能有这样的良机而庆幸，还为自己能有幸参与本次大会而欣喜。早在 2008 年 1 月，在沈阳召开的中国商品学会第十届学术论坛期间，在向商品学会的万融会长、傅绪哲副会长、白世贞副会长等人请教时，我就谈到了从事《商品学》教学的困难、苦衷，尤其是青年教师，由于本校讲授本课程的教师很少甚至仅有一人，同地区高校开设或教授商品学的教师也是寥寥，很少有人能给予指导，哪怕是交流也好。部分教师非科班出身，有人可能仅仅学习过《商品学概论》，有人甚至没有接触过商品学就被领导安排主讲该课程。作为经济学的一个分支，在讲授《商品学》时必须突出它的学科性质；但它又是一门边缘学科，要把它讲透、讲深，要让学生听进、听懂并有兴趣听却非易事。要达到以上目标，就要求我们教师学兼文理，熟悉物理、化学、生物学等多种自然学科，熟悉市场学、管理学、美学等社会科学，还要求我们密切关注社会现实，从正在发生的和将要发生的、与我们每个人息息相关的社会现实中搜集资料，诱导、激发学生产生浓厚的学习兴趣，收到事半功倍的效果。要做到这些，远非一朝一夕之功，需要我们耐得住寂寞和清贫，需要我们以坚定的意志和不懈的实际行动，深入社会，从点点滴滴做起，认真思考、科学安排商品学的授课内容、授课方法、授课手段、授课技巧等；还需要各位同仁密切交往，善于利用校内校外一切资源，勇敢地走出去、拿进来，实现高校间优质教学资源的共享，共同提高教学质量，实现师生间、课程间、专业间、学科间、高校间的共赢，共育英才，共同发展；需要老教师"传帮带"，老中青结合形成"集团式"的阶梯队伍和研究力量，形成合力，避免出现各自为政的分散状态，实现商品学的振兴和繁荣。如果我们不思考和实践以上话题，我们就无法应对各高校多如牛毛的教学考核和学生评教，不能在学校立足，也无力迅速成长为教学里手和行业骨干，更无从担当起壮大商品学科的重任。而本次论坛的本次活动，将会使参会众人尤其是年轻人大受裨益，将使包括我在内的年轻人少走许多弯路，我期待着"与君一席话，胜读十年书"，期待并祝愿本次论坛成功举办。

2008年，万融会长就有意举办商品学会青年教师培训班，对笔者提出了殷殷要求。由于我近年一直从事行政工作，位卑且琐事缠身，所以未能给学会和学科做出更多工作，一直愧对前辈和领导的期待。本文是我于1998年的第一篇习作，在内容、技法、遣词造句及谋篇布局等方面都很稚嫩，没有多高的学术水平，所以一直未能公开发表。近日按照会议论文的格式要求做了调整，加了5个标题，文字部分未作任何改动。今天借助商品学会年会这个平台，将拙文献诸前辈和同行，请前辈指教，请同行笑谈，与年轻教师共勉。我想，学术之路就是这样，就是从无到有、从低到高这么一个过程，需要我们苦干、巧干，需要我们的努力和坚持。

10.7　《商品学》课程中开展大学生消费教育的若干思考

商品学是研究商品使用价值及其实现规律的一门学科。其研究对象决定了我们无论是在商品学概论、商品学分论或者是商品学专题教学时，都要围绕商品的使用价值研究其成分、结构、性质、工艺、分类、标准、包装、市场等。所有这些研究、教学、学习、实践的出发点和归宿点，都是为了更好地生产和生活、提高综合国力、提高人民生活水平，实现商品—人—环境系统的良性循环，促进人类与自然长期和谐相处，都不可避免或多或少地进行商品消费的研究和教育。我们不要小看了商品及商品消费，马克思就是从最普通、最常见的商品（德文 ware）着手研究，著成了鸿篇巨著《资本论》，揭示了资本主义社会的发展规律，提出了实现共产主义的美好理想。

消费教育是国民素质教育的重要组成部分，在当前全球重视环保和我国建设"资源节约型"、"环境友好型"社会的大背景下，开展消费教育显得更为迫切和必要。大学生作为一个现实和潜在的重要消费群体，以其高层次的知识优势，科学前卫的消费理论与实践，成为践行环保和低碳经济的重要力量。同时，大学生消费教育也关系到自身思想品德素质的提高。因此，大学生消费教育是国民消费教育的重要方面。消费教育是消费商品学的重要内容，在商品学中开设消费教育具

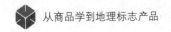

有得天独厚的优势。条件具备时，各高校可以开设《大学生消费教育》课程；条件有限时，可以在商品学教学中开设消费教育专题或者在各章节灵活地穿插进行。本文主要介绍笔者在商品学教学中开展大学生消费教育的内容、实践及若干思考。

10.7.1 我校的授课概况

在 1998 年前，我校贸易经济系各个专业均开设有商品学课程，均为考试课，各专业在商品学课时的安排上不尽一致，分别有 50—90 学时；1999—2003 年，国际贸易、市场营销专业中设置有商品学课，均为考试课，50 学时左右；2003 年以后，以上专业的商品学课程均修改为考查课，40 学时左右。无论怎样变化，10 多年来，我们主要采用中国财政经济出版社出版的万融教授、郑英良教授等编著的《现代商品学概论》作为市场营销等专业的教材，采用对外贸易出版社出版的苗述凤教授编著的《外贸商品学》作为国际贸易专业的教材。万融教授等编著的《现代商品学概论》，以超前的眼光、忧患的意识、丰富的素材，对商品学做了深入浅出的研究和介绍。在 1994 年 5 月第一版中，该书就提出商品学教育不能仅仅局限于在高校经济管理类学科中针对大学生开展普通商品学教育或者设置商品学专业，还要对各级各类高校的商品学教师进修培养和培训，还要对相关行政部门、企业的经营管理人员进行商品学继续教育，更要对广大的消费者进行商品学教育；该书还较早对商品美、商品与环境等科学前卫的消费理论进行了专章论述。苗述凤教授编著的《外贸商品学》着重从自然科学和外贸一线工作者的角度，阐述了如何更好地实现商品使用价值、如何更好地经营商品。我在授课过程中，通过几年的摸索实践，逐渐形成了对这两本教材各取所长、有选择有重点授课的思路，通过商品消费常识、消费技巧激发学生学习兴趣；通过讲解基础理论使学生知其所以然；通过介绍与商品质量、商品消费相关的社会热点、焦点问题引导学生思索人生观、价值观、社会观；通过各种实习开阔学生眼界，培养锻炼学生经营、消费商品的素质和能力；通过基础理论的讲解和大量现实案例培养学生"超前意识、忧患意识、信息意识"。

10.7.2 了解和掌握商品使用说明、使用常识

商品使用过程中，影响商品质量的因素有很多，我在授课时以几则小故事和生活常识加以说明。

故事 1. 我家里用的电视机是于 1998 年购买的长虹牌 2588K 型，一直没有出现过质量问题。数年前，我母亲从老家来帮助我带孩子，由于人生地不熟，她有空闲的时候经常看电视。一段时间后，我发现电视的音控出毛病了，一开机音量就马上自动到了最高音，声音大得吓人。由于那段时间太忙，便没有及时修理，碰到这种情况，往往插个耳机或者关掉电视。后来偶尔发现母亲每次关电视时总是用摇控关机后，便不再关电视的开关键。问题可能出在这里：母亲在老家用的也是长虹电视，但和我的电视不是一个型号。那个型号的电视用摇控关机后不需再手动关机，而我的电视如果不再手动关机，机器的某些部件仍在运转。像我妈妈那样关电视，时间长了很可能出现质量问题。

故事 2. 前年，我所在单位搬进了新办公楼，没过多久就有好多门锁坏了，有的门锁甚至修理多次或者换过 2 次锁芯，搞得怨声载道。时间一长，我发现以下几个原因：部分门锁的质量确实差；门变形后导致锁门困难；部分人不注意使用细节。我们单位以前的门，锁上门之后，钥匙是垂直方向取出，而现在锁好后需要平行取出钥匙。有些人习惯性地垂直取出钥匙，容易搞坏锁芯。

熟悉和了解商品使用说明、使用常识有助于我们正确识别商品质量，充分发挥商品的使用效能，真正做到物尽其用。

10.7.3　良好的消费习惯需要引导和经历

各级政府要大力宣传、弘扬"以艰苦奋斗为荣、以骄奢淫逸为耻"的社会主义荣辱观，营造良好的社会环境，推动形成良好社会风气。《说苑·杂言》中讲到："与善人居，如入芝兰之室，久而不闻其香，则与之化矣；与恶人居，如入鲍鱼之肆，久而不闻其臭，亦与之化矣。"如果整个社会尤其是成年人有良好的消费习惯，小孩子耳熏目染，何愁教育他该怎么合理消费？

故事 3. 小时候，社会上物资匮乏，老百姓尤其是农民收入菲薄。我在 6、7 岁时穿的雨鞋是大哥穿过二哥也穿过的，已经有了两个补丁，后来弟弟也穿过这双雨鞋，再后来把这双鞋送给了年龄更小的表弟，用"新三年、旧三年、缝缝补补又三年"来描述它一点也不为过。现在每当我们谈起这双雨鞋，都会笑谈当年不愿穿旧鞋的委屈，各自追忆起童年时的快乐，在心头荡漾着浓浓的兄弟亲情和对祖父祖母、父母双亲的思念。

故事 4. 上世纪 80 年代，当民办教师的父亲月收入只有几十元，需要养活 5 个儿女、伺候常年卧病在床的祖母，生活非常节俭。我上高一时，把父亲花十几元钱购买的珍藏数年的词典丢失了，父亲为了宽慰我除了说声"可惜"，再不言语。那时我并未真切体会到父亲"可惜"的感觉，不清楚他需要下多大决心才去买那本词典。

大学毕业后，我当了一名大学老师。几年后，由于高教大改革和大发展，一向不思进取的我准备考研，才下决心去买了一本《牛津现代高级英汉双解词典》，结束了自高二以来无字典的窘境。数年后妹妹上大学了，学的是英语专业，我把这本词典送给了妹妹。妹妹快毕业那年我偶然问起这本词典，妹妹说送给同学了，我当时勃然大怒，要求她把词典给我要回来。我在多年后才理解了父亲当年"心疼"的感觉，不知道妹妹现在是否理解我了、是否原谅了我？

现在有的家长为了使孩子明白父母工作、生活、培养子女和为子女操劳一生的艰辛，懂得富裕生活的来之不易，把孩子送到贫瘠的农村或者山区生活一段时间，通过孩子的亲身经历使其懂得感恩社会与自然，体会到学校、社会、国家及自然对自己的教育和供养之恩，从此有意识地、自觉自愿地勤俭节约，逐步形成科学的消费观。

10.7.4　科学的消费需要理论指导和大量的传道者

消费需要高人指导，需要理论指导。商品学教师如果做不了开山鼻祖或者一代宗师，搞不出什么有实际意义的理论，那就应该心甘情愿地去做牧师，去虔诚地传道、布道。在这个阵地上，不需要高深理论或精密设备或先进技术或大量金钱，而是需要成熟的消费环境，需要成千上万的布道者。需要这些传道者默默无闻、身体力行、百折不挠、诲人不倦，需要数以亿计的信道者、追随者、践行者，需要成熟的消费环境。

故事 5. 早在 1994 年，万融、郑英良二位老先生在其编著的《现代商品学概论》中就探讨了商品、人及环境之间的关系，介绍了（P260-261）传统的洗衣粉对人体的慢性毒害作用和污染环境问题，并用专章内容（P455-479）研究了商品对空气、水等自然资源和自然环境的破坏、污染，商品对社会环境的污染，对人民生活质量的影响，等等。他们还特别提到了（P458）"某些有害社会公德的违禁商品……会造成社会的精神污染"、某些引导高消费"高档奢侈商品，会造成社会消费观念畸形发展，对社会环境产生有害作用"。几十年来，全球各地先后出现了赤潮危害，其根源与人们大量使用传统的洗衣粉有关。

1997 年前后我接受了这一理念后，多次在课堂上和商场里进行无磷洗衣粉的的商品知识调查和消费调查。我自信地告诉历届学生们：绿色、环保、低碳是将来的经济模式和消费模式，是衡量一个人的道德、修养、行为的标准之一，国家肯定会对以三聚磷酸钠为主要助剂的合成洗涤剂的生产和消费进行限制甚至是强力取缔，应及早投身到无磷洗衣粉的研发、生产、营销和消费中去。而"无磷洗衣粉"从提出、上市、推广到成为消费主流，经历了 10 多年时间。这里边，有我们"商品学人"的一份功劳。

10.7.5 树立正确的消费观

科学消费≠不消费，科学消费≠"苦行僧"生活。在消费教育上既要反对铺张浪费，还要防止极左思想。革命先烈和我们的奋斗目标之一是让普通大众都过上"丰衣足食"的幸福生活，不是让大家像"苦行僧"一样生活。要引导大学生树立正确的消费观，形成合理的消费结构；强调节约意识，引导学生自觉抵制浪费行为，珍惜他人劳动成果和自然资源；对大学生进行理财教育，使学生对自己的日常开销有所计划、日常消费有所记录，对自己的消费行为合理控制，形成理性的消费习惯。我们应学习雷锋的消费美德，他穿的袜子补了又补，却寄钱救济战友的家人。平时过日子要勤俭，不能挥金如土；但在关键问题上和非常时刻"该出手时就出手"，一掷千金也不皱眉头。这方面我们应该向周恩来总理学习。

故事 6.20 世纪 50 年代末 60 年代初，我国遭受了三年自然灾害，人民生活困难，好多人都饿死了。毛泽东带头节衣缩食，低标准，瓜菜代，每月 26 斤粮，三年没有吃过一口肉。在共和国最困难的时候，祸不单行，原苏联老大哥又逼我们偿还债务，没钱就用苹果抵债。全国老百姓从牙缝中挤出吃的还债。一车皮的苹果运往边境，苏联的边检却拿出个漏子来，个儿大的苹果留下，个儿小的退回。电话打给了周总理："总理，剩下的苹果运到哪儿？"一向温文尔雅的总理却罕见地发怒："不用拉回来了！全倒了！"。这样，一车皮的苹果倒入了滔滔的江水中。周总理其实想表达的东西是：尊严与勇气。这些东西，是多少苹果都换不来的。

参考文献

［1］万融 . 商品学概论［M］. 北京：中国人民大学出版社 . 2013. 第五版 .

［2］李国冰 . 外贸商品概论［M］. 重庆：重庆大学出版社 . 2011. 第二版 .

［3］方凤玲 . 商品学概论［M］. 北京：北京大学出版社 . 2007. 第一版 .

［4］汤云，翟玉强 . 商品学实务［M］. 大连：大连理工大学出版社 . 2008. 第一版 .

［5］吴健安 . 市场营销学［M］. 北京：高等教育出版社 . 2005. 第二版 .

［6］周三多 . 管理学 – 原理与方法［M］. 上海：复旦大学出版社 . 2009. 第五版 .

［7］程杰 . 企业管理理论与实务［M］. 北京：北京工业大学出版社 . 2005. 第一版 .

［8］邵安兆 . 走向创新的企业管理［M］. 北京：经济日报出版社 . 2003. 第一版 .

［9］张荣胜 . 企业管理基础知识［M］. 北京：高等教育出版社 . 2009. 第二版 .

［10］王利平，徐二明，郭国庆，王化成等 . 同等学力人员申请硕士学位工商管理学科综合水平全国统一考试大纲及指南［M］. 北京：高等教育出版社 . 2003. 修订版 .

［11］翟玉强 . 商品包装，是美丽的糖衣吗？［J］. 中国商人，1999，（11）：46–47.

［12］翟玉强，涂雪芝 . 商品包装的妙用［J］. 河南商业高等专科学校学报，2002，（2）：16–17.

［13］翟玉强 . 看商品标准知企业管理［J］. 合作经济与科技，2004，（19）：30–31.

［14］翟玉强，邵安兆．浅析企业压价倾销及防范措施［J］.洛阳工业高等专科学校学报，1999（2）：36-39.

［15］张怀礼．从降价大战看企业低价倾销策略［J］.商业文化，1997，（5）：53-54.

［16］赵峰，高文铃．营销价格不等于定价［J］.销售与市场，1997，（5）：33.

［17］Yu-Qiang ZHAI.Study on the Low-price Dumping of Industrial and Commercial Enterprises［C］.2011 International Conference on Information Management, Innovation Management and Industrial Engineering, 2011，（11）：58-61.

［18］DEBROY B, CHAKRABORTY D. "Antidumping：Global Abuse of a Trade Policy Instrument," New Delhi：Academic Foundation, 2007.

［19］李钢．反倾销围堵下我国出口商品价格策略研究［J］.价格理论与实践，2010（5）：79-80.

［20］贾支正．论对外贸易中的低价倾销行为［J］.科学之友（B版），2008（11）：153-154.

［21］Robert, "W.M.Ethical aspects of using government to subvert competition：antidumping laws as a case study of rent seeking activity," Journal of Business Ethics, vol.83, pp.759‐771, April 2008.

［22］王静，许小牙．"价格歧视"与反倾销经济原理辨析［J］.四川师范大学学报（社会科学版），2009（2）：77-83.

［23］毛雪冬．低价倾销的新思考［J］.天津市财贸管理干部学院学报，2010（1）：21-22.

［24］BARUAH N., "An analysis of factor influencing the Anti-dumping behavior in India," the World Economy, No. 30, pp.7‐8, 2007.

［25］奚俊芳，仓平，钟根元．"Game Analysis of Implementing Price Undertaking Agreements in Anti-dumping Disputes," Journal of Donghua University（Eng.Ed.）, vol.25, pp.65‐68, Jan.2008.

［26］苟大凯，刘钊．从欧盟对华铸铁井盖反倾销案看价格承诺的运用［J］.国际贸易，2010（6）：65-67.

［27］Yu-Qiang ZHAI.Re-discussion on Purchase and Preventing Corruption", ［C］.proceedings of 2010 international conference on logistics systems and intelligent management,2010,（01）：646-650.

［28］翟玉强，许茂伟．浅析买断经销［J］.洛阳工业高等专科学校学报，

2000，（4）：32-33.

［29］翟玉强，许茂伟.加入 WTO 前的国有零售业经营环境［J］.洛阳工学院学报（社会科学版），2000，（11 增刊）：86-88.

［30］翟玉强，罗兰京子.洛阳市全面建设小康社会进程中经济层面的 SWOT 分析［J］.洛阳工业高等专科学校学报，2004，（3）：72-74.

［31］徐金星.把洛阳建设成中国古文化城构想［J］.洛阳师专学报.1996，（3）：108-112.

［32］顾益康.西部大开发接轨东部大市场［J］.求是，2000.（10）：560-563.

［33］刘道兴.东引西进；加快河南省经济发展的战略举措［N］.河南日报.2000-06-06.

［34］白选杰.洛阳市东引西进策略论［J］.洛阳工学院学报（社会科学版）2000，（4）：42-45.

［35］石磊.河南省失业与再就业问题研究［J］.河南大学学报（社会科学版）1999，（2）：70-72.

［36］河南省国民经济和社会发展第十个五年计划纲要.豫政［2001］.9 号（二○○一年三月一日）.

［37］孙君奎.洛阳走向全面小康社会的现状与优势［N］.洛阳日报.2003-12-05.

［38］翟玉强.地方科研院所企业化运作的劣势及威胁［J］.甘肃社会研究，2004，（6）：89-90.

［39］翟玉强.老工业基地全面建设小康社会的 SWOT 分析［J］.集团经济研究，2004，（1-2）：69-70.

［40］翟玉强.中小城市环保管理刍议［J］.经济师，2003，（2）：260.

［41］翟玉强.地方科研院所发展对策研究［J］.社会科学战线，2004，（6）：36-39.

［42］洛阳林业科学研究所成果汇编

［43］赵俊臣.论集体林地使用权的物权性质［J］.林业与社会，2002，（2）：6-12

［44］Yu-qiang Zhai.A few Development Trends of the Contemporary Management in the New Environment［C］.proceedings of 2011 International Conference on Education Science and Management Engineering,2011，（08）：2557-2560

［45］Yu-qiang Zhai.Argument about the Cautious Treatment with Canceling the

Management Course in Universities［J］.Journal of Luoyang Technology College, 2007，（4）: 85–88（Ch）.

［46］翟玉强 . 论谨慎对待本科院校管理学专业的撤销［J］洛阳工业高等专科学校学报，2007，vol.17，（4）: 85—88.

［47］SU Yong, YU Baoping.Research on Oriental Management: Theory Review and Development Direction［J］.Chinese Journal of Management,2009,vol.17,（12）: 1578–1587（Ch）.

［48］苏勇，于保平 . 东方管理研究: 理论回顾与发展方向［J］管理学报，2009，17（12）: 1578–1587.

［49］QI Ming–jie Development Trend of the Contemporary Management Theory［J］. Journal of Jiaxing University，2009，21（1）: 63–68（Ch）.

［50］亓名杰 . 当代管理理论发展趋势［J］嘉兴学院学报，2009，21（1）: 63–68.

［51］ZHANG Bo.Retrospects of the Chinese researches of educational management in the past 30 years［J］.Journal of Hebei Normal University（Educational Science Edition），2008，10（12）: 9–11（Ch）.

［52］张波 . 近三十年来我国教育管理学研究的历程、问题与发展趋势［J］河北师范大学学报（教育科学版），2008，10（12）: 9–11.

［53］PENG M W, LU Y, SHEN KARO et al.Treasures in the China House: A Preview of Management and Organizational Research on Greater China.［J］.Journal of Business Research，2001，（52）: 95–110.

［54］翟玉强 . 高校阳光采购制度保障分析［J］.中国物流与采购,2008（12）: 55–58.

［55］唐鸣花 . 论高校党建工作的目标、制度与手段载体层面.［J］广西青年干部学院学报，2004，（4）: 21–22.

［56］翟玉强 . 弱势高校和谐发展研究.［J］高等工程教育研究，2007，（5）: 119.

［57］常一青 . 高等学校政府采购中的腐败行为及其反腐对策［J］.武汉科技学院学报，2007（6）: 119–121.

［58］朱民锋，陈飞 . 高校物资采购若干问题思考.［J］杭州电子工业学院学报，2003，（2）: 84–85.

［59］翟玉强 . 商品采购流程制及其推广［J］.大市场 . 西部物流,2010,（8）:

77-80.

［60］杨晓华.政府采购中的寻租行为分析［J］.合作经济与科技,2009（21）:120-121.

［61］Yu-qiang Zhai.Re-discussion on Purchase and Preventing Corruption,［C］.proceedings of 2010 international conference on logistics systems and intelligent management,2010,（01）:646-649.

［62］翟玉强.构建商品采购的防腐机制研究［J］.中国商贸,2010,（12）:147-150.

［63］中共中央关于加强和改进党的作风建设的决定,2001年9月26日.

［64］翟玉强.洛阳工业应走可持续发展之路［J］.集团经济研究,2004,（7）:89-90.

［65］翟玉强.定位与共生—乡镇企业和民营企业的必由之路［J］.甘肃社会研究,2005,（6）:212-214.

［66］翟玉强.中国大宗进口商品价格变化对CPI的影响——以粮食、原油和钢材为例［J］.统计与信息论坛,2012,（9）:58-62.

［67］苏明政,张庆君.国际大宗商品价格、有效汇率与输入型通货膨胀——基于国际贸易视阈下的状态空间模型研究［J］.统计与信息论坛,2011（03）:50-55.

［68］Phillip Cagan.Imported Inflation 1973-1974 and the Accommodation Issue［J］.Journal of Money,Creditand Banking,1980,12（02）.

［69］董银果,韩立彬.粮食进口对我国CPI的影响分析［J］.上海金融学院学报,2011（01）:103-111.

［70］朱信凯,吕捷.中国粮食价格与CPI的关系（1996—2008）——基于非线性关联积分的因果检验［J］.经济理论与经济管理,2011（03）:16-24.

［71］金三林.国际粮食价格对我国CPI的影响及对策［J］.中国物价,2011（07）:34-37.

［72］许宪春,彭志龙等.原油价格波动对我国物价的影响［J］.统计研究,2010（12）:23-29.

［73］陈建宝,李坤明.国际油价对我国物价水平的非线性冲击——基于STR模型的研究［J］.厦门大学学报（哲学社会科学版）,2011,（05）:43-50.

［74］谢明旸.我国大宗初级商品进口价格变化对CPI的影响——以原油、铁矿石和大豆为例［J］.价格理论与实践,2011（01）:68-69.

［75］柳国华.货币供应量对居民消费价格指数滞后效应研究［J］.价格理论与实践，2011，（01）：64-65.

［76］梁彤缨，陈兰林，陈修德.广义货币供应量对居民消费价格指数的滞后效应分析［J］.中国物价，2008，（09）：6-8.

［77］庞彩辉，王锋，翟玉强.实施名牌战略，振兴洛阳经济［C］.中国商品学会第十届学术研讨会，2008，（1）：54-58.

［78］李宏昌，邱安昌，刘博.构建企业名牌战略推进地方经济发展［J］.集团经济研究，2007，（03）：101-102.

［79］胡国杰，石金英，魏瑶.大力实施名牌战略，促进地方经济发展［J］.辽宁工学院学报（社会科学版），2006，（04）：24-26.

［80］徐建锁，赵光南.基于知识经济的企业名牌战略理论研究［J］.河南师范大学学报（哲学社会科学版），：68-70.

［81］翟玉强.洛阳市"名牌强市"问题研究.［J］.企业经济2009，（5）：126-129.

［82］高焕喜.以名牌带动战略实现山东由农业大省向农业强省跨越［J］.理论学刊，2008，（8）：60-62.

［83］http://cache.baidu.com/.

［84］http://www.dahe.cn/hnxw/yw/t20060814_614876.htm.

［85］http://blog.sina.com.cn/s/blog_46e1c10c010006ri.html.

［86］http://vip.book.sina.com.cn.

［87］张广仁.浅谈我国农业创名牌面临的问题与对策［J］.科技创新导报，2008（17）：254.

［88］沈翠珍.农业名牌战略实现路径研究［J］.经济经纬，2007，（6）：115-118.

［89］任郑杰.加快我省农业创名牌的对策建议［J］.河南农业，2006，（9）：50.

［90］翟玉强.刍议产权交易市场的和谐发展［J］改革与开放，2009，（9）49-50.

［91］章美锦，万解秋.我国区域性资本市场发展路径研究［J］.财贸经济，2008，（1）：72-78.

［92］刘曼红.中国中小企业融资问题研究［M］.北京：中国人民大学出版社，2003.

［93］孙铮，全泽，胡永青．新兴资本市场的制度创新和规范研究［M］.上海：上海财经大学出版社.2005.

［94］Yu-qiang Zhai.Research on the Construction of Regional Property Rights Exchange Markets，［C］.International Conference on Information and Engineering Applications 2011，2011，（10）：676-682.

［95］李桑.区域性产权交易市场体系研究［D］.重庆大学硕士学位论文，2006.

［96］刘向阳.中国产权交易市场研究［D］.中共中央党校博士学位论文，2007.

［97］http://www.cfi.net.cn/p20101130000460.html［EB/OL］，2010-11-30.

［98］O.Hart and J.Moore：Property Rights and the Nature of the Firm，Journal of Political Economy，vol.1998.

［99］http://finance.sina.com.cn/roll/2011-01-11/15159234935.shtml.

［100］陈小林，李青，市场秩序、产权性质与企业效率［J］经济经纬，2010，（03）：73-77.

［101］郑明友.产权理论与产权市场研究——基于我国产权市场的分析［D］.四川省社会科学院硕士学位论文，2008.

［102］翟玉强.建设区域性产权交易市场问题研究——以河南省为例［J］.河南师范大学学报（哲学社会科学版），2012，（04）：75-78.

［103］李桑.区域性产权交易市场体系研究［D］.重庆大学硕士学位论文，2007.

［104］郑明友.产权理论与产权市场研究——基于我国产权市场的分析［D］.四川省社会科学院硕士学位论文，2008.

［105］王勇，李姗姗.河南"纳斯达克"开市"看起来"很美 诸多问题待解［EB/OL］.http://www.cfi.net.cn/p2010-11-30/000460.html.

［106］李国鹏.起起落落河南"第三交易所"的悲情路径［EB/OL］.http://finance.sina.com.cn/roll/2011-01-11/15159234935.shtml.

［107］侯默默.河南产权交易市场暴露两大漏洞［EB/OL］.http://finance.stockstar.com/JL2010-11-26/00000480.shtml.

［108］陈小林，李青.市场秩序、产权性质与企业效率［J］经济经纬，2010，（03）：73-77.

［109］宋智勇，李佶.论社会主义市场经济秩序的产权制度基础［J］.郑州大

学学报（哲学社会科学版），2009，（01）：73-77.

［110］包亚钧.我国产权交易市场一体化构建与发展对策［J］经济纵横，2005，（03）：18-20.

［111］贾保文，王坤岩.中国产权市场发展的现状、前景与抉择［J］产权导刊，2007，（05）：38-41.

［112］翟玉强.地理标志农产品的价格两极现象探析［J］.价格理论与实践，2012，（12）：38 − 39.

［113］尚旭东，李秉龙.我国地理标志农产品保护和发展：问题与对策［J］.价格理论与实践，2011，（11）：72-73.

［114］王家显.探析我国农产品价格"过山车"现象［J］.价格理论与实践，2011，（11）：25-26.

［115］冉红，吴茵.通胀中地理标志产品价格上涨与调控——以重庆地理标志产品为例［J］.中国经贸导刊，2012，（22）：53-54.

［116］沈会淋.铁棍山药价格"暴跌"的背后［N］.河南经济报，2012.10.31.

［117］翟玉强.保证地理标志产品优质高价的对策［J］.法制与经济，2015，（11）：41-43.

［118］王笑冰，林秀芹.中国与欧盟地理标志保护比较研究—以中欧地理标志合作协定谈判为视角［J］.厦门大学学报（哲学社会科学版），2012，（3）：125-132.

［119］国家质量监督检验检疫总局.地理标志产品保护规定［EB/OL］.http://kjs.aqsiq.gov.cn/dlbzcpbhwz/zcfg/flfgwx/200610/t20061023_1793.htm.

［120］国家质量监督检验检疫总局科技司.中欧地理标志品牌建设研讨会在河南郑州举行［EB/OL］.http://kjs.aqsiq.gov.cn/tpxw/201504/t20150417_436565.htm.

［121］国家工商行政管理总局商标局.2015年第一季度地理标志商标注册简况［EB/OL］.http：//www.ctmo.gov.cn/dlbz/xwbd/201505/t20150505_155945.html.

［122］国家质量监督检验检疫总局科技司.中欧地理标志品牌建设研讨会在河南郑州举行［EB/OL］.http://kjs.aqsiq.gov.cn/dlbzcpbhwz/xwzx/201504/t20150422_437099.htm.

［123］2015年中央一号文件（全文）［EB/OL］.http://www.zgdlbz.com/NewsView.asp?ID=2393&SortID=10&PID=1.

［124］刘汉林.如何利用地理标志制度保护"贵州茅台"商标合法权益［EB/OL］.http://www.cnwinenews.com/html/201502/3/20150203124046167855.

［125］翟玉强.地理标志产品的六元价值研究［J］.洛阳理工学院学报（社会科学版），2015，（6）：41-46.

［126］国家知识产权局.中华人民共和国商标法（2013修正）［EB/OL］.http：//www.sipo.gov.cn/zcfg/flfg/sb/fljxzfg/201309/t20130903_816432.html.

［127］农业部农产品质量安全中心.农产品地理标志管理办法［EB/OL］.http：//www.aqsc.agri.gov.cn/zhxx/zcfg/201012/t20101231_74801.htm.

［128］国家质量监督检验检疫总局.地理标志产品保护规定［EB/OL］.http://www.npgi.com.cn/documents/200603/141.shtml?id=141&table=law.

［129］邓保国，梁天宝，俞湘珍.地理标志研究文献计量分析［J］.广东农业科学，2012，（8）：219-222.

［130］本书编写组.党的十八届三中全会《决定》学习辅导百问［M］.北京：党建读物出版社，学习出版社，2013：8.

［131］杨伟民.建立系统完整的生态文明制度体系.［N］.光明日报，2013-11-23（02）.

［132］地理标志产品的"五品"品质研究.本文发表于《河南科技学院学报》（社会科学版），2016，（1）：15-18.

［133］翟玉强.地理标志农产品的价格两极现象探析［J］.价格理论与实践2012，（12）：38-39.

［134］富子梅.农产品注册地理标志后价格最高上涨28倍［EB/OL］（2009 0614）.http://finance.qq.com/a/20090614/004812.htm.

［135］王恺.茅台酒的不可复制："天"、"人"纠葛［EB/OL］（20070529）.http://www.lifeweek.com.cn/2007/0529/18696.shtml.

［136］漩涡中的茅台：产能将扩大1倍［EB/OL］（20121224）.http：//365jia.cn/news/2012-12-24/C5C78631FC6CA333.html.

［137］仁怀市广播电视台.地标产品茅台酒保护范围调整 延伸约7.53平方公里［EB/OL］（20130502）.http://www.china-moutai.com/publish/portal0/tab67/info4454.htm.

［138］王明学.茅台酒"原产地"进行地理标志保护调整［EB/OL］（20130405）.http://gzrb.gog.com.cn/system/2013/04/05/012154994.shtml.

［139］万里燕.调整扩大茅台酒地理标志产品地域保护范围申报推进会召开［EB/OL］（20110612）.http://www.cqkxzx.net/LDJH/zaixianyanlun/2011/0612/36693.html.

［140］晓林．"打假"尚需深入持久［J］．中国商贸，1995，（18）：23–23.

［141］程文雯．朝天核桃扩大产地范围 覆盖广元七县区 170 个乡镇［EB/OL］（20150410）．http://sichuan.scol.com.cn/ggxw/201504/10140301.html.

［142］两印加身防"李鬼"武夷山大红袍启用双标识防伪［N］．闽北日报.2012 年 07 月 23 日.

［143］翟玉强．地理标志产品的文化内涵研究［J］．山西财经大学学报，2016，（1）：89–90.

［144］中国地理标志网．百集电视纪录片《走进中国地理标志》实施方案［EB/OL］.http://sbj.saic.gov.cn/tz/201204/t20120417_125640.htm.

［145］孔祥军，苏悦娟．地理标志保护与生态原产地保护不可混淆．http://www.cqn.com.cn/news/zgjyjy/985481.html，2014–12–19.

［146］韦人榕，廖珊，雷梅等．旅游经济背景下的桂林地理标志产品产业发展探析［J］．科学与财富，2014，（4）：106.

［147］冉 红，吴 茵．通胀中地理标志产品价格上涨与调控———以重庆地理标志产品为例［J］．中国经贸导刊，2012，（8）：53–54.

［148］百度百科．牡丹文化［EB/OL］.http://baike.baidu.com/link?url=Kf-Q-heI1gLpUezFWyrJsSKWm1MhtbJg0zDC24G7YvBJeioj3U3txQSlIYPD0EYNG3aMBVCl5b1TkS9X–FJ3Mq，［引用日期 2015–10–27］.

［149］钟先锋，黄桂东等．银条的开发利用［J］．食物与营养，2006，（8）：20–22.

［150］酱银条的做法详细介绍［EB/OL］.http://www.ttmeishi.com/CaiPu/c14bf3584d37508f.htm，2015–11–22.

［151］舌尖上的中国特色小吃——银条菜［EB/OL］.http://www.lyxiyin.com/news/ArticleShow.asp?ArtID=824&ArtClassID=15，2015–11–22.

［152］北极新闻．银条菜新考——转温馨日志［EB/OL］.http://tieba.baidu.com/p/2003999156，2015–11–22.

［153］陈泰轩．偃师银条［J］．麦类文摘·种业导报，2007，（4）：31–32.

［154］华夏第一名菜——偃师银条［EB/OL］.http://www.lyxiyin.com/news/ArticleShow.asp?ArtID=786&ArtClassID=16，2015–11–22.

［155］唐僧与偃师银条菜的关系［EB/OL］.http://www.lyxiyin.com/news/ArticleShow.asp?ArtID=798&ArtClassID=1，2015–11–22.

［156］河南省偃师市西银绿色食品有限公司简介［EB/OL］.http://www.lyxiyin.

com/jianjie.asp，2015-11-22.

［157］郑军伟，别志伟．河南偃师银条无公害优质高产栽培技术［J］现代农业科技，2006，（9）：31.

［158］崔艳红．偃师银条无公害栽培技术［J］现代农业科技，2006，（3）：12.

［159］韩富团．偃师银条［J］长江蔬菜，1989，（2）：28.

［160］李顺兴．银条［J］河南农林科技，1983，（4）：35.

［161］韩富田．偃师银条［J］蔬菜，1988，（4）：36.

［162］张云山，韩富团．偃师银条［J］北方园艺，1989，（Z2）：63.

［163］李顺兴，杨德焕．偃师银条［J］蔬菜，1993，（1）：30.

［164］张云山．偃师银条驰名中外［J］中国土特产，1997，（1）：38.

［165］崔艳红．偃师银条无公害栽培技术［J］现代农业科技，2006，（3）：12

［166］陈泰轩．偃师银条［J］麦类文摘·种业导报，2007，（4）：31-32.

［167］韩高修，刘爱霞．偃师银条的栽培要点［J］河南农业，2006，（2）：23.

［168］钟先锋，黄桂东等．银条的开发利用［J］食物与营养，2006，（8）：20-22.

［169］徐睿．偃师银条发展前景及生产建议［J］中国林副特产，2008，（4）：87-88.

［170］付鹏钰，李杉等．银条研究概述［J］河南预防医学杂志，2012，（6）：401-402.

［171］杜纪松，黄晓红等．偃师银条丰产栽培及采收［J］科技信息，2010，（1）：391.

［172］李惠文．一根茎蔬成伊尹　偃师银条身价增［J］河南农业，2011，（17）：21.

［173］河南偃师市：银条变"金条"［EB/OL］.http://nc.mofcom.gov.cn/tcdt/18349552.html，2005-12-07.

［174］萧瑟秋风．偃师银条，悲哀啊［EB/OL］.http://tieba.baidu.com/f?kz=775924013，2010-05-20.

［175］佚名．说不完道不尽的"偃师三绝"之一"银条"［EB/OL］.http://www.yanshi.gov.cn/?thread-105-1.html，2015-02-09.

［176］劲林银条独特风味等你品尝［EB/OL］.http://detail.1688.com/offer/40974092122.html，2015-11-20.

［177］偃师银条［EB/OL］.http://shop.bytravel.cn/produce/50435E0894F66761/，

2015-11-20.

［178］偃师农民把银条变"金条"［N］.河南科技报，2011-11-29（A4）.

［179］乔荣军等.河南省偃师县风土志略（全）［M］.台北：成文出版社，1968：49-53.

［180］安诣彬.地理标志产品在城镇总体规划中的价值体现［J］.小城镇建设，2012，（6）：57-59.

［181］佚名.银条丰收喜上眉梢［EB/OL］.http://www.yanshi.gov.cn/html/zsyt_271_6189.html，2013-12-13.

［182］徐雯婷.地理标志保护产品的生态价值研究［J］.中国外资，2013，（8）

［183］中国农产品质量安全网.全国"三品一标"工作会议在宁波市召开［EB/OL］.http://www.aqsc.agri.cn/zhxx/tpxw/201503/t20150323_136687.htm.

［184］翟玉强.地理标志产品的六元价值研究［J］.洛阳理工学院学报（社会科学版），2015，（6）：41-46.

［185］徐雯婷.地理标志保护产品的生态价值研究［J］.中国外资，2013，（4）：200.

［186］安诣彬.地理标志产品在城镇总体规划中的价值体现［J］.小城镇建设，2012，（6）：57-59.

［187］本书编写组.党的十八届三中全会《决定》学习辅导百问［M］.北京：党建读物出版社，学习出版社，2013：8.

［188］中国冬虫夏草网.冬虫夏草生长环境物竞天择，适者生存［EB/OL］.http://www.chinadcxc.com/news/show.php?itemid=1997，2014-06-16

［189］CCTV-4走遍中国.果洛 -《神奇的冬虫夏草》2011-04-25.

［190］闫巍.原阳大米：九曲黄河浇灌"中国第一米"［N］.粮油市场报，2014-7-10（5）.

［191］原阳大米_百度百科［EB/OL］.http://baike.baidu.com/link?url=2tI_2lHNfbhHfq0qxiAaWGZc223q2lDtRbtcYWq249RHE0zl_3X8jsL6qkwJMDDiDJQxLrrTSVFEVE2iuXLnHq.

［192］马丙宇，贺洪强，杨晓燕.原生态种植让"原阳大米"身价倍增［N］.河南日报农村版，2014-11-05（3）.

［193］中国绿色食品网.为什么生产绿色食品首先要遵守绿色食品产地环境质量标准？［EB/OL］.http://www.agri.gov.cn/HYV20/lssp/xfzpd/lsspzs/jczs/201112/t20111227_2444718.htm，2011-12-27.

［194］彭泓源．原阳大米：从被误读的"毒大米"到今天的天价米［N］．大河报，2010-6-23.

［195］内蒙古农牧业信息网．农产品地理标志50问［EB/OL］．http://www.nmagri.gov.cn/zwq/zcjd/298432.shtml，2013-3-20.

［196］王忠敏．地理标志产品保护制度在中国的应用——在2011年中法食品文化与地理标志高峰论坛上的讲话，［EB/OL］．http://blog.sina.com.cn/s/blog_64d9b2960100o81y.html，2011-01-28.

［197］内蒙古新闻网．呼伦贝尔松鹿制药有限公司简介［EB/OL］．http://zhalantun.nmgnews.com.cn/system/2010/01/21/010371343.shtml，2010-01-21.

［198］金丽，张建，张岩峰．打击非法挖药人清除破坏草原的"黑铲子"，［EB/OL］．http://www.nmgzf.gov.cn/ajzj/1868.html，2013-07-29.

［199］CCTV-1焦点访谈·滥挖草药毁了草原［EB/OL］．http://news.cntv.cn/2013/11/24/VIDE1385294758878694.shtml，2013-11-24.

［200］洛朗斯·贝拉尔，菲利普·马尔舍奈．地方特产与地理标志：关于地方性知识和生物多样性的思考［J］，国际社会科学杂志，2007，（2）：115-123.

［201］曾德国．地理标志开发利用中面临的问题及对策探讨［J］学术论坛，2011，（8）：82-86.

［202］翟玉强．地理标志产品银条的取名考证及植物学特征［J］．辽宁农业职业技术学院学报，2015，（4）：14-16.

［203］韩富团．偃师银条［J］．长江蔬菜，1989，（2）：28.

［204］张云山，韩富团．偃师银条［J］．北方园艺，1989，（Z2）：63.

［205］李欣，易军鹏等．银条的壳聚糖复合涂膜保鲜效果研究［J］．河南化工，2005，（6）：27-29.

［206］易军鹏，李欣等．羧甲基壳聚糖复合涂膜的银条保鲜效果研究［J］．食品与药品，2005，（12）：51-53.

［207］陈泰轩．偃师银条［J］．麦类文摘·种业导报，2007（04）：31-32.

［208］郭香凤，史国安等．银条加工中烫漂护色工艺的研究［J］．食品科学，2007，（09）：222-225.

［209］徐睿．偃师银条发展前景及生产建议［J］．中国林副特产，2008，（04）：87-88.

［210］杜纪松，黄晓红等．偃师银条丰产栽培及采收［J］．科技信息，2010，（01）：391.

［211］李惠文.一根茎蔬成伊尹 偃师银条身价增［J］.河南农业，2011，（17）：21.

［212］付鹏钰，李杉等.银条研究概述［J］.河南预防医学杂志，2012，（06）：401-08.

［213］徐海霞，何靓.葡萄与银条菜避雨立体套种技术［J］.中国园艺文摘，2012，（10）：148-149.

［214］钟先锋，黄桂东等.银条的开发利用［J］.食物与营养，2006，（08）：20-22.

［215］谢兵，耿广东等.草石蚕优质高产栽培技术［J］.长江蔬菜，2010，（15）：27-28.

［216］张晓伟，王淑敏.银条多糖的提取工艺及其抑菌性研究［J］.食品研究与开发，2011，（07）：25-28.

［217］李伟杰.河南农产品品牌期待做大做强［J］.农村.农业.农民（A版），2012，（01）：47-48.

［218］兰金旭，赵建设等.银条高效栽培技术［J］.吉林蔬菜，2013（10）：12.

［219］http://zhidao.baidu.com/link?url=J6siljSDxA7b-Ex0SJg1As2 Wj08uKc6_3u7_S-oyXwtIlPoDX8KJkrM0RfyiueVvK0b9N_L9ALMVenxecLhRIctcFVXR_8Th-74PYI3vjKa.

［220］.http://www.ew9z.com/yiniansheng-duoniansheng-zhiwu.html.

［221］.http://emuch.net/html/201204/4357998.html.

［222］李欣，易军鹏等.银条的壳聚糖复合涂膜保鲜效果研究［J］.河南化工2005，（06）：27-29.

［223］易军鹏.羧甲基壳聚糖复合涂膜的银条保鲜效果研究［J］.食品与药品，2005，（12）：51-53.

［224］上官兵.专业合作组织激活偃师农村经济［N］.中国工商报，2007-05-11（03）.

［225］付鹏钰，李杉等.银条研究概述［J］.河南预防医学杂志，2012，（06）：401-408.

［226］张书芳，苏永恒等.银条营养成分分析［J］.河南预防医学杂志，2014，（06）：453-454.

［227］钟先锋，黄桂东等.银条的开发利用［J］.食物与营养，2006，（08）：20-22.

［228］郑军伟，别志伟.河南偃师银条无公害优质高产栽培技术［J］.现代农业科技，2006，（09）：31.

［229］陈泰轩.偃师银条［J］.麦类文摘·种业导报，2007，（04）：31-32.

［230］杜纪松，黄晓红等.偃师银条丰产栽培及采收［J］.科技信息，2010，（01）：391.

［231］付鹏钰，李杉等.银条研究概述［J］.河南预防医学杂志，2012，（06）：401-402、408.

［232］韩富团.偃师银条［J］.长江蔬菜，1989，（02）：28.

［233］张云山，韩富团.偃师银条［J］.北方园艺，1989，（Z2）：63.

［234］李顺兴，杨德焕.偃师银条［J］.蔬菜，1993，（01）：30.

［235］韩高修，刘爱霞.偃师银条的栽培要点［J］.河南农业，2006，（02）：23.

［236］陈泰轩.偃师银条［J］.麦类文摘·种业导报，2007，（04）：31-32.

［237］付鹏钰，李杉等.银条研究概述［J］.河南预防医学杂志，2012，（06）：401-408.

［238］宋晓宁.偃师银条的高效栽培［J］.乡村科技，2012，（02）：18.

［239］郑军伟，别志伟.河南偃师银条无公害优质高产栽培技术［J］.现代农业科技，2006，（9）：31.

［240］http://zhidao.baidu.com/question/241382880.html

［241］翟玉强.《商品包装与检验》课程教学改革报告摘录［N］洛阳工业高专报，2000-9-11，第2版（校报第126期）.

［242］邓旭明.试论商品学在物流管理专业中的地位和作用［J］.内蒙古统计.2005，（06）：41-42.

［243］冀连贵.高等教育要重视商品学在流通经济中的研究与应用.中国商品学会第八届学术研讨会暨学会成立10周年庆祝大会.2005.

［244］翟玉强，邵安兆，高太平.再谈高校有偿实习创新［J］.洛阳工业高等专科学校学报.2003，（2）：85-86.

［245］翟玉强，涂雪芝.商品包装的妙用［J］.河南商业高等专科学校学报.2002，（2）：16-17.

［246］翟玉强.我校经贸专业校外实践环节教学改革与研究［J］.洛阳工业高等专科学校学报.2000，（01）：31-32.

［247］翟玉强.高校有偿实习探讨［J］.建材高教理论与实践.2000，（05）：

62–63.

　［248］翟玉强.商品包装,是美丽的糖衣吗? ［J］.中国商人,1999,（11）: 46–47.

　［249］翟玉强等.《商品学概论课程改革报告》.洛阳工业高等专科学校教学改革研究项目.2004 年 8 月

　［250］万融,郑英良等.现代商品学概论［M］.北京: 中国财政经济出版社,1994,（5）: 150.

　［251］翟玉强.论谨慎对待本科院校管理学专业的撤消［J］.洛阳工业高等专科学校学报.2007,（04）: 85–88.

　［252］翟玉强.高校间优质教学资源共享的必要性及存在问题研究—以商品学课程为例［J］.鸡西大学学报,2011,（09）: 39 — 40.

　［253］翟玉强.把商品学做成名牌课程［C］中国商品学会 2007 年年会,2008,（1）: 4–8.

　［254］《关于印发《学位授予和人才培养学科目录（2011 年）》的通知》［EB/OL］.http://www.moe.edu.cn/publicfiles/business/htmlfiles/moe/moe_834/201104/116439.html.

　［255］翟玉强.高校间《商品学》课程教学质量的比较和提高［C］.中国商品学会第十二届学术研讨会,2009,（8）: 4–8.

　［256］翟玉强.再谈高校间优质教学资源的共享［J］.鸡西大学学报,2011,（10）: 16 — 17.

　［257］白世贞,刘莉.我国与国外商品学学科发展的比较研究［J］.哈尔滨商业大学学报（社会科学版）,2002,（03）: 94–96.

　［258］陶君成.商品消费与维权: 商学院商品学的主要内容［C］.商品学发展与教育高级论坛暨中国商品学会第十二届学术研讨会论文集,2009,（8）: 09.

　［259］翟玉强.围绕市场和质量进行《商品学》授课［C］.中国商品学会第十五届学术研讨会,2013,（9）: 13–17.

　［260］邓耕生,邓向荣.商品学理论与实务［M］.天津: 天津大学出版社.1996: 前言.

　［261］何竹筠.商品学概论［M］.广东: 广东高等教育出版社.1993: 前言.

　［262］万融,郑英良等.现代商品学概论［M］.北京: 中国财政经济出版社.1994: 151–153.

　［263］苗述凤.外贸商品学概论（修订本）［M］.北京: 对外贸易教育出版

社.1993：20-100.

［264］翟玉强.商品学中的大学生忧患教育［C］.中国商品学会第十四届学术研讨会，2011，（8）：4-8.

［265］翟玉强.商品学课程中开展大学生消费教育的若干思考［C］.中国商品学会第十二届学术研讨会，2009，（8）：21-24.

［266］http://baike.baidu.com/view/1218.htm?fr=ala0_1_1.

［267］贾绍俊.以社会主义荣辱观引导大学生树立正确的消费观［J］.中国集体经济.2009，（25）：193-194.

［268］万融，郑英良等.现代商品学概论［M］.北京：中国财政经济出版社.1994.第一版.

［269］http://www.china.com.cn/chinese/WISI/297472.htm.

［270］王雪，张金泽等.水苏糖发酵提纯菌株的筛选研究［J］.食品与发酵工业，2010，（10）：94-97.

后　记

在本书付印之际，想到以我这样资质平平的基础，能在学术上取得一点小小的成绩，实在是得益于很多人的帮助，往事历历在目，满怀感激之情。

感恩祖父、祖母和父母双亲，抚育我成人，供养我读书。未等到我稍尽孝心，他们便早早地离开了我。

感谢几位领路人，是他们热心帮助、不厌其烦地将我领进了教学和学术研究的大门，同时在生活上给予了大力帮助。邵安兆老师，1995—2006年是我的教研室主任，指导我完成了第一篇真正意义上的学术论文，小心翼翼地指出我的不足，在我购买住房遇到资金困难时给予支持；程杰老师，对我完成的第一个科研项目的研究报告反复修改，字斟句酌；朱鸿霆老师，耐心帮助我备课，带领我一起深入到科研院所搞调研。以上各位老师同时是我的领导，朝夕相处十年，使我受益匪浅。

感谢我的硕士导师刘晓君教授，悉心指导我完成论文《地方科研院所企业化运作模式研究》。她告诉我，胆子大一点，先把自己的事情做好。感谢洛阳理工学院副书记葛玻教授，我从她那里学到了"真心、真情、真干、真行"的"四真"精神。

感谢原中国商品学会的万融会长和傅绪哲秘书长。我采用次数最多、使用时间最长的教材是万融老师主编的《现代商品学概论》，我从中汲取了无数营养，2008年以后有幸数次当面聆听他的教诲；傅绪哲秘书长已经故去，音容笑貌如在昨日，一个老者从事着烦琐的管理事务，他教会我坚守和热爱。

本书成稿之际，适逢我国发布了《国民经济和社会发展第十三个五年规划纲要》（2016—2020年，下文简称《纲要》）。笔者注意到，在此次《纲要》中，"质量"和"品牌"是其中的热点词汇。《纲要》的指导思想明确指出"以提高发展质量和效益为中心，以供给侧结构性改革为主线，扩大有效供给，满足有效需求……实现更高质量、更有效率、更加公平、更可持续的发展";在《纲要》的主要目标提出"人民生活水平和质量普遍提高……生态环境质量总体改善";发展主线指出"必须以提高供给体系的质量和效率为目标";第六章提出要"支持一批高水平大学和科研院所组建跨学科、综合交叉的科研团队";第十章里有"支持信息、绿色、时尚、品质等新型消费……实施消费品质量提升工程……加快培育以技术、标准、品牌、质量、服务为核心的对外经济新优势"等文字表述;第十三章提出要"严格产品质量、安全生产、能源消耗、环境损害的强制性标准,建立健全市场主体行为规则和监管办法。健全社会化监管机制,畅通投诉举报渠道。强化互联网交易监管。严厉打击制假售假行为";在"专栏 6- 农业现代化重大工程"里,对农产品质量安全作出明确规定,即"大力推进农产品生产农药化肥使用减量化。发展无公害农产品、绿色食品、有机农产品和地理标志产品";在第二十二章(实施制造强国战略)里,鲜明提出"加强质量品牌建设。实施质量强国战略,全面强化企业质量管理,开展质量品牌提升行动,解决一批影响产品质量提升的关键共性技术问题,加强商标品牌法律保护,打造一批有竞争力的知名品牌。建立企业产品和服务标准自我声明公开和监督制度,支持企业提高质量在线检测控制和产品全生命周期质量追溯能力。完善质量监管体系,加强国家级检测与评定中心、检验检测认证公共服务平台建设。建立商品质量惩罚性赔偿制度";第二十四章提出"加快推动服务业优质高效发展……建立与国际接轨的生产性服务业标准体系,提高国际化水平……提高生活性服务业品质……深入实施旅游业提质增效工程……培育知名服务品牌";第四十三章指出要"推进资源节约集约利用,倡导勤俭节约的生活方式……倡导合理消费,力戒奢侈消费,制止奢靡之风。在生产、流通、仓储、消费各环节落实全面节约要求。管住公款消费,深入开展反过度包装、反食品浪费、反过度消费行动,推动形成勤俭节约的社会风尚";专栏19(脱贫攻坚重点工程)里提出"实施贫困村'一村一品'产业推动行动和'互联网 +'产业扶贫";第五十九章指出要"完善高等教育质量保障体系";第六十七章提出要"培育和践行社会主义核心价值观……推进哲学社会科学创新"等等。所有这些,都令我欣喜和振奋,这些都是我们商品学人的期盼和多年来的研究领域,以"质量"为研究中心的商品学将迎来崭新的春天。

本书是河南省教育厅人文社会科学研究一般项目《新形势下公民质量教育体系研究》(项目编号为 2018-ZZJH-339)和《丝绸之路上龙门石窟音乐图像文化研究》(项目编号为 2018-ZZJH-336)的研究成果,并受到其基金资助。

在本书的写作和出版过程中,得到了河南省教育厅社科处、洛阳市社科联、洛阳理工学院等单位领导的支持和帮助，得到了经济日报出版社温海编辑的耐心细致而且严谨规范的帮助，得到了北京人文在线文化艺术有限公司王阿林编辑、周维萍编辑和其他编辑的大力帮助，郑州外国语新枫杨学校高一学生翟一舟、洛阳理工学院土木工程学院 2014 级学生胡文乐做了部分编辑和校正工作，笔者在此表示由衷的感谢。

翟玉强

二〇一七年九月十三日于立雪园